Peter E. Dinter

Leichte Mountainbike
Touren

Münchner Alpenvorland und Hausberge

Peter E. Dinter

Leichte Mountainbike Touren

Münchner Alpenvorland und Hausberge

Mountainbike-Führer
30 Touren mit zahlreichen Varianten
und Verbindungsstrecken (»Spangen«),
mit ca. 80 Farbfotos,
mehrfarbigen Kartenskizzen, Höhenprofilen
und einer Übersichtskarte

J. BERG bei Bruckmann

Einband-Titel:
Blick von der Aidlinger Höhe gegen das Estergebirge

Seite 2/3:
Die Aidlinger Höhe zum zweiten. Diesmal das gesamte
Panorama: Estergebirge, Wetterstein mit Zugspitze und
die Ausläufer der Ammergauer Alpen mit dem Ettaler Manndl

Eine Produktion des
Bruckmann-Teams, München

Umschlaggestaltung: Uwe Richter
Lektorat und Layout: Andreas Kubin

Bildnachweis: alle Fotos von Peter E. Dinter, München

Kartenskizzen zu den Touren und Übersichtskarte:
Theiss Heidolph, Computerkartographie, Eching a. A.
Höhenprofile nach Daten des Autors: Andreas Kubin, Bad Tölz

Alle Angaben dieses Werkes wurden vom Autor sorgfältig re-
cherchiert und auf den aktuellen Stand gebracht sowie vom
Verlag auf Stimmigkeit geprüft. Für die Richtigkeit der
Angaben kann jedoch keine Haftung übernommen werden.
Für Hinweise und Anregungen sind wir jederzeit dankbar.
Bitte richten Sie diese an den Bruckmann Verlag, Lektorat,
Nymphenburger Straße 86, 80636 München.

Gedruckt auf chlorarm gebleichtem Papier

Die Deutsche Bibliothek – CIP-Einheitsaufnahme
Peter Dinter:
Leichte Mountainbike-Touren : Münchner Alpenvorland und
Hausberge ; Mountainbike-Führer ; 30 Touren mit zahlreichen
Varianten und Verbindungsstrecken ("Spangen") /
Peter E. Dinter. –
München : Berg bei Bruckmann, 1997
(Erlebnis Berg)
ISBN 3-7654-3073-0

Gesamtherstellung: Bruckmann, München
Printed in Germany
ISBN 3-7654-3073-0

4

Inhalt

Inhalt

Anhang – Die Spangen

Einleitung

Dieser Führer stellt 30 leichte Mountainbikerouten vor, die miteinander verbunden werden können. Mit Hilfe der in beiden Fahrtrichtungen beschriebenen Verbindungsspangen lassen sich zusätzlich zahlreiche, individuell zugeschnittene Touren zusammenstellen. Streckenvarianten bilden ein weiteres Plus an Routen, so daß hier ein Buch vorliegt, das weit über den gesteckten Rahmen von »nur« 30 Touren hinausgeht.

Die meisten Touren beginnen und enden an Bahnhöfen. So erschließt sich die Möglichkeit, enorme Tagesstrecken zurückzulegen. Man plane einfach einmal einen großen Gesamtmarathon – und wer in schwierigeres alpines Gelände überwechseln will, der sollte sich die drei Mountainbikeführer »Werdenfelser Land«, »Ammergau und Allgäuer Alpen« und »Tegernseer Berge« vom gleichen Autor besorgen, die bei J. Berg im Bruckmann Verlag erschienen sind.

Der vorliegende Führer beschreibt ausschließlich Terrain, das dem Namen »Mountainbike-Tour« gerecht wird. So wird man auf den einen oder anderen Wurzeltrail und hier und dort auch einmal auf einen versteckten Karrenweg stoßen, der beim Abfahren durchaus Fahrtechnik verlangt. Doch dies sind eher Ausnahmen; es überwiegen die stillen Winkel, Landschaftsdelikatessen und Erlebnisse von schlichter Schönheit. Wer Glück hat, schaut vom aussichtsreichen Moränenrücken bei Leutstetten bis in die Tiefen der Alpenkette, wenn der Föhnwind warm und trocken aus den Hochgebirgen über den Starnberger See bläst und Dunst und Spiegelungen mit sich nach Norden davonträgt. Der Ausblick reift zu einem unglaublichen Panorama, in dem der stahlblau in seinem Bett ruhende See ganz nahe an die Alpenkulisse heranrückt und die laue Morgensonne gemächlich den Dunst der Nacht tilgt.

Aufbau des Führers

Die Konzeption des vorliegenden Bandes resultiert auf einer langjährigen Erfahrung im Befahren des im Alpenvorland und in den Bayerischen Alpen vorhandenen Netzes aus Forststraßen, Karren- und Traktorwegen und dem Vermögen, einzuschätzen, welche Regionen tatsächlich für eine Bikeroute in Frage kommen oder aus Sicht des Naturschutzes besser gemieden werden.

Die hier dargestellten Touren schließen Strecken ein, die von den einheimischen Bikern ins Standardrepertoire aufgenommen wurden. Man wird also beim Befahren der vorgestellten Touren nirgends Mountainbike-Neuland erschließen und somit auch keine unberührte Natur zerstören können.

Es sind in diesem Führer nur solche Touren enthalten, die sich anhand der Beschreibung leicht auffinden lassen; deshalb werden auch nicht alle laut Karte möglichen Varianten erwähnt. Sinnvolle Varianten sind

Der Herbst – die schönste Zeit für Mountainbiker; das Licht der tiefstehenden Sonne zaubert kristallnes Funkeln in den Isarwinkel.

als vollwertige Tourenalternativen beschrieben, gegebenenfalls sind Streckenabkürzungen angegeben.

Querverbindungsrouten optimieren die Nutzung des Münchner S-Bahn-Netzes und des Interregio-Verkehrs der Deutschen Bahn. Alle Touren starten an Bahnhöfen, oder es findet sich ein solcher in / nahe der Streckenführung. Sämtliche Touren, auch die Varianten, sind mit einem detaillierten *Wegweiser* versehen, dessen Angaben mit einem geeichten Kilometerzähler und einem Höhenmesser vermessen wurde.

Bei jeder Tourenbeschreibung befindet sich eine *Karte,* in die außer der Route mit kilometrierten Abzweigungspunkten *Varianten,* Nachbar-, Anschluß- und Verbindungsrouten *(»Spangen«)* eingetragen sind.

Ein auf der Strecke vermessenes *Höhenprofil* gibt Auskunft über die zu erwartenden Steigungs- und Gefällestrecken; die unterschiedliche Wegequalität wird farbig dargestellt *(schwarz = Teer, grün = Piste, blau = Karrenweg, rot = Singletrail, rosa = Trial).*

Jede Tourenbeschreibung beginnt mit einen *Einleitungstext,* der dem Leser die Route vorstellt und ihm Wissenswertes über Land und Leute, Sagen, Geologisches, Kulturelles, Umweltpolitisches vermittelt.

Das *Routenportrait,* das dem Begleittext vorangestellt ist, informiert über wichtige Einzelheiten zur Tourenausführung.

Der *Routenspiegel* am Schluß der Wegbeschreibung enthält Detailinformationen über die Streckenqualitäten, das Landschaftsbild und weitere wissenswerte Punkte, die für eine Befahrung wichtig werden können.

Im *Anhang* finden sich detail-
lierte Wegweiser der Spangen, mit deren Hilfe man
zahlreiche individuelle Touren planen und ausführen
kann.
Touren, Varianten und Spangen sind, soweit es der Platz
erlaubt, in der *Übersichtskarte* eingezeichnet, die sich in
der hinteren Umschlagklap-
pe befindet. In dieser Karte
sind die vielfältigen Varia-
tions- und Verknüpfungs-
möglichkeiten leicht zu erkennen.
Wem die beschriebenen Touren noch nicht genügen, dem
seien die von Peter E. Dinter
im gleichen Verlag erschie-
nenen Mountainbikeführer
»Tegernsee«, »Werdenfelser
Land« sowie »Ammergauer

**Wanderer und Biker haben dann keinerlei
Probleme miteinander, wenn beide Seiten
aufeinander Rücksicht nehmen und das Frei-
zeitvergnügen der anderen tolerieren.**

und Allgäuer Alpen« empfohlen. Mit diesen Führern ergeben sich auch
zahlreiche Anknüpfungspunkte zur Fortsetzung der Touren in alpine
Regionen.
Vom Bahnhof »rechts/links« bedeutet stets mit dem Rücken zum Bahnhof stehend »rechts/links«.
Die detaillierten *Routenbeschreibungen* ermöglichen es, daß man
Landkarten nur zur Sicherheit mitzuführen braucht oder um eigene Varianten und Streckenabkürzungen auszuprobieren; die passenden Kar-
tenblätter werden bei der jeweiligen Tourenbeschreibung empfohlen.
Wo es wichtig erschien, zeigt der Bikeführer auch Streckenabkürzungen
auf.
Die angegebene *Fahrzeit* ist großzügig ausgelegt und bezieht sich ausschließlich auf die reine Fahrzeit; Pausen sind also nicht enthalten. Es
kann durchaus sein, daß ein trainierter Biker für die eine oder andere
der beschriebenen Touren nur einen Teil der angegebenen Zeit
benötigt.
Die angegebenen *Höhenmeter* errechnen sich aus der Summe aller
Auffahrtshöhenmeter.
Der Punkt *Orientierung* beurteilt die Möglichkeit, sich anhand von Aus-
sichten und exponierten Stellen in den Himmelsrichtungen zurechtzu-
finden oder entsprechend einer vorhandenen Ausschilderung den rich-
tigen Weg aufzufinden.
Markante *Steigungs- und Gefällstrecken* über 5 % sind sowohl im
Höhenprofil als auch in den Wegweisern der Touren angegeben.

Erläuterung der in den Routenbeschreibungen verwendeten Wegbezeichnungen

Wegedreiecke mit und ohne Insel sind dreieckige Wegverzweigungen.

Kreuzungen werden als Wegkreuz, Kreuzung oder Straßenkreuz bezeichnet – egal, ob sie verschoben oder gerade sind. Wenn sich in irgend einer Weise eine Kreuzung ergibt, auch mit kleinen oder unscheinbaren Wegen, ist der Ort als Kreuzung deklariert.

Pisten sind gekieste Forststraßen.

Karrenwege sind gekieste (manchmal auch teilgeteerte) Wege zwischen 1 und 1,5 Meter Breite.

Traktorwege sind gekieste Wege mit zwei parallelen Reifenspuren und »Mittelstreifen«.

Singletrails können sowohl Pfade und Fußwege als auch im Verfall begriffene Traktor- oder Karrenwege sein.

Trials (engl. »to try – versuchen«) können gleichwohl Pisten, Karrenwege, Traktorwege oder Singletrails sein – versuchen kann man´s ja mal!

Die Streckenschwierigkeiten:

I = Leichte, glatte Strecken bis 10 % Steigung/Gefälle (keinerlei Bikeerfahrung zur Befahrung nötig).

I + = Strecken bis 10 % Steigung/Gefälle mit leichter Bodenerosion (man sollte die Grundbegriffe des Bikens sowie Schaltung und Bremsen kennen).

Die Faszination des Mountainbikens ist die hautnahe Begegnung mit der Natur; das Wettersteingebirge von den Hügeln bei Murnau aus gesehen.

I – II = Strecken bis 10 % Steigung/Gefälle mit Querrinnen, losem Kies und Wildholz, wenig Wurzeln (etwas Bikeerfahrung erforderlich, man sollte das Körpergewicht auf dem Bike verlagern können).

II = Strecken bis 15 % Steigung/Gefälle, mit Schutt, flachen Längs- und Querrinnen, Wildholz, Wurzelwerk (man sollte locker und angstfrei im Sattel sitzen).

II + = Mittelschwere Strecken bis 15 % Steigung/Gefälle mit starken Erosionsschäden, Wildholz, Wurzelwerk, glatten und lehmigen Stellen, gewachsenem Fels, Schotter, weicher Erde (Bikebeherrschung Voraussetzung).

II – III = Schwierige Strecken über 15 % Steigung / Gefälle; tiefe Rinnen, grober Schutt, Steine, Geländestufen, Wurzelwerk, lange Schotterstrecken, flache, ausgesetzte, sturzgefährliche Strecken, Singletrails mit Gefahr hangseitigen Sturzes (hervorragende Bikebeherrschung ist unerläßlich, andernfalls ist Bikeschieben angesagt).

III = Extreme Strecken über 15 % Steigung/Gefälle; Singletrails, Trials, die Grenze der Befahrbarkeit (wer hier noch fährt, der konkurriert mit Hans Jörg Rey oder ist Spezialist im Bikeschieben und Tragen).

Allgemeines zum Mountainbike-Fahren

Mountainbike-Fahren zählt zu den sogenannten Risikosportarten. Gefährlich ist beim Biken vor allem die Abfahrt. Häufig sind es weder die ausgefeilte Biketechnik noch das Können, das einen Biker vor Stürzen bewahrt, sondern pures Glück.

Die weitaus größten Gefahren lauern dort auf den Biker, wo er sich am sichersten fühlt, auf den Forststraßen, auf denen er höchste Fahrgeschwindigkeiten erreicht. Auf diesen breiten Forst-»Autobahnen« fühlt man sich zu Hause und vergißt gerne, daß hinter jeder Kurve Unerwartetes auftauchen kann – Fußgänger, Tiere, Kraftfahrzeuge, Wegunebenheiten oder Holzbruch.

Beim Aufeinandertreffen von Fußgängern und Mountainbikern ergeben sich Interessenskonflikte. Fußgänger sind in den Bergen zur Erholung unterwegs. Beim Gehen fühlen sie sich allein auf weiter Flur und erschrecken, wenn ein Biker geräuschlos wie aus dem Nichts erscheint und an ihnen vorbeiprescht. Man fühlt sich angegriffen, ärgert sich und beansprucht den Platz, den die Mountainbiker besetzen, für sich allein; doch ist dieser Konflikt auf ein Mindestmaß reduzierbar. Deshalb seien allen Bikern – ganz gleich, ob Genußradler oder Hard-Core-MTBler – die Wegeregeln der DIMB (Deutsche Initiative Mountainbike) ans Herz gelegt (vordere Umschlag-Innenseite)!

Langer Vorrede kurzer Sinn: Aufs Bike gestiegen und die bayerischen Voralpen erkundet (unterwegs zwischen Miesbach und Wörnsmühl).

Die Würmtalrunde

Von Starnberg über Gauting nach Leutstetten

Charakter: Leichte Tour, bis Gauting durch Forste auf breiten Pisten, zum Schluß auf Karrenwegen und Singletrails würmaufwärts.
Streckenschwierigkeit: 30,1 km I, 1,1 km II −, 20 m Tragen über zwei Zugbrücken; 800 m 6 % ↗, 800 m 5 % ↘, tiefe Traktorspuren, Lehm, Schutt.
Streckenlänge: 31,2 km.
Höhenmeter: Etwa 200 Hm.
Fahrzeit: 2 Std.

An manchen Föhntagen scheinen die Alpen vor Starnbergs Haustür zu stehen; hier schaute die Kamera über die Weiden des Schlosses Leutstetten nach Süden.

Während der Würmeiszeit schob der gleichnamige Gletscher Berge von Gesteinsschutt vor sich her und lagerte sie, als der Gletschervormarsch beendet war, an seinem Nordrand ab. Der Würmgletscher war von den Nordalpengletschern am weitesten nach Norden vorgedrungen, ehe ihn wärmeres Klima zum Abschmelzen brachte. Das Schmelzwasser sammelte sich in der ausgehobenen Senke des Starnberger Sees. Schließlich schwappte es über den Moränenwall, so daß dieser brach. Das Wasser wusch sich eine kurvige Rinne in die Schuttanhäufungen. So entstand das Mühltal. Heute künden noch seltsame, schräge Rampen in den Moränenflanken von den verschiedenen Phasen und Pegelständen des Gletscherabflusses.

Nicht nur geologisch, sondern auch historisch betrachtet, ist das Mühltal ein interessantes Pflaster »Luicilstat« hieß der Lehnhof »Leutstetten«, als er unter Herzog Tassilo noch agilolfingischer Besitz war. Nach Tassilos Verbannung in ein Kloster und seinem Tod ging das Gut in die Verwaltung von Kaiser Karl dem Großen über.

Der Sage nach soll Karl nicht weit von dort in der Reismühle bei Gauting geboren worden sein. Andere meinen, er hätte das Licht der Welt in der Burg auf dem Karlsberg bei Leutstetten erblickt, die jedoch der neueren Geschichtsforschung zufolge erst viele Jahre nach Karls Ableben entstand.

Der Kirchturm von Starnberg, vom Bauernhof nahe des Golfplatzes aus gesehen.

Erste Berichte von der Karlsberger Burg stammen aus dem 12. Jahrhundert. Vermutlich wurde sie zusammen mit dem Schlößlberg bei Buchendorf zur strategischen Sperrung der Würmtalschlucht erbaut. Nach erheblicher Zerstörung baute man sie 1317 in ein Jagdschloß um. 1565 nutzte sie der Hofmarksherr Hans Urmiller als Steinbruch für den Bau eines neuen Schlosses in Leutstetten. Die Burg verfiel, so daß heute nur noch Wälle, Gräben und loses Mauerwerk unter welken Buchenblättern zu sehen sind.

Den dreistöckigen Bau des neuen Schlosses, mit Satteldach und zwei in diagonaler Linie angebrachten Erkern, umgibt der in englischem Stil gestaltete Schloßpark. Das Schloß an der Würm war Lieblingssitz des letzten Bayernkönigs Ludwig III.

Die Route

0,0/587	Vom S-Bahnhof in Starnberg durch die Bahnunterführung zum Seeufer. Dort links und nach 710 m gegenüber der Fußgängerunterführung unter den Gleiskörper rechts in den Nepomukweg, Wegweiser »Landratsamt«. Nach 230 m an der Verzweigung weiterhin auf dem Nepomukweg bleiben und in den Fuß-/Radweg einfahren.
1,5/584	Nach der Zugbrücke rechts Richtung »Seestuben« und zur nächsten Zugbrücke.

Vom Golfplatz auf dem exponierten Endmoränenwall des Würmgletschers reicht der Blick

3,9 / 587	Nach links bergauf in die Teerstraße abbiegen. Nach 510 m die Münchner Straße kreuzen, dann halb links in den Lüderitzweg. Nach 220 m am Wegedreieck rechts in den Klausenhof (Straße) abbiegen. 150 m weiter am Wegedreieck links ins Sattlerfeld.
5,2 / 608	Den Linksabzweig ignorieren und am Wegweiser »Farchach« vorbei geradeaus auf den Kiesweg. Nach 540 m am Wegedreieck mit der Buschinsel links auf die Brücke zuhalten. Rechts am Mast Wegweiser nach Haarkirchen. Nach 20 m geradeaus

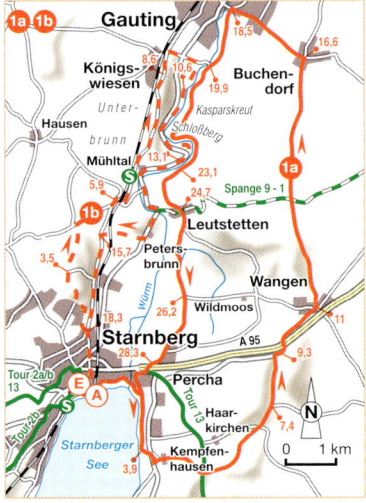

über die Kreuzung und den folgenden Parkplatz. An der Wegverzweigung den linken, schmäleren Weg nehmen.

7,4 / 628 An der T-Einmündung nach rechts in den Teerweg abbiegen. An Abzwei-

...er die Senke des Starnberger Sees zu den noch schneebedeckten bayerischen Alpen.

gern dem Teerweg bergauf folgen. Nach 700 m am Wegedreieck Richtung »Wangen 2,5 km« (handgeschriebener Wegweiser) links in den gekiesten Weg einfahren.

9,3 / 637 Nach rechts in die Teerstraße und neben der Autobahn A 95 entlang Richtung »Wangen/München«.

11,0 / 635 In Wangen gegenüber der Abzweigung nach Schäftlarn dem Radwegweiser nach Buchendorf folgen. Nach 1,5 km an der Kreuzung geradeaus gemäß dem Fahrradlogo. Nach 900 m die Kreuzung geradeaus passieren (Spange 9–1, nach Leutstetten links). Nach 310 m links in den ab hier geteerten Weg einfahren (Wegweisung nach Buchendorf ignorieren).

16,6 / 591 In Buchendorf an der T-Einmündung links.

18,5 / 563 In Gauting am August-Hörmann-Platz nach 60 m am Gasthaus Wienerwald links Richtung »Starnberg 8 km«.

19,9 / 566 An der Wegverzweigung links Richtung »Starnberg/Mühltal«.

23,1 / 581 An der Würmbrücke, die zum Parkplatz Mühltal führt, links auf dem Forstweg bergauf. Oben nach rechts in die Kehre. Nach 900 m an der Kreuzung geradeaus bergauf, entsprechend der Grünpunktmarkierung rechts am Zaun (800 m 6 % Steigung, nach Leutstetten hinunter erodierter Karrenweg 800 m 5 % Gefälle).

24,7 / 603 In Leutstetten an der Schloßgaststätte nach 130 m an der T-Einmündung links. Nach 570 m nach rechts in Richtung »Wanderweg nach Percha«.

26,2 / 599 Am Wegedreieck rechts Richtung »Percha«. Nach 310 m am Wegedreieck rechts bergab auf die Rotpunktmarkierung am Baum zuhalten. Nach 510 m an der Kreuzung geradeaus der Grünpunktmarkierung folgen.

Nach 770 m am Wegedreieck vor dem Zaun rechts. Dann auf schmalem Trail rechts am Zaun entlang.

28,3/592 In Percha geradeaus, dann rechts in den Radweg bis zur Ampel. Nach 1,3 km in Starnberg an der Ampel die Autobahnzufahrt queren. Auf der anderen Straßenseite kurz nach links, an der Fußgängerampel rechts Richtung »Restaurant Bucentaur«. Nach 330 m am Landratsamt vorbei und auf den Nepomukweg. Am Bahnhof rechts durch den Tunnel.

31,2/587 Starnberg/S-Bahnhof.

Fahrstrecke: 0,0 Starnberg/S-Bahnhof – 11,0 Wangen – 16,6 Buchendorf – 18,5 Gauting S – 23,1 Würmbrücke – 24,7 Leutstetten S – 28,3 Percha – 31,2 Starnberg/S-Bahnhof.

Orientierung: Im Würmtal und am Starnberger See leicht, in den Wäldern um Buchendorf schwieriger.

Beginn der Tour: Starnberg/S-Bahnhof.

Autoanreise: Auf der A 8 bis Ausfahrt Starnberg.

Bahnanreise: S-Bahn und Interregio.

Fahrt zum Startort: Entsprechend der Wegweisung zum Bahnhof.

Alternative Startorte: Gauting S, Leutstetten S.

Streckenprofil: 18,9 km Teerstraße, 7,7 km Piste, 3,5 km Karrenwege, 1,1 km Singletrail.

Landschaftsbild: 55 % Forste, 40 % Flußauen, 5 % offenes Weide- und Bauernland.

Achtung: Forstfahrzeuge, im Würmtal Fußgänger, Kinder und Hunde.

Sturzgefahr: Loser Kies, im Leutstettener Moos Knüppeldämme und Wildholz.

Rast: Gasthaus Deutsche Eiche im Würmtal, Schloßwirtschaft Leutstetten (Biergarten).

Karten: Bayerisches Landesvermessungsamt, 1 : 50 000 »Ammersee – Starnberger See«, Kompass-Wanderkarte, 1:50 000 »Starnberger – Ammersee«.

Übernachten: Fremdenverkehrsamt Starnberg, Tel. 0 81 51 / 9 06 00.

Anschlußtouren: Touren 2 und 12; Spange 9 – 1: Leutstetten/S-Bhf – Baierbrunn (Isartal)/S-Bhf.

Sehenswertes: Kirche und Schloß Starnberg, Schloß Leutstetten.

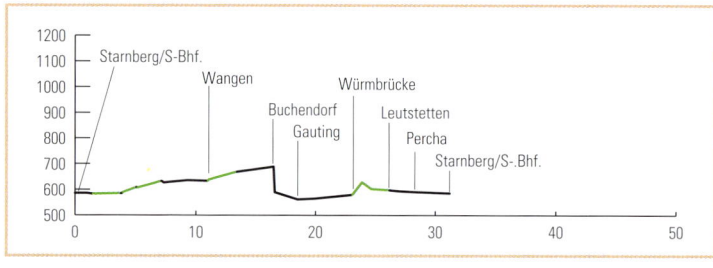

Die Würmauen

1b

*Von Starnberg über Gauting nach
Leutstetten und ins Wildmoos*

Charakter: Knifflige Trials an der Hoch- und Niederterrasse der Würm; bei
der Rückfahrt über den Golfplatz toller See- und Alpenblick.
Streckenschwierigkeit: 13,3 km I, 6,3 km II +.
Streckenlänge: 19,6 km.
Höhenmeter: 135 Hm.
Fahrzeit: 1 Std.

**Warm und gut knietief sind die schnellen Fluten der Würm; durch die Kronen der
dichten Buchenwälder dringt ein lindgrünes Licht in den Taleinschnitt.**

Diese Variante zu Tour 1 hält sich näher an das Mühltal. Sie bietet längere, wildere Streckenabschnitte auf der Hochterrasse und an den
Würmufern. Zuerst steigt sie am Ortsrand Starnbergs auf den Moränenrücken an. Von dort fällt der Blick durch steilen Buchenwald in die
Enge der Mühltalschlucht. Hier ist die Würm bis auf Fischweiherzuflüs-
se am Gasthaus Mühltal kaum begradigt und weitaus natürlich erhalten. Das wissen Wasseramsel, Gänsesäger und Entenvögel zu schätzen.
Der Würmdurchbruch war schon zur Keltenzeit besiedelt. Es gab sogar
ein wichtiges Heiligtum am Schluchteingang, das mit der Heilquelle an
der Kapelle Petersbrunn (an der Verbindungsstraße zwischen Starnberg und Leutstetten) in Verbindung stand. Die Kelten verehrten dort

19

ihre dreigestaltige Muttergottheit Birgid. Sie galt als jungfräuliche Mutter dreier Söhne und als Schutzherrin der Dichter, Heiler und Schmiede. Ihr Festtag war das keltische »Imbolc-Fest« am 1. Februar. Diese dreifache weibliche Göttin fand auch Eingang in die Mythologie der Römer und überdauerte als Sage »Von den drei adeligen Frauen«, die Beschützerinnen zweier Dörfer im Umkreis gewesen sein sollen, sogar die Christianisierung. In einer früheren Legende waren die drei adligen Frauen drei weibliche Heilige. Ein Votivbild derselben hängt in der Altokapelle in Leutstetten. Unter dem rechten Seitenaltar dieser Kapelle ist ein römischer Grabstein mit Inschrift eingelassen. Es wurde auch ein Brandgräberfeld aus römischer Zeit entdeckt, und im nahen Wildmoos vermutet man einen weiteren Kultplatz aus vorchristlicher Zeit.

Vom Kultplatz steigt der Biker in kurzer, heftiger Aufwärtsfahrt zum Golfplatz an. Die künstlich angelegte Parklandschaft gewährt eine herrliche Aussicht über den Starnberger See hinweg zur Alpenkette. Das Wettersteingebirge sticht besonders hervor, und die Zugspitze erscheint als massiver Erker, der seine senkrechte Nase nach Westen richtet. Manchmal kann man, bei flach einfallendem Sonnenlicht, die Glasflächen des Münchner Hauses vom Gipfel aus herunterblinken sehen.

Die Route

0,0 / 587 Vom S-Bahnhof in Starnberg in die Wittelsbacherstraße einfahren. Nach 560 m an der zweiten Ampel weiter in Richtung »München«. Nach 150 m nach links in die Ferdinand-Maria-Straße »Forstamt« abbiegen.

1,7 / 612 Immer auf der Vorfahrtsstraße (hier Josef-Sigl-Straße) weiterfahren. Nach 300 m an der Wegverzweigung die als Sackstraße bezeichnete Straße rechts liegenlassen und in der Wernbergstraße weiter bergauf fahren. Nach 330 m die Schießstättstraße geradeaus kreuzen. Nach 270 m nach dem Gasthaus Schießstätte rechts in die Einfahrt einbiegen. Nach dem Zaun des linken, letzten Hauses nach links in den Waldweg einbiegen und leicht bergauf in den Wald fahren. An der Waldwegverzweigung nach den letzten auf dem Weg liegenden Steinplatten rechts halten. Den Sportplatz links liegenlassen.

3,5 / 650 Am Wegedreieck im Wald links. Nach 810 m an der Kreuzung mit einer Teerstraße rechts.

5,3 / 638 Am Straßenendreieck links Richtung »Radwanderweg Leutstetten/Gauting«. Nach 200 m nach der S-Bahnunterführung links. Nach 210 m am Bahnhof vorbei. Nach 40 m am Biergarten des Gasthofs Obermühltal vorbei. Nach 110 m rechts neben dem Haus auf schmalem Steg an der Hangkante der Würmschlucht weiterfahren und nach 50 m hinter dem Haus am Steilhang entlang zum Rand des Bahnkörpers hinüberwechseln. Den Schienenstrang begleiten. Anschließend rechts zur Hangkante der Schlucht zurück.

6,6 / 625 Am Marterl durch die Linkskurve, dann geradeaus; nach 780 m rechts die St.-Ulrichskapelle.

8,6 / 620 An der Verzweigung im Wald links. Nach 260 m an der Teerstraßeneinmündung vorbei in den für Kfz gesperrten Weg an der Bahn entlangfahren. Nach 450 m Beginn der Teerdecke. Nach 130 m nach rechts in die Hauptstraße einmünden. Nach 380 m die Straße Gauting – Starnberg zur Reismühle hin kreuzen. Vor der Reismühle rechts über die Felder zum Waldrand.

Unterwegs in den Würmauen.

10,6 / 569 An der Kreuzung im Auwald links zum Würmufer hin. Neben der Würm herfahren. Nach 680 m die Grundstückseinfahrt queren und steil die Böschung hinauf. Der folgende Weg ist mit Ästen übersät, aber fahrbar; Trial!

12,0 / 572 Am Wehr in den »Beginn der Forellenstrecke« am Ufer entlangfahren. Nach 700 m an der Forstwegabzweigung nach rechts Ausweg zur Verbindungsstraße Gauting – Starnberg möglich!

13,1 / 581 Am Parkplatz nach links über die Würmbrücke. Am anderen Ufer rechts Richtung »Gasthaus Mühltal« und »Mühltal 1 km«. Nach 240 m den Linksabzweig nach der Steigungsstrecke ignorieren. Nach 720 m den Biergarten des Gasthauses Mühltal zur Straße hin passieren. Dort nach links abbiegen und drüben in den Rad-/Fußweg einfahren. Nach 270 m nach rechts über die Brücke Richtung »Starnberg«.

14,7 / 590 Nach der Brücke links Richtung »Starnberg«. Nach 680 m die Straße Starnberg – Gauting diagonal nach rechts queren. Auf der linken Seite Richtung »Starnberg 3 km« auf dem Radweg fahren. Nach 100 m nach rechts in den Forstweg Richtung »Golfplatz« einfahren.

15,7 / 632 Beim Wegedreieck am Golfplatzrand nach links zur Bauminsel und auf das Dorf zufahren. Nach 400 m auf der Brücke nach dem Golfplatz die S-Bahnlinie queren. Vor dem Bauernhof links. Nach 280 m am Nordrand des Golfplatzes zur Teerstraße hinauf und nach links zum Wald hinunterrollen.

18,3 / 592 Geradeaus in die Ferdinand-Maria-Straße. Nach 750 m rechts in die vierspurige Straße einfahren. An der Ampel links in die Wittelsbacherstraße abbiegen.

19,6 / 587 Starnberg/S-Bahnhof.

2a

Kloster Andechs

Von Starnberg durch die Maisinger Schlucht zum Kloster Andechs

Charakter: Lange, nicht immer leichte Tour zwischen waldigen Moränen-hügeln; erst rassige Abfahrt in die Maisinger Schlucht, dann Wald- und Wiesenquerungen.
Streckenschwierigkeit: 37,7 km I, 4,1 km II+, 0,2 km Schieben, 400 m 9 % ↗/↘.
Streckenlänge: 42,0 km.
Höhenmeter: 205 Hm.
Fahrzeit: 2½ Std.

Besonders im Frühling weht oft ein scharfer Westwind über die Andechser Morä-nenrücken; man ist gut beraten, sich winddicht anzuziehen.

Nichts wie weg aus dem Bahnhofstrubel zur stillen »Hinterstube« Starnbergs, zur Maisinger Schlucht! Braunes Moorwasser des Maisin-ger Weihers fließt dort zwischen senkrecht aufragenden Konglomerat-wänden dem Starnberger See entgegen. Dieses Gestein besteht aus Kieseln und Seetonen, die einst unter hohem Druck zusammengepreßt wurden. Aus den Hangwäldern klaffen schwarze Erosionshöhlen, die der Bach in Millionen von Jahren in diesen Naturbeton gewaschen hat. Die Schilfdickichte des Maisinger Weihers sind ein bekanntes Vogelpa-radies. Lachmöwenschwärme fallen ein. Fasane stolzieren bedächtig an den Ufern. Die freie Wasserfläche verbirgt sich hinter breiten Schilfgür-teln. Nur vom Damm neben dem Wirtshaus »Maisinger Seehof« läßt

sich das Vogelparadies über-
blicken.
Der Höhepunkt dieser Tour ist
der Andechser Klosterberg. Zur
Keltenzeit hieß er schon »Heili-
ger Berg«. Die Kelten schützten
ihr Heiligtum auf dem 711 Meter
hohen Berg mit einem Ring aus
Wällen und Mauern. Im
13. Jahrhundert, als die Andechser Grafen am Aussterben
waren, zerstörte man die Burg,
um sie nicht in die Hände der
konkurrierenden Wittelsbacher
fallen zu lassen. Den Schatz ver-
grub man, bevor die Burgkapel-
le zum Einsturz gebracht wurde.
Ein Wunder, daß man ihn später
wiederfand. Auf seinem Reich-
tum fußt die Neugründung des
»Heiligen Berges« wiederum als
Ort »kultischer« Handlungen.
Seit 1755 hat die Klosterkirche
ihre heutige, von Caspar Zuccalli
und Dominikus Schinnagl gestaltete Form.

Die Klosteranlage von Andechs auf dem Moränenrücken zwischen Starnberger und Ammersee.

Das vielbesuchte Bier-Mekka bietet Gerstensaft aus eigener Brauerei
und landesübliche Küche. Bei Föhnlagen ist der Alpenblick grandios.
Biker, die zu tief ins Glas geschaut haben oder sich auf Wurzelparcours
unsicher fühlen, fahren eine Variante durchs romantische Kienbachtal.
Wer allerdings sattelfest ist, fährt trialmäßig auf der Hochterrasse in
Richtung Widdersberg. Dieser Ort war schon während der Hallstattzeit
besiedelt. Das belegen die 21 Grabhügel im Südosten des Dorfs, und
eine römische Wegstation. In die Choraußenwand der Kirche St. Michael ist eine römische Grabplatte mit einen Doppelportrait eingelas-

Die Route

0,0/587	Vom S-Bahnhof in Starnberg rechts Richtung »München« in die Wittels- bacherstraße. Nach 600 m (Ampel) nach links in die Hauptstraße und gleich nach rechts über den Parkplatz vor dem Wirtshaus »Tutzinger Hof« in die Vordermühlstraße. Nach 400 m am Fuß des Schloßbergs (am Leitplankenende) rechts in den »Schloßweg«. Nach 280 m die Quer- straße nach links überqueren, dann nach rechts in den Ostheimer Weg.
2,2/612	Die Söckinger Straße nach rechts queren. In den »Siebenquellenweg« einfahren. An der T-Mündung des Fußwegs rechts. Nach 70 m links in

den Jakl-Jordan-Weg. Nach 230 m nach links in die Ottostraße einmünden. Nach 70 m am Wegedreieck links in die Ringstraße Richtung »Sportzentrum«. Nach 20 m am zweiten Wegedreieck rechts. Nach 360 m endet die Teerdecke; hier rechts zwischen Sportplatzzaun und Waldrand weiter. Nach 310 m an der Wegverzweigung am roten Pfosten rechts und nach 80 m zwischen Betonklotz und Holzpfosten bergab. Nach 180 m den Sturzbach nach links queren und 90 m weiter den Holzzaun neben der Maisinger Bachbrücke überheben, anschließend die Straße queren. Weiter Richtung »Maisinger Schlucht« über Wiesen in den Wald.

5,5/646   Nach links in die Teerstraße Richtung »Zum See«. Nach 70 m rechts Richtung »Maisinger See«. Nach 230 m den Maisinger Bach queren. Kurz nach dem Gasthaus »Georg Ludwig« in Maising nach links in den Feldweg Richtung blaues ›K‹ für »Königsweg«. Nach 100 m Abfahrt links.

7,3/637   Nach links in die Teerstraße. Nach 40 m vor dem Wirtshaus »Maisinger Seehof« in Richtung See fahren. Nach 70 m und nach der Bachbrücke am Wegedreieck rechts Richtung »Über Aschering nach Pöcking«. Erst Waldweg auf dem Seedamm, dann Wegspuren auf der Wiese.

8,5/646   Den Steg über den Bach links liegen lassen und weiter durch die Rechtskurve über die Bachbrücke. Nach 1 km die Linkseinmündung (Anschluß zur Variante über Wirtshaus Jägersbrunn) ignorieren. Nach 110 m Beginn der Teerdecke.

10,3/644   In Aschering nach rechts über die Brücke Richtung »Andechs«. Nach 190 m nach links in den Bachweg Richtung »Königsweg«. Die Brücke queren, dann links am Bach entlang talaufwärts. Nach 30 m nach der Brücke links. Nach 110 m am Wegedreieck rechts Richtung »Königsweg«.

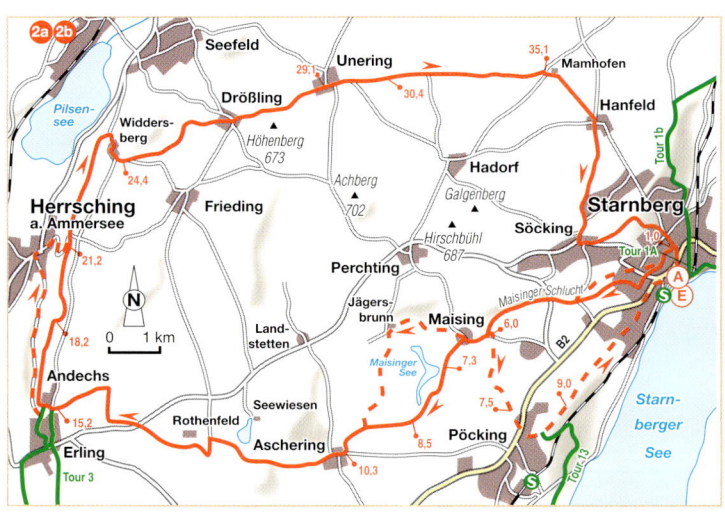

11,5/666 Den Linksabzweiger ignorieren und nach 40 m am
Wegkreuz am Holz-
ladeplatz geradeaus.
Nach 900 m am Wegedrei-
eck rechts. Nach 600 m
am Wegkreuz geradeaus
Richtung blaues ›K‹ für
»Königsweg« (links an
einem Baum gemalt). Den
Wegweiser nach rechts
ignorieren. Nach
400 m nach links in die
Teerstraße und nach
130 m nach dem
Drahtzaun und der
Buchenhecke rechts in
den Fußweg Richtung »K«
(an einen Betonpfosten
gemalt). Dann nach 150 m
nach rechts in den gekie-
sten Landwirtschaftsweg
abbiegen. Nach 150 m
links in die Fahrzeugspur,
die die Wiese Richtung
»Königsweg« quert.

**Scharf abgeschnittene Konglomerat-
wände zeichnen die Kienbachschlucht
bei Andechs; hier soll sich schon man-
cher volltrunkene Gerstensaftgenießer zu
Tode gestürzt haben …**

14,3/708 Nach links in den geteerten Radfahrweg einbie-
gen. Nach 300 m die Straße nach rechts queren und in den Parkplatz einfahren. Nach 50 m rechts in den Kiesweg und gleich links in den Waldweg einbiegen. Nach 340 m den Bauernweg geradeaus queren und Richtung »Friedhofskapelle« hinauf. *Variante:* Rechts in den Weg, der durch
die Linkskurve verläuft und am Andechser Parkplatz endet. Nach 100 m
an der Feuerwehr rechts. Am nächsten Wegedreieck links. Nach weiteren 100 m am Klosterparkplatz links zum Kloster hinauf. 400 m 9 % Stei-
gung/Gefälle zur Klosterkirche von Andechs. Zurück zur Hauptstraße und
nach rechts Richtung »Machtlfing«. Nach 370 m vor der Post rechts in
den Kiesweg Richtung »Herrsching«. Nach 160 m nach rechts in den
Fußweg Richtung »Andechser Berg«. 230 m weiter am Marterl links Richtung »Widdersberg«. Durch die Senke und nach 120 m im Wald nach dem
kleinen Betonklotz am Boden an der Fußpfadverzweigung rechts.

17,0/678 Nach links in den breiten Weg abbiegen.

18,2/652 Wegedreieck im Seitencanyon. Rechts steil hinunter, durch den Bach,
dann Schiebestrecke hinauf. Oben nach links in den Fußweg. Nach 900 m
einen Forstweg kreuzen. Nach 540 m den Rechtsabzweig ignorieren. Es
folgt ein Wurzelacker. Vorsicht bei Nässe!

21,2/644 Die Teerstraße nach rechts queren, dann links Richtung »Seefeld«.

Landkreis Starnberg

22,7 / 627 Die Abzweigung liegen lassen und nach 600 m nach rechts in die Teer-straße. Nach 180 m rechts nach Widdersberg hinauf.

24,2 / 638 In Widdersberg links ab Richtung »Starnberg«. Nach 250 m vor dem Hügel mit dem Wasserhochbehälter und den großen Bäumen links berg-ab und am Marterl vorbei. Nach 1,2 km nach links in den breiten Feldweg. Nach 590 m am Wegedreieck am Waldrand rechts nach Drößling hinauf (man sieht den Ort von weitem liegen).

26,7 / 645 In Drößling bei der Kirche nach rechts in die Starnberger Straße. Nach 250 m links Richtung »Unering und Königlich-Bayerischer Radweg«.

29,1 / 661 In Unering rechts dem Radwegweiser »Hanfeld/Gauting/Starnberg« und nach 160 m links dem Radwegweiser »Hadorf/Starnberg« folgen. Nach 360 m in der Kurve links Richtung »Mamhofen«. Nach 1,3 km am Wege-dreieck rechts bergauf in die Kiesstraße.

33,8 / 646 Nach rechts in die Teerstraße Richtung »Hanfeld«. Nach 150 m nach dem Gut Mamhofen links in den Forstweg.

35,1 / 639 Beim Wegedreieck im Wald links abbiegen, Tafel »E 400 / 1,1«. Nach 820 m rechts. Nach 900 m in Hanfeld nach dem Abzweiger nach Hadorf rechts dem Wegweiser nach Söcking (Teerstraße) folgen.

37,9 / 675 In Söcking die Alersbergstraße geradeaus. Nach rechts in die Riedesel-straße abbiegen. An der Sparkasse links in die Andechser Straße. Nach 100 m links in die Prinz-Karl-Straße. Nach 860 m nach den hohen Wohn-häusern rechts und an der Schranke vorbei, dann links in den Fußweg und den Bach durchqueren. Nach rechts in die Straße nach Starnberg einmünden. Nach links in die nächste Querstraße und nochmals links in den Mühlbergschlößlweg. An der folgenden Kreuzung links in die Von-der-Tann-Straße. An der Ampel rechts in die Hanfelderstraße. Bei der nächsten Ampel geradeaus in die Wittelsbacherstraße.

42,0 / 587 Starnberg/S-Bahnhof.

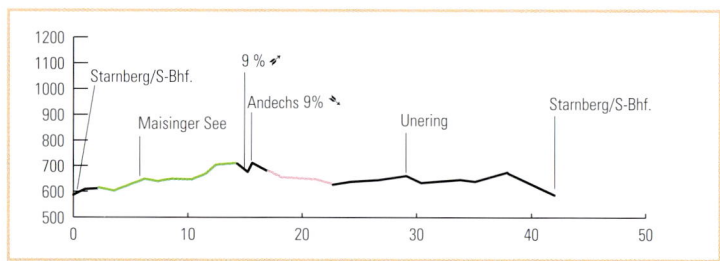

Variante 1:
Umgehung der Off-Roadstrecke im Wald bei Starnberg: Bei **2,2 km** nach rechts in die Söckinger Straße. Nach ca. 200 m links in die Maisinger Schluchtstraße. Nach den Brücken am Wegedreieck Richtung »Maisinger Schlucht«.
Variante 2:
Man kann auch rechts um den Maisinger Weiher fahren: Dazu in Maising links in

Richtung Perchting abbiegen Am Ortsende links in die Sonnau Richtung »Wirtshaus Jägersbrunn«. Am Wegkreuz hinter dem Wirtshaus links nach Aschering abbiegen, bei **9,5 km** der Kernroute rechts.

Variante 3:
Wer zur Andechser Klosterkirche hinaufgefahren ist, kann beim Downhill an dem Hinweisschild »Auf diesem Weg keine Schneeräumung« rechts abbiegen und um das Haus herumfahren, so trifft man ohne Höhenverlust auf den Fußweg nach Widdersberg.

Variante 4:
Wer auf die Wurzelpassagen am oberen Rand der Andechser Schlucht verzichten will, fährt bei **16,6 km** links bergab und biegt im Kienbachtal nach rechts in Richtung Herrsching ab. In Herrsching geht es dann nach rechts hinauf. Kurz vor Steigungsende, am Ende der linksseitigen Leitplanke nach links Richtung »Seefeld«.

Fahrstrecke: 0,0 Starnberg/S-Bahnhof – Sportzentrum – 7,3 Wirtshaus »Maisinger Seehof« – 10,3 Aschering – 15,6 Klosterkirche Andechs – 24,2 Widdersberg – 26,7 Drößling – 29,1 Unering – 34,0 Mamhofen – 36,9 Hanfeld – 38,9 Söcking – 42,0 Starnberg/S-Bahnhof.

Orientierung: Meistens gut, Beschilderung ausreichend.

Beginn der Tour: Starnberg/S-Bahnhof.

Autoanreise: Von der A 95 Ausfahrt Starnberg nach Starnberg hinunter.

Bahnanreise: S-Bahn oder Interregio.

Fahrt zum Startort: In Starnberg zum Bahnhof fahren.

Alternative Startorte: Bahnhof Herrsching.

Streckenprofil: 19,5 km Teerstraßen, 15 km Piste (I), 3,2 km Karrenwege (I), 4,1 km Singletrails (I – III), Schieben 0,2 km.

Landschaftsbild: 30 % Forst-/Bergwald, 40 % freie Wiesen und Äcker, 10 % Feuchtgebiete.

Achtung: Fußgänger, Autos und Forstfahrzeuge.

Sturzgefahr: Wurzeln, Sumpf, Erosionsgräben.

Rast: Maisinger Seehof, Wirtshaus Jägersbrunn am Maisinger See, Klosterbrauerei Andechs, Gasthaus Seehof in Herrsching.

Karten: Bayerisches Landesvermessungsamt, 1:50 000 »Ammersee/Starnberger See und Umgebung«; Kompass, 1:50 000 »Starnberger – Ammersee«.

Übernachten: Fremdenverkehrsamt Starnberg, Tel. 0 81 51 / 9 06 00.

Anschlußtouren: Touren 13 und 1 ab Starnberg; Tour 3 ab Andechs.

Abkürzer: Ab Andechs Frieding – Perchting – Söcking – Starnberg.

Sehenswertes: Kloster Andechs, in Widdersberg römischer Grabstein an der Kirchenwand; in Starnberg Burgberg mit Kirche, Friedhof und Burg (Landratsamt).

Maisinger Schlucht

Von Starnberg durch die Maisinger Schlucht nach Pöcking

Charakter: Leichte, kurzweilige Feierabendrunde mit kurzen mittelschweren Singletrails zum Maisinger Bach und an der Randmoräne des Starnberger Sees.
Streckenschwierigkeit: I und II in der Maisinger Schlucht.
Streckenlänge: 12,2 km.
Höhenmeter: 78 Hm.
Fahrzeit: ¾ Std.
Tip: Umfahrung der Offroad-Strecke siehe Tour 2a, Variante 1.

Wer es nur auf die Maisinger Schlucht abgesehen hat und weder Zeit noch Lust hat, aus der kurzen Schluchtfahrt eine tagesfüllende Tour nach Andechs werden zu lassen, der quert nach der romantischen Schluchtfahrt Felder, Weiden und Wiesen nach Pöcking. Dort beginnt erneut eine leichte, wunderschöne Bikestrecke mit herrlichen Ausblicken über den Starnberger See.

Die Route

0,0/587   Vom S-Bahnhof in Starnberg rechts Richtung »München« in die Wittels-bacherstraße. Nach 600 m (Ampel) nach links in die Hauptstraße und gleich nach rechts über den Parkplatz vor dem Wirtshaus »Tutzinger Hof« in die Vordermühlstraße. Nach 400 m, am Fuß des Schloßbergs (am Leitplankenende), rechts in den »Schloßweg«. Nach 280 m die Quer-straße nach links queren, dann nach rechts in den Ostheimer Weg.

2,0/612   Die Söckinger Straße nach rechts queren. In den »Siebenquellenweg« einfahren. An der T-Mündung des Fußweges rechts. Nach 70 m links in den Jakl-Jordan-Weg. Nach 230 m nach links die Ottostraße einmün-

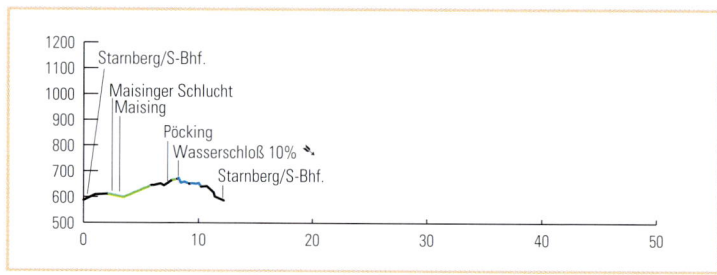

den. Nach 70 m am Wege-
dreieck links in die Ringstraße Richtung »Sport-
zentrum«. Nach 20 m am
zweiten Wegedreieck
rechts. Nach 360 m endet
die Teerdecke. Hier rechts
zwischen Sportplatzzaun
und Waldrand 310 m wei-
ter, an der Wegverzwei-
gung am roten Pfosten
rechts und nach 80 m zwi-
schen Betonklotz und
Holzpfosten bergab. Nach
180 m den Sturzbach nach
links queren und 90 m weiter unten den Holzzaun
neben der Brücke über
den Maisinger Bach über-
heben. Die Straße queren

und weiter Richtung »Mai-
singer Schlucht« über
Wiesen in den Wald.

Weideland begleitet den Singletrail, und durch das Geäst von Haselnußstauden schimmern Landwirtschaftsgebäude.

5,5 / 646   Nach dem Schluchtende links in die Teerstraße. Nach 70 m nochmals
nach links (Wegweiser Richtung »Starnberg«). Nach 80 m rechts in
Richtung Pöcking über leicht gewelltes Hügelland. Nach 1,5 km die B 2
unterqueren. Nach 300 m am Ortsschild von Pöcking vorbei. Nach
weiteren 300 m nach rechts einmünden. 240 m weiter vor der Ampel
links in die Alte Bahnhofstraße. Nach 80 m an der Wegverzweigung
rechts.

8,2 / 665   An der Verzweigung links (entsprechend dem Radlogo »Kreisradwander-
weg«) in die Franziska-Gunther-Straße. Nach 180 m in einer Kehre mit
Sitzbank nach links entsprechend der Wegweisung nach Starnberg.
Nach 30 m rechts kurz hinauf Richtung »Starnberg« (Wegweiser) in den
Prinzenweg. Nach 80 m das Wasserschloß rechts liegen lassen. Nach
510 m am Wegedreieck geradeaus Richtung »Starnberg« (Wegweiser).
Nach 200 m die nach rechts abzweigende Traktorspur liegen lassen.

10,1 / 651   Die Teerstraße überqueren und geradeaus Richtung »Prinzeneiche« fahren. Nach 400 m an der Linkskehre der Teerstraße geradeaus in den Prinzenweg. 400 m weiter geradeaus auf dem Prinzenweg bleiben. Nach
500 m den Park am Hang rechts liegen lassen (schöner Seeblick).

11,7 / 642   Nach rechts auf den Rad-/Fußweg neben der B 2 einfahren. Nach 400 m
den Almeidaweg queren und geradeaus den Lindenweg abfahren. Nach
100 m die Vorfahrtsstraße queren, dann der Einbahnstraße (immer noch
Lindenweg) folgen. Unten nach links in die Seeuferstraße (Starnberg –
Feldafing) einfahren.

12,2 / 587   Starnberg/S-Bahnhof.

Pähl

3

Von Kloster Andechs nach Pähl

Charakter: Kurze, leichte Tour im einst vergletscherten Moränenland.
Streckenschwierigkeiten: 14,3 km I, 1,3 km II+, 200 m 15 % ↗ und 900 m 5 % ↘.
Streckenlänge: 15,6 km.
Höhenmeter: 125 Hm.
Fahrzeit: ³/₄ Std.

Eine Teerstraße führt von Pähl zur Tumuluslandschaft des Hirschbergs hinauf; im Bildhintergrund ist die Satelliten-Erdfunkstelle in Raisting am Ammersee zu sehen.

Zwischen dem »Heiligen Berg von Andechs« und dem Hochschloß Pähl zieht sich die Randmoräne des glaziären Ammergletschers. Der Biker bewegt sich parallel mit deren Kammlinie. Von oben bis unten sind die Aufhäufungen aus Gletscherschutt mit dichtem Unterholz bewachsen. Und doch finden sich immer wieder landschaftliche Schmankerl inmitten der Forste und entlang des oberen Kienbachtals, das die Route begleitet. Zwischen Drumlins, den eiförmigen Schutthügelchen, die einst die Gletscherspalten zusammengeschoben und nach Abtauen des Eispanzers übrigließen, liegen Weiher und Wasserlachen versteckt. Wer sich Zeit nimmt, der steigt vom Bike und schaut den Wasserläufern und den versteckt und unter Wasser jagenden Gelbrandkäfern zu.

An wenigen Stellen öffnet sich der Waldgürtel und bietet freie Blicke über das wellige, von der Eiszeit geformte Land zwischen Ammersee und Starnberger See. Vom Südende des Moränengürtels bei Pähl schaut man auf den verlandeten Südzipfel des Ammersees, und der Hohenpeißenberg zieht den Blick auf sich. In Pähl gab es einst drei Schlösser, von denen das mittlere heute nicht mehr existiert. Wer die schwierige Abfahrt vom Oberen zum Unteren Schloß auslassen möchte, der kurvt um den Hochschloßweiher, der sich übrigens recht gut als erfrischender Badesee eignet. Von der kurzen, engen Trialpassage führt ein Stich nach rechts zum moorigen Gewässer. Wer den Zwischenaufenthalt meidet, findet sich bald auf dem Kamm der Randmoräne des Ammergletschers wieder. Dieser führt, bald steigend, bald fallend, bei oftmals guter Sicht über das Ammerseebecken, nach Kloster Andechs zurück.

Die Route

0,0/675 Beim Kloster Andechs vom Großparkplatz links Richtung »Erling«. Nach 880 m an der Kreuzung geradeaus. Die Wegweiser (links am Stoppschild) weisen nach Kerschlach, Pähl und Machtlfing.

1,2/666 An der Verzweigung rechts Richtung »Zum Hofladen der Molkerei Scheitz«. Nach 360 m an der Verzweigung rechts Richtung »Pähl«.

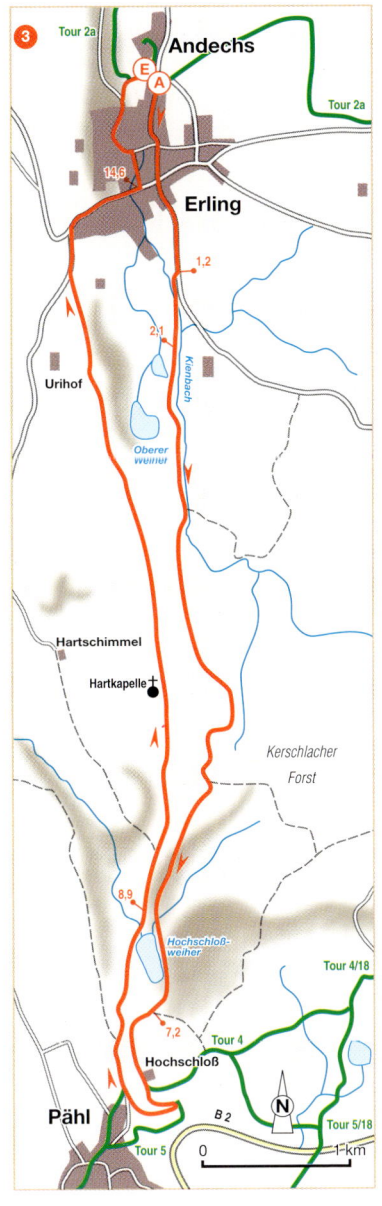

2,1 / 684 An der Straßenverzweigung links auf der Teer-
straße bleiben. Nach 1 km
Vorsicht in den Kurven,
Teerdecke mit Rieselauf-
lage! Nach 110 m an der
Verzweigung mit einer
Sitzbank endet die Teer-
decke; hier rechts Rich-
tung »Pähl, Kerschlach«.
Nach 780 m an der Ver-
zweigung rechts
(200 m bis zu 15 % Stei-
gung).

4,9 / 703 Den Linksabzweiger igno-
rieren und nach 210 m
links in die Forststraße
Richtung »Pähl« einmün-
den. Nach 300 m an der
von rechts einmündenden
Forststraße Richtung
»Andechs« geradeaus.
Nach weiteren 300 m den
Linksabzweig nach
Kerschlach ignorieren.
Geradeaus Richtung »Pähl«.

**Hier schaut der massive, neugotische
Viereckturm des Schlosses Pähl aus den
Hangwäldern der Gletschermoräne.**

7,2 / 666 Am Wegedreieck am Golfplatz Richtung »Pähl«. Nach 170 m rechts in die
Teerstraße Richtung »Königl. Bayer. Radltour«; blaues »K« rechts am
Baum. Nach 390 m im spitzen Winkel rechts auf die schmale Teerstraße
Richtung »Andechs über Hartkapelle«. Nach 900 m kurz vor Ende der geteerten Straße rechts Richtung »Andechs«. Achtung, dieser Rechtsabzweig kann leicht übersehen werden, da er im Sommer mit Gras überwachsen und der Wegweiser geradeaus an der Eiche von Blättern verdeckt ist; besser zur Orientierung geeignet ist rechter Hand ein Maschendrahtzaun mit der Aufschrift »Zutritt verboten«. Nach 210 m an der

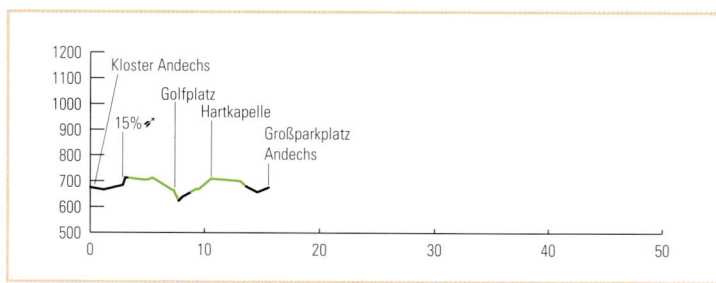

Verzweigung an der Sitzbank rechts hinauf. An der folgenen Verzweigung nach 30 m entweder im Hohlweg oder links auf der festgefahrenen Wegschulter weiter.

8,9/658 Nach der Fußwegbrücke über den Abfluß des Hochschloßweihers (rechts Abstecher zum Badeplatz möglich). Dann links steil hinunter. Nach 110 m an einer Wegverzweigung vorbei, nach 20 m rechts und die Forststraße zu der löcherigen Fußgängerbrücke hin kreuzen. Nach 90 m nach links in die Forststraße einbiegen. Nach 310 m am Wegedreieck rechts Richtung »Pähl« (900 m zu 5 % Gefälle).

10,6/708 Linker Hand befindet sich die Hartkapelle, nach 130 m ab Wegedreieck links.

13,1/699 Am Wegedreieck links. Nach 460 m beginnt Teerdecke. Am Parkplatz vorbei und an der Querstraße rechts auf den Radweg. Nach 170 m rechts Richtung »Kloster Andechs«.

14,6/657 An der großen Kreuzung in Erling vor dem Ziehbrunnen und dem Dorfschmied links ins Besngaßl Richtung »Fußweg Herrsching«. Nach 100 m nach der Bachbrücke rechts. Nach 210 m auf der nächsten Bachbrücke rechts leicht bergauf. Nach 120 m nach links in die Andechserstraße.

15,6/675 Nach rechts zum Großparkplatz Kloster Andechs.

Fahrstrecke: 0,0 Kloster Andechs – 0,9 Erling – 7,2 Golfplatz Pähl (¹/₂ Std.) – 8,1 Dorf Pähl – 8,9 Hochschloßweiher – 10,6 Hartkapelle – 14,6 Erling – 15,6 Andechs.

Orientierungssicherheit: Bei der Hinfahrt gut; zurück anfangs eher mäßig.

Beginn der Tour: In Andechs am Großparkplatz.

Autoanreise: Auf der A 95 zur Ausfahrt Starnberg, weiter über Söcking und Perchting nach Andechs.

Bahnanreise: S-Bahnhof Herrsching.

Fahrt zum Startort: Gemäß der Beschilderung zum Großparkplatz in Andechs fahren.

Alternativer Startort: Herrsching.

Streckenprofil: 4,9 km Teerstraße, 9,4 km Piste, 1,3 km Singletrail und Karrenwege.

Landschaftsbild: 90 % Forste, 10 % Wiesenflächen.

Achtung: Kraftfahrzeuge.

Sturzgefahr: Loser Kies und Riesel auf teils geteerten Wegen.

Rast: In Pähl und in Kloster Andechs.

Karten: Bayerisches Landesvermessungsamt, 1 : 50 000 »Ammersee – Starnberger See«, Kompass-Wanderkarte, 1:50 000 »Starnberger – Ammersee«.

Übernachten: Fremdenverkehrsamt Herrsching, Tel. 0 81 52/52 27 und Starnberg, Tel. 0 81 51/9 06 00.

Anschlußtouren: Tour 2, 4 und 5.

Sehenswertes: Schloß Pähl (nur von außen möglich), Kloster Andechs, Satelliten-Erdfunkstation in Raisting.

4 Ilkahöhe

Von Tutzing über die Ilkahöhe nach Pähl: Weites Land – grandiose Aussicht!

Charakter: Leichte Tour, einfache Teerauffahrt zur Ilkahöhe, schöne Waldfahrt nach Pähl, nach Monatshausen lehmige Karrenwege, eine Furt.
Streckenschwierigkeit: 18,9 km I, 1,8 km II, eine lehmige Furt II, 400 m Teerstraße mit 5 % ↘, 200 m 15 % ↘ und 700 m 6 % ↘.
Streckenlänge: 20,7 km.
Höhenmeter: 126 Hm.
Fahrzeit: 1½ Std.

Von der Ilkahöhe zum Maistättenweiher begleiten den Biker Forste und hoch aufsprießende Waldwiesen.

Vom langen Bergkamm der Ilkahöhe fliegt der Blick über den »Karpfenwinkel« des Starnberger Sees zu der fernen, an Föhntagen besonders klar erscheinenden Alpenkette. Bei schlechter Sicht und dem meist über Land und See lagernden Dunst läßt sie sich nur als grauschwarze Schattenwand erahnen. Der Starnberger See indes zeigt sich überwiegend von der heiteren Seite. Buchengrüne Randmoränen umgeben das einstige Gletscherbecken, das die Zunge des Walchenseegletschers einst aushob. Anschließend staute sich das Tauwasser vor dem Endmoränenwall, bis es überfloß. Die Kerbe im Moränenwall ist heute die Mühltalschlucht der Würm, und der Starnberger See war die Tauwasserlache des Gletschers. Er ist bis zu 115 Meter tief und 21 Kilometer lang. Mit 57 Quadratkilometer Fläche ist der Starnberger See nach dem Chiemsee Bayerns zweitgrößter See.

Den Gipfel der Ilkahöhe markiert eine viereckig angepflanzte Buchengruppe. Zwei Zypressen bilden den Eingang des verwahrlosten Hains. Nur in Ansätzen ist die Idee einer landschaftsgärtnerischen Gestaltung erkennbar und dem Alter der Buchen nach zu urteilen gut 100 Jahre alt.

Auf den folgenden Kilometern der Fahrt ist es mit der weiten Aussicht erst einmal vorbei. Dichte Forste nehmen den Biker auf, und die langen Moränenrücken lassen die Forstwege immer wieder steigen und fallen. Erneute Sicht, diesmal über das weite Becken des ehemals viel größeren Ammersees, öffnet sich erst auf dem Hirschberg bei Pähl. In der Nähe, auf der Hochfläche des Berges, fallen eigentümliche, runde Erdhügel auf, die der Geologe in Anlehnung an das lateinische Wort für Erdhügel oder Grab »Tumulus« nennt. Die Entstehung dieser Tumuluslandschaft konnte bisher nicht geklärt werden. Sicher ist nur, daß das Innere der Tumuli keine Grabstätten, sondern Moränenschutt der Gletscher enthält.

Die Route

0,0/608 Von Tutzing, Straßenkreuz mit Park & Ride-Parkplatz am S-Bahnhof nach links in die Bahnhofstraße Richtung: »Gasthof Ilkahöhe«. Nach 230 m nach dem Bahnhofsgebäude in den Fuß-/Radwanderweg Richtung »Ilkahöhe«. Nach 320 m rechts Richtung »Ilkahöhe« in die Teerstraße; nach der Bahnunterführung die Steigung hoch. Nach 350 m an der Kreuzung links dem braunen Wegweiser »Gasthaus Ilkahöhe« folgen. Nach 600 m rechts Richtung »Ilkahöhe/Oberzeismering«.

2,1/620 Am Wegedreieck geht es links zum Wirtshaus »Ilkahöhe«, geradeaus zur Ilkahöhe. Nach 270 m an der Kreuzung rechts. Nach 1,0 km nach links in die Teerstraße. Nach 180 m links zur Sitzbank hoch und weiter entsprechend dem verblaßten Wegweiser Richtung »Ilkahöhe«.

4,2/728 Der Gipfel der Ilkahöhe befindet sich in dem großen Buchengeviert. Links hinunter (etwa 5 bis 6 % Gefälle) und nach 90 m an dem Wegedreieck rechts Richtung »Pähl«. Nach 20 m neben dem Weiher links. Nach 60 m am Wegedreieck nach rechts in die breite Forststraße. Nach 700 m am

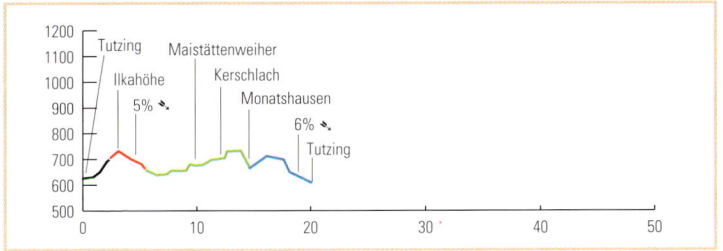

Das Gasthaus Ilkahöhe auf der gleichnamigen Randmoräne des Starnberger Sees ist ein

Wegedreieck links weiter auf der breit ausgebauten Forststraße. Nach 70 m am zweiten Wegedreieck links; jetzt die Markierung mit dem großen, weißen X an den Bäumen ignorieren! Nach 390 m am Wegedreieck rechts unter der Überlandleitung hindurch.

6,4 / 655 Hier geradeaus und den Rechtsabzweig ignorieren. Nach 900 m nach rechts in die Teerstraße abbiegen. Nach 490 m vor dem Bach links in den per Verkehrszeichen gesperrten Feldweg. Über die Wiesen, die Überlandleitung passieren, dann am Waldrand rechts neben der Straßensperrkette vorbei.

8,5 / 654 An der Kreuzung geradeaus bergab. Nach 470 m am Wegedreieck am Maistättenweiher nach links. Nach 220 m die Linkseinmündung ignorieren. Nach 110 m am ersten Wegedreieck links, nach 220 m am zweiten Wegedreieck rechts.

9,9 / 678 Rechts an der Straßensperrkette vorbei. Nach 40 m links in die Teerstraße. Nach 600 m vor dem 15-%-Gefälle scharf rechts in den geteerten Wiesenweg, der weithin sichtbar in Schlangenlinien durch die Tumuluslandschaft verläuft; links öffnet sich der Blick auf Schloß Pähl und auf weitere Tumuli.

11,2 / 677 Die B 2 kreuzen. Nach 160 m den Linksabzweig zum Golfplatz ignorieren und geradeaus weiter zum Gut Kerschlach.

![Gute Speiseadresse]

gute Speiseadresse; von der Veranda hat man freie Sicht über den See zu den Bergen.

12,4 / 695   Beim Wegedreieck mit Insel und Wegweisermast rechts Richtung »Königl. Bayer. Radlweg«. Nach 320 m das Gut Kerschlach geradeaus Richtung »Tutzing« passieren. Nach 120 m am Wegedreieck nach rechts über den Bach.

13,8 / 728   Die B 2 kreuzen, dann einem Kiesweg folgen. Nach 250 m die Überlandleitung unterfahren. Nach 550 m nach rechts in die Teerstraße Richtung

»Tutzing«. Nach 230 m den Linksabzweig in den Kreisradwanderweg ignorieren und geradeaus nach Monatshausen (15 % Gefälle!). Nach 400 m in Monatshausen nach links in Richtung »Diemendorf«. Nach 160 m bei der Sitzbank links Richtung »Ilkahöhe«.

16,1 / 664 Den Linksabzweig beim Teerstraßenende ignorieren und auf den Stadl am Waldrand zufahren (Markierung »Weißes X« an den Bäumen). Nach 270 m am Wegedreieck vor dem nächsten Stadl rechts in den Wald. Dann durch die Furt. Nach 100 m den Rechtsabzweig ignorieren. Nach 400 m links in die Forststraße bergauf. Nach 60 m am Wegedreieck rechts. Den anschließend nach rechts abzweigenden Grasweg ignorieren.

17,6 / 711 Vor dem Weiher links. Nach 20 m rechts, nach 70 m am Wegedreieck mit Bauminsel geradeaus Richtung »Wanderwege Tutzing, 2,5 km«.

18,1 / 697 An der Kreuzung links in die Lindenallee. Nach 700 m rechts in die Teerstraße. Nach 190 m links in die Forststraße entsprechend dem gelben Pfeil auf dem Asphalt links nahe am Straßenrand. Nach 160 m auf dem Trimmpfad rechts ab entsprechend dem weißen X am Baum.

20,0 / 649 Nach rechts in die Teerstraße, nach links (etwa 250 m 6 % Gefälle), dann rechts durch die Eisenbahnunterführung. Rechts durch die Kurve zum S-Bahnhof Tutzing, der nach 700 m erreicht wird.

Fahrstrecke: 0,0 Tutzing/S-Bahnhof – 4,2 Ilkahöhe – 9,0 Maistättenweiher – 11,4 Pähl (Hochschloß) – 12,6 Kerschlach ($^3/_4$ Std.) – 15,0 Monatshausen – 20,7 Tutzing/S-Bahnhof.

Orientierung: Wegen miserabler Beschilderung schwierig.

Beginn der Tour: Tutzing S-Bahnhof.

Autoanreise: Von München auf der A 95 bis Starnberg. Weiter auf der B 2 bis Traubing, dort links ab nach Tutzing.

Bahnanreise: Nach Tutzing mit der S-Bahn.

Fahrt zum Startort: In Tutzing der Wegweisung zum Bahnhof folgen.

Alternative Startorte: Pähl und Monatshausen.

Streckenprofil: 10 km Teerstraße, 7,5 km Piste, 1,8 km Karrenwege, 1,4 km Singletrail.

Landschaftsbild: 45 % Wälder, 45 % Wiesen, 10 % Parklandschaft.

Achtung: Forstverkehr, im Bereich der Ilkahöhe Fußgänger und Pkw.

Sturzgefahr: Erosionsschutt, Lehm, feuchte Wurzeln und Wildholz.

Rast: In Pähl, Tutzing und Gasthaus Ilkahöhe.

Karten: Bayerisches Landesvermessungsamt, 1 : 50 000 » Ammersee – Starnberger See«, Kompass-Wanderkarte, 1:50 000 »Starnberg – Ammersee«.

Übernachten: Fremdenverkehrsamt Starnberg, Tel. 0 81 51 / 9 06 00.

Anschlußtouren: Tour 3, 5, 13 und die Spange 10–13 Tutzing/S-Bhf. – Ammerland – Wolfratshausen/S-Bhf.

Sehenswertes: Hochschloß Pähl, die Pfarrkirche St. Laurentius mit vorromanischem Turmuntergeschoß.

Aloisiuskapelle

5

Von Pähl an der Ammer entlang nach Weilheim und zurück über den Hardtwald

---

Charakter: Leichte Tour, anfangs Ammer-Auenfahrt, nach Weilheim Teerstraßenauffahrt in den Hardtwald, rassige Trialmöglichkeiten in der Pählschlucht.
Streckenschwierigkeiten: 30,8 km I, 2,6 km II und III, 0,2 km Schieben oder Tragen in der Pählschlucht; 900 m 7 % ↘, 700 m 8 % ↘, 400 m 5 % ↘ und 300 m 6 % ↗.
Streckenlänge: 33,6 km.
Höhenmeter: 478 Hm.
Fahrzeit: 1¹/₂ Std.

Steil fällt bei Pähl die ehemalige Randmoräne des Ammergletschers ins unterste Ammertal ab. Man kann sich vorstellen, wie hier die Gletscherzunge den breiten Streifen flachen Landes zwischen Weilheim und Stegen am Nordufer des Ammersees ins Gelände pflügte. Landwirte versuchen, den Feuchtflächen Ackerland abzutrotzen, indem sie die Moorflächen mit Kanälen in gleichmäßige und häßliche Rechtecke unterteilen.

Am Südspitz des Ammersees, dort wo noch ein Teil des Ammerwassers in den Mäandern der Alten Ammer zum See hinströmt, will es wohl nicht gelingen, weitere Wirtschaftsflächen zu schaffen. Im Landratsamt hat man dies erkannt und dort ein Naturschutzgebiet ausgewiesen. Wo kaum Widerstand zu erwarten ist, mag es ein leichtes sein, den Naturschutz zu pflegen. In Raisting ist es mißlungen, dem Naturschutzanliegen gerecht zu werden. Im Umkreis lauschen Riesenohren – kreisrunde Parabolantennen – in den Weltraum. Die Kathedralen der Moderne – Kommunikationswesen contra Naturland-

Einsam im Forst versteckt liegt die kleine Aloisiuskapelle.

schaft. Die zu Wellenlinien erstarrte, kanalisierte Ammer begleitet den Biker, der auf dem Damm Richtung Weilheim rollt. Im Frühling blicken samtig blau die Blüten der Leberblümchen aus dem welken Laub des vergangenen Jahres, gleichzeitig dringt der zähsüße Duft des Seidelbasts in die Nase, und die ersten Bienen sind zu sehen. Zu allen Jahreszeiten landen hier Wasservögel in den Kehrwassern, brüten, schwimmen mit ihren Jungen spazieren oder ruhen mit dem Kopf im Gefieder versteckt, als seien sie dann unsichtbar.

Die Route

0,0/591   In Pähl/Kirche folgt man dem Wegweiser Richtung »K, Füssen« die Kirchstraße hinunter. Nach 240 m, vor dem Gasthaus »Alte Post« rechts Richtung: »Raisting«. Nach 450 m am zweiten Linksabzweig links Richtung »Raisting«.

2,2/540   Vor der Ammerbrücke nach links auf den Ammerdamm. Nach 800 m den Linksabzweig ignorieren und geradeaus an der Schranke vorbei.

4,9/542   Unter dem Bahngleis hindurch und nach 540 m am Wegedreieck geradeaus. Dann neben der Straßenbrücke über die Ammer zur Straße hinauf. Die Straße in den schmalen, verwachsenen Singletrail queren. Nach 450 m nach rechts in den gekiesten Fahrweg.

7,7/548   Am Wegkreuz neben der Straßenbrücke geradeaus und immer auf dem Damm bleiben.

9,9/553   Beginn der Teerdecke. Nach 100 m in Weilheim geradeaus unter der Straßenbrücke hindurch, dann nach 30 m im spitzen Winkel nach links und an der Schranke vorbei auf den Rad-/Fußweg. Neben der Brücke rechts auf den spitzen Kirchturm zufahren. Unter der Bahnunterführung hindurch und links in Richtung »München«. Nach 800 m links Richtung »Bahnhof«. Diesen links liegen lassen. Am Kiosk rechts und die Bahnhofsallee hochfahren.

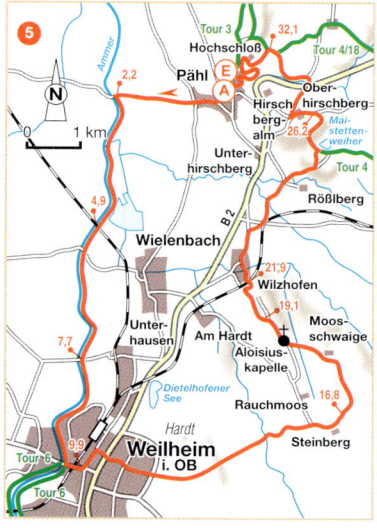

11,1/561   Nach links in die Münchner Straße abbiegen. Nach 40 m rechts Richtung »Seeshaupt«. Nach 220 m die B 2 bei der Ampel überqueren und in der Kaltenmooser Straße weiterfahren. Mit der Kurve der Vorfahrtsstraße nach rechts in die Römerstraße. Nach 470 m nach links in die Hartkapellenstraße.

12,4 / 573 Die Narbonnestraße queren; die folgende Straße heißt »Im Hardt« nach dem Hardtwald, den sie durchquert.

16,8 / 648 Nach dem Weiler Steinberg (rechter Hand) im Wald in der engeren Rechtskurve links in den breiten, hartgewalzten Forstweg (gesperrt für Pkw/Krad). Nach 50 m am Wegedreieck rechts und an einem Stadl und der Überlandleitung vorbei.

18,0 / 643 Den Rechtsabzweig ignorieren. Nach 230 m linker Hand Einödbauer »Moosschwaige« mit angeblicher Selbstschußanlage im Vorgarten. Nach 480 m rechts die Aloisiuskapelle. Nach 20 m an der Kreuzung links.

19,1 / 651 Nach rechts in die Teerstraße einmünden.

Auf geteerten Forststraßen findet man auch ohne Wegweiser ans Ziel, wie hier zwischen der Aloisiuskapelle und Wilzhofen.

21,9 / 580 Die Bahnstrecke an der Schranke kreuzen. Nach 80 m am Wegedreieck in Wilzhofen rechts. Nach 350 m am Wegedreieck beim Sägewerk links am Bach entlang. Nach 40 m rechts über den Sagbach bergauf. Dann nach rechts in die Vorfahrtsstraße. Nach 410 m nach dem Dorfende, in Sichtweite der Überlandleitung und ca. 150 m vor der B 2, rechts in den Teerweg.

23,2 / 601 Den Rechtsabzweig eines Privatwegs ignorieren. Nach 80 m, noch vor der Bahnunterführung, die Vorfahrtsstraße in einen Wiesenweg queren (1,1 km 7 % Gefälle). Nach 720 m nach dem großen Betonbildstock links in die Teerstraße (rechts oben liegt Landgut Rösslberg). Nach 70 m Downhill nach der Bachbrücke rechts. Die Straßensperrkette überheben und nach 90 m am Straßendreieck links.Nach 840 m an dem Wegedreieck mit dem Bildstock in der Mitte links. Nach 130 m die Linkseinmündung ignorieren. Nach 200 m an zwei aufeinanderfolgenden Wegedreiecken beide Male links.

26,2 / 642 Rechts an der Straßensperrkette vorbei. Nach 30 m nach links in die Teerstraße einbiegen.

27,5 / 666 Nach dem Bauernhof im spitzen Winkel nach rechts abbiegen. Nach 700 m die B 2 queren. Nach 160 m links Richtung »Golfplatz«. Nach 900 m am Wegedreieck mit der Bauminsel links Richtung »Königl. Bayer. Radltour«. Nach 160 m am Wegedreieck links Richtung »Golfplatz«. Nach 510 m am Wegedreieck vor dem Schloß Pähl vor dem Maschendrahtzaun der Schloßumzäunung rechts auf steil abfallendem Singletrail Richtung »Schlucht Pähl« (schwieriger Trial, III).

30,1 / 655 Am Wegedreieck im Wald links. Nach 30 m an der Sitzbank links (700 m 8% Gefälle) und nach 10 m nochmals links in die Konglomeratschlucht. Nach 560 m rechts die Fußwegbrücke zunächst ignorieren. Nach 300 m schließlich Trialende am Wasserfall; das letzte Ende ist unfahrbar, hier umkehren. Nach 360 m nach links über die etwas morsche,

Wenig markant und ohne jede Wegweisung sind die meisten Forststraßenverzweigungen auf der Tour zur Aloisiuskapelle.

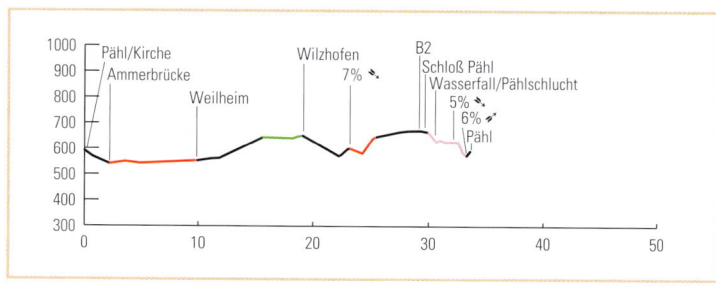

löchrige Fußgängerbrücke und die Stufen hinauf zum Singletrail, Wurzelpassagen, eine weitere Treppe (II und III).

32,6 / 625 Linker Hand den Abzweiger mit den Stufen ignorieren und nach rechts in
den teils geteerten Trail abbiegen (400 m 5 % Gefälle). Nach 230 m im Dorf
Pähl rechts ab in die Sternstraße. Nach 170 m am Wegedreieck mit dem
Baum in der Mitte links und nach 60 m rechts in die Kremsstraße. Nach
300 m rechts in die Ammerseestraße. Nach 50 m beim Wirtshaus »Alte
Post« rechts in die Kirchstraße.

33,6 / 591 Pähl/Kirche.

Fahrstrecke: 0,0 Pähl/Kirche – 10,7 Weilheim/Bahnhof (36 Min.) –
16,8 Steinberg – 18,3 Einödbauer »Moosschwaige« – 18,7 Aloisiuskapelle –
21,9 Wilzhofen – 30,0 Hochschloß Pähl – 31,0 Wasserfall in der Pählschlucht
– 33,6 Pähl/Kirche.
Orientierung: Bedingt durch fehlende Wegweiser mäßig.
Beginn der Tour: Pähl
Autoanreise: Auf der A 95 bis Ausfahrt Starnberg und weiter auf der B 2. Nach
der Hirschbergabfahrt rechts nach Pähl abbiegen.
Bahnanreise: Weilheim/Bahnhof.
Fahrt zum Startort: In Pähl nach rechts zur Kirche hinauffahren und links auf
den Parkplatz.
Alternativer Startort: Weilheim/Bahnhof; Wilzhofen/Bahnhof.
Streckenprofil: 15,1 km Teerstraße, 9,9 km Piste, 5,8 km Karrenweg, 2,8 km
Singletrail.
Landschaftsbild: 35 % Wald, 30 % Flußauenlandschaft, 35 % Ackerland.
Anmerkung: Bisher gibt es für die romantische Pählschlucht noch kein Bike-
verbot. Das könnte sich jedoch ändern, wenn zu viele Biker dort einfahren
und es zu »Kollisionen« mit Wanderern kommt.
Achtung: Bikerkollegen auf dem Ammerdamm, Forstfahrzeuge auf den Forst-
straßen, Fußgänger und Hunde in der Pählschlucht.
Sturzgefahr: Dichter Pflanzenwuchs auf dem Ammerdamm, feuchte Wurzeln
und lose Äste, in der Pählschlucht durch Fahrfehler, unachtsames Lenken.
Hier können sich auch schwere, talseitige Stürze ereignen. Wer unsicher ist,
sollte die kurze Schluchtstrecke besser zu Fuß gehen. Der Downhill vom
Hochschloß Pähl nach Pähl ist ein steiler, enger Singletrail mit engen Kurven.
Wer kein guter Downhillpilot ist, der schiebt besser auch hier.
Rast: In Weilheim und Pähl.
Karten: Bayerisches Landesvermessungsamt, 1 : 50 000 »Ammersee – Starn-
berger See«, Kompass-Wanderkarte, 1:50 000 »Starnberger – Ammersee«.
Übernachten: Fremdenverkehrsamt Weilheim, Tel. 08 81 / 68 20.
Anschlußtouren: Touren Nr. 3, 4 und 6.
Sehenswertes: Paternzeller Eibenwald, in Pähl das Dorf, das Hochschloß von
außen (Privatbesitz), die Pfarrkirche St. Laurentius mit präromanischem
Turmuntergeschoß.

Böbinger Ammerbrücke

*Von Weilheim durch die Ammerauen zur
Böbinger Ammerbrücke*

Charakter: Leichte Tour, zuerst gekieste Karrenwege und glatte Singletrails,
ein kniffliger Singletrail; schöne Blicke auf den Hohenpeißenberg.
Streckenschwierigkeit: 29,8 km I, 2,3 km II, 40 m Tragen über die Stege.
Streckenlänge: 32,1 km.
Höhenmeter: 145 Hm.
Fahrzeit: 2¼ Std.

**Hier am Unterlauf der Ammer leben zahlreiche Wasservögel; Gänsesäger und
Wasseramseln bewohnen den Flußlauf auf seiner ganzen Länge.**

Die Kreisstadt Weilheim liegt am Nordostrand des Pfaffenwinkels,
einer reichen oberbayerischen Landschaft, in der Klöster und Kirchen
manchmal kaum eine Wegstunde voneinander entfernt sind.
Das Umland der Stadt wird vom weiten, flachen Talbecken geformt, das
einst von der Zunge des eiszeitlichen Ammergletschers ausgeschürft
wurde. Walddunkel streben im Westen und Osten der Stadt die ehemaligen Randmoränen auf. Mit ihren einsamen Hochmooren und Einöd-

Wie der Rücken einer Flunder liegt der Hohenpeißenberg im Alpenvorland, und als Tentakel sticht die Antenne der Wetterstation in den klaren Föhnhimmel.

höfen sind sie ein Refugium für selten gewordene Tier- und Pflanzenarten.
Eine Rarität unter den dortigen Naturschutzgebieten ist der Paternzeller Eibenwald, der sich über die westliche Randmoräne des Weilheimer Beckens ausdehnt. Die Eibe ist ein Nadelbaum, dem man mystische Kräfte nachsagt. Zudem zeichnet sich ihr Holz durch eine ungewöhnliche Härte aus – da man dieses Holz für die Herstellung von Waffen bevorzugte, wurden die Eiben seit der Keltenzeit bis ins Mittelalter exzessiv abgeholzt, so daß der Baum in unseren Breiten fast ausgestorben ist. In Südbayern findet sich nur noch bei Paternzell ein beachtlicher Bestand mit über 500 Jahre alten Prachtexemplaren, die man von einem Naturlehrpfad aus bestaunen kann.
Die »Skyline« von Weilheim beherrscht der Glockenturm der Pfarrkirche St. Michael. Auf seiner »Welschen Haube« prangen die Ziffern des Baujahrs 1573. Auf dem rechteckigen Marienplatz ist das Stadtzentrum erreicht. Ein Stadtbummel durch die Fußgängerzone führt an schmucken Bürgerhäusern vorüber. Es gibt zahlreiche heimelige Cafés, in denen man sich bei Cappuccino oder Pils auf eine leichte Biketour ins Ammertal einstimmen kann. Es ist dies eine kurzweilige Fahrt durch die dschungelartigen Auwälder der Ammerschleifen vor allem für heiße Sommertage. Bei der Rückfahrt wird der Biker vom scheinbar ständig den Standort wechselnden Hohenpeißenberg verwirrt; dabei sind es nur die Schleifen der Ammer, die den Radler an der Nase herumführen.

Die Route

0,0/561 Vom Bahnhof in Weilheim gesehen rechts, dann nach links durch die Kurve, an der T-Einmündung rechts Richtung »Stadtmitte«. Nach 400 m nach rechts Richtung »Landsberg«. Nach weiteren 400 m vor der Ammerbrücke links und nach 50 m rechts auf den Dammweg.

2,2/561 Bei der Wegverzweigung vor der Eisenbahnbogenbrücke rechts unter der Brücke hindurch. Auf der anderen Seite zum Damm hinauf, dann unten auf dem Fahrweg weiter (wenn der Dammweg gewählt wurde, nach 1,2 km rechts zum Uferweg).

4,5/566 Nach rechts unter der Straßenbrücke hindurch. Nach 1,0 km nach rechts in den Teerweg und nach 40 m rechts.

7,1/568 Die Straße neben der Brücke queren.

9,3/572 Am Wegedreieck rechts, nach 250 m Beginn des sogenannten »Fangotrails«.

10,3/575 Den Linksabzweig der Fahrspur im grasigen Gelände ignorieren und rechts am Flußufer auf den schmalen Weg abzweigen. Nach 40 m über die erste Fußgängerbrücke und nach 400 m über die zweite.

11,9/580 Nach rechts einmünden.

13,3/586 Am Wegedreieck nach rechts. Nach 900 m die Brückenzufahrt queren, dann Richtung »P21 – Böbinger Ammerbrücke«.

15,7/596 Nach rechts in den Teerweg Richtung: »P 21 – Böbinger Ammerbrücke«. Nach 300 m am orographisch linken Ammerufer nach rechts über die Böbinger Ammerbrücke. An der Fluß abgewandten

Oben: Aufgepaßt, daß das Hinterrad nicht aufsetzt!

Unten: Brennesseln und Stachelranken am Singletrail

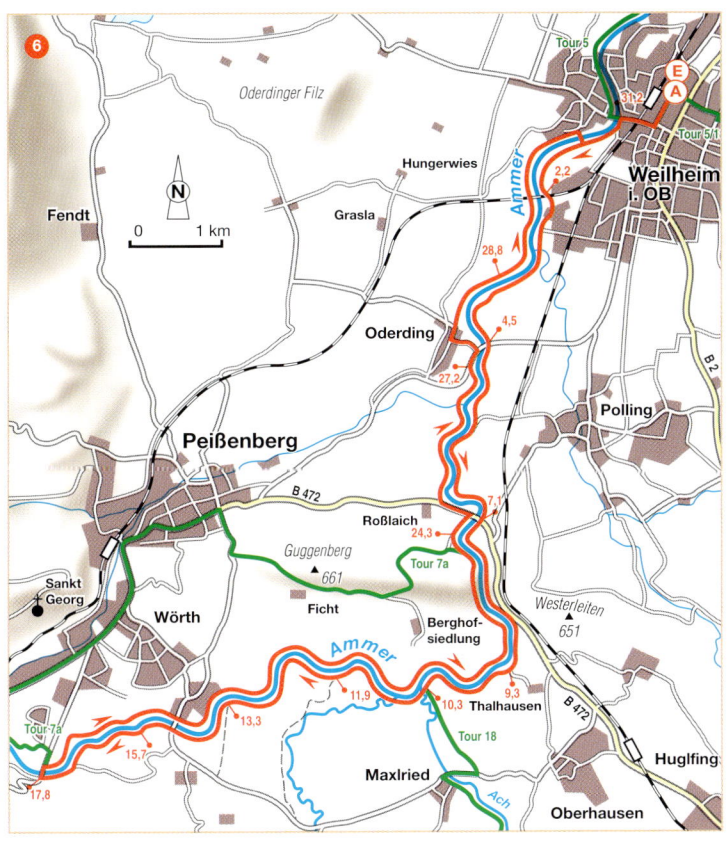

Brückenseite steil bergab Richtung »Prälatenweg/Kochel am See«. Nach 600 m an Wegedreieck rechts in die Aue.

17,8/591 Über die Brückenauffahrt in Richtung »Prälatenweg/Kochel« .

24,3/571 An Wegedreieck rechts Richtung »Prälatenweg/Kochel«. Nach 190 m rechts auf die Teerstraße. Nach 330 m nach links in die stark befahrene Straße einbiegen. Nach 190 m rechts, anschließend links.

27,2/568 Nach der Schranke und der Hütte an der Verzweigung rechts und unter der Brücke hindurch. Nach 80 m an der Wegverzweigung links nach Oderding abbiegen (der rechte Weg am Ammerufer endet nach 100 m!). Nach 200 m nach rechts in die Dorfstraße. Nach 260 m an der Straßenverzweigung mit mehreren abzweigenden Straßen und Wegen den rechten Weg Richtung »Kugelsbühl, Hungerwies, Grasla« wählen und nach links durch die Straßenkurve. Den zweiten Wegweiser nach Kugelsbühl

Landkreis Weilheim

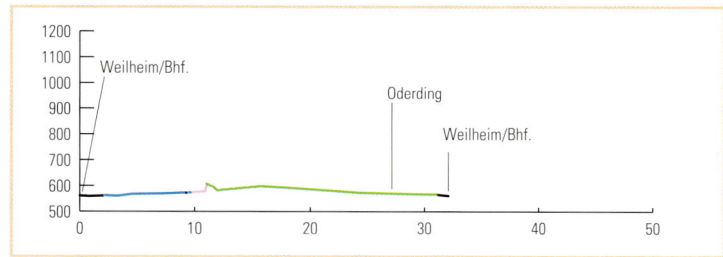

und Hungerwies ignorieren und geradeaus in die Weidachstraße.

28,8 / 566 An der Verzweigung am Wehr rechts auf den Damm.

30,7 / 565 Am Wegedreieck rechts auf den geteerten Dammweg. Nach 300 m rechts über den Steg und am gegenüberliegenden Ammerufer links oder geradeaus .

31,2 / 565 Am Wegedreieck links zur Straßenbrücke hinauf. Oben rechts, dann unter der Bahnbrücke hindurch. Nach 500 m links Richtung »München«, dann 100 m weiter nach links abzweigen.

32,1 / 561 Weilheim/Bahnhof.

Fahrstrecke: 0,0 Weilheim/Bahnhof – 0,8 Ammerbrücke – 16,0 Böbinger Brücke (1 Std.) – 27,2 – Oderding – 32,1 Weilheim.

Orientierung: Überall gut.

Beginn der Tour: Weilheim/Bahnhof.

Autoanreise: Autobahn A 95 bis Starnberg, dann auf der B 2 bis Weilheim oder Autobahn A 95 bis Ausfahrt Seeshaupt und weiter den Wegweisern folgend nach Weilheim.

Bahnanreise: Interregio bis Bahnhof Weilheim.

Fahrt zum Startort: In Weilheim der Wegweisung zum Bahnhof folgen.

Streckenprofil: 7,9 km Teerstraße, 20,0 km Piste, 1,9 km Karrenweg, 2,3 km Singletrail.

Landschaftsbild: Forst-/Bergwald 60 %, Wiesen/Äcker, 20 %, Feuchtgebiete 10 %, Berge/Täler 8 %, Schluchten 2 %.

Achtung: Fußgänger und Autos.

Sturzgefahr: Schlammlöcher, Lehm und feuchtes Wildholz.

Rast: Abseits der Route Klosterwirtschaft Polling mit Kastanien-Biergarten.

Karten: Bayerisches Landesvermessungsamt, 1:50 000 »Ammersee – Starnberger See«, Kompass-Wanderkarte, 1:50 000 »Starnberger – Ammersee«.

Übernachten: Stadtverwaltung Weilheim, Tel. 08 81 / 68 20.

Anschlußtouren: Touren Nr. 5, 6, 7, 18.

Sehenswertes: Pfarrkirche St. Michael aus dem 16. Jahrhundert in Weilheim; Kloster Polling; Eibenwald bei Paternzell; Kloster Wessobrunn; Satellitenstation in Raisting.

Durch dichtes, dschungelartiges Gestrüpp windet sich der Trail in der Niederterrasse der Ammer, Fahrfehler werden sofort mit einem »Absteiger« bestraft.

Hohenpeißenberg I

Von der Böbinger Ammerbrücke über den Hohenpeißenberg

Charakter: Leichte Bergradltour, beschauliche Auf- und Abfahrt; beeindruckende Fernsicht.
Streckenschwierigkeit: 33,3 km I, 0,6 km bis I+; 500 m 8 % ↗, 1 km 9% ↗,
2 km 8 % ↘, 300 m 23% ↗, 700 m 9% ↘.
Streckenlänge: 33,9 km.
Höhenmeter: 514 Hm.
Fahrzeit: 1 ³/₄ Std.

Vom Gipfel des Hohenpeißenbergs hat man ein tolles Alpenpanorama; hier sind es die Ammergauer und Allgäuer Alpen, die im Westen das Alpenvorland überragen.

In den Jahrtausenden der letzten Eiszeit blieb der Hohenpeißenberg vom Gletschereis umflossen – ein »Nunatak«, wie die Grönländer ein vom Eis umflossenes Land nennen und in Anlehnung daran auch unsere Geologen. Der Hohenpeißenberg entstand gleichzeitig mit der Alpenauffaltung und ist somit nördlichster Vorbote dieses Gebirgszuges. Doch er besteht in seinem Inneren nicht aus gewachsenem Fels wie die Alpen, sondern aus unter hohem Druck verbackener Süßwassermolasse voreiszeitlicher Flußsysteme.
Von tief unten, aus den waldreichen Niederterrassen des Ammertales, fällt der gelb gestrichene Bau der Wallfahrtskirche Mariä Himmelfahrt

ins Auge. Sie birgt kostbares, barockes Interieur mit Rokoko-Zutaten an der Kanzel. Auf dem Kirchendach richtete man im Jahr 1772 eine erste Bergwetterwarte ein.

Wer von der Kirche einen Blick über die Steinmauer gen Süden wirft, schaut aus der Vogelperspektive über die Wasserflächen der Voralpenseen und verfolgt mit den Augen die Kette der Bayerischen Alpen. Der Hohenpeißenberg erhielt nicht umsonst den Beinamen »Bayerischer Rigi«, und auch das Wirtshaus am Gipfel trägt diesen vielversprechenden Namen.

Dem Biker stehen mehrere Auffahrtsmöglichkeiten zur Wahl. Die leichteste und schönste beginnt im Ammertal und verläuft anschließend entlang eines tief eingeschnittenen Grabens. Dort offeriert sie einen kurzen Trialabschnitt, der den Biker jedoch »ungeschoren« davonkommen läßt.

Anschließend führt die Route unter dem Ostrücken entlang zum Gipfelplateau. Der verblüffend lange Teerstraßendownhill windet sich über die Südostseite des Bergs nach Peißenberg hinunter. Wer die vollständige Route ausfährt, gewinnt zudem vom Ammerdamm aus einen umfassenden Einblick in das Umland des Hohenpeißenbergs.

Die Route

0,0/598 Bei der Böbinger Ammerbrücke (orographisch rechtes Ammerufer) die Brücke queren. Nach 290 m links durch die Leitplankenlücke an der Schranke vorbei. Nach 440 m nach links in den Dammweg einmünden.

1,5/598 Nach rechts auf die leicht ansteigende Teerstraße abbiegen. Nach 240 m links in die Forststraße Richtung »H 9« an der Schranke vorbei (500 m 8 % Steigung). Kurzzeitig etwas schwieriger Singletrail (I+) mit scharfer Auffahrt.

3,1/667 Am Wegedreieck mit einer großen Bauminsel rechts. Nach 700 m rechts über die Bahntrasse und nach 300 m nach rechts einmünden.

4,4/703 Am Wegedreieck mit anschließender Kreuzung geradeaus auf die Schranke zuhalten. Nach 190 m die beiden aufeinanderfolgenden Rechtsabzweiger ignorieren und geradeaus in die Tempo-30-Zone einfahren und die Ammerstraße immerfort geradeaus bergauf. Nach 600 m in Schendrich an der Vorfahrtsstraße nach der Rechtskurve der Ammerstraße Richtung »K« in die Bahnhofstraße abbiegen. Nach 510 m links in die B 472 einfahren. Den Rechtsabzweig der Straße Richtung »Hohenpeißenberg« liegen lassen und geradeaus auf der B 472 nach Westen.

7,0/766 Rechts ab in die Hettenstraße (den Wegweisern »Forst« und »K« am Laternenpfahl folgen). Nach 200 m rechts ab in den Kapellenweg Richtung »Rundweg auf den Hohenpeißenberg, H 3 und H 6«.

7,4/778 Den Abzweiger des »K-Fußweg« zum Hohenpeißenberg liegen lassen und geradeaus auf dem Wiesenweg weiter. Nach 260 m verzweigt sich der Weg auf einer Wiese. Rechts weiter auf das Fußwegschild zu und nach 150 m nach rechts in die Teerstraße einbiegen.

Treppenfahren – eine Pflichtübung nur für ambitionierte Mountainbiker; im Hintergrund die Wallfahrtskirche auf dem Hohenpeißenberg.

8,6 / 829   Weiter in Richtung »H 3« (Wegweiser rechts am Baum hinter der gemauerten Garage). Nach 390 m an der Kreuzung nach der Bachbrücke rechts. 20 m weiter die Abzweigung rechts liegen lassen. Nach 370 m am Wegedreieck geradeaus (links) und nach 300 m rechts abbiegen und auf den Antennenmast zufahren.

10,1 / 900   Nach rechts in den Teerweg einmünden und nach 200 m nach rechts in

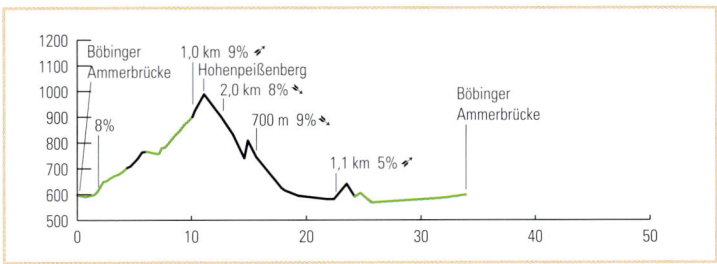

die Vorfahrtsstraße Richtung »PZ, 0,8 km – Hohenpeißenberg« abbiegen.

11,1 / 988 Kapelle des Hohenpeißenbergs (1 Std.). Hier umdrehen und auf der Auto-straße zurück bis zur Rechtskehre nach der Antenne.

12,2 / 830 Nach links in den geteerten »Radweg Hohenpeißenberg« (2 km 8 % Ge-fälle). Nach 380 m die Linksabzweigung am Marterl nach Oberschwaig liegen lassen und 30 m weiter links Richtung »Peißenberg« abbiegen.

14,6 / 740 Durch die Kehre an der Streusiedlung weiter bergab (700 m 9 % Gefälle).

17,5 / 625 Nach links durch die Bahnunterführung. Nach 300 m nach links in die Vorfahrtsstraße Richtung »Peißenberg Ortsmitte« (Radwegweiser).

18,6 / 594 Wer abkürzen will, der biegt hier rechts Richtung »Rottenbuch« ab. Nach gut 3 Kilometer ist die Böbinger Brücke erreicht. Wer den Haken über Ficht schlägt, fährt ab Peißenberg Ortsanfang Richtung »Radweg Peißenberg Nord«.

21,1 / 580 Gegenüber dem Gasthof Post rechts in die Habergasse abbiegen und auf den Höhenzug fahren. Nach 600 m auf der Kuppe nach links Richtung »Ficht, Berghof« abzweigen.

23,5 / 640 An dem Wegedreieck über der Streusiedlung links auf den Höhenzug Richtung »Prälatenweg«. Nach 510 m am Wegedreieck nach der Höhen-kuppe links in weitem Bogen hinunter. Nach 390 m am Waldrand nach rechts in die gekieste Forststraße und nach 180 m rechts zum Ammer-dammweg abzweigen.

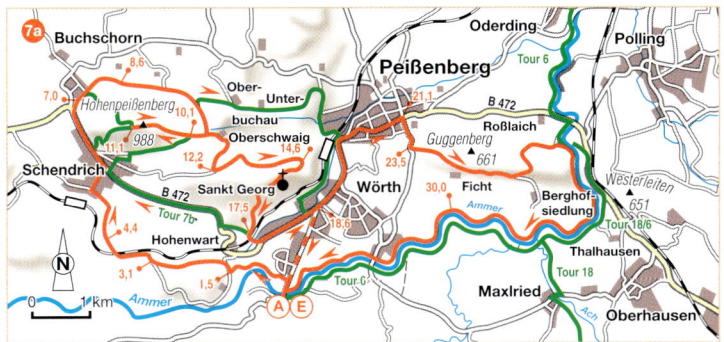

30,0 / 584 Am Wegedreieck in Sichtweite des Ortes Peißenberg nach links auf den
gekiesten Ammerdammweg. Nach 800 m die Ammer auf der Wörther
Ammerbrücke überqueren und anschließend auf den Damm und flußaufwärts fahren.

33,9 / 598 Böbinger Ammerbrücke.

Fahrstrecke: 0,0 Böbinger Ammerbrücke – 5,2 Schendrich – 11,1 Hohenpeißenberg (1 Std.) – 21,1 Peißenberg – 23,8 Ficht – 30,0 Ammerdammweg –
30,8 Klärwerk von Peißenberg – 31,7 Wörther Ammerbrücke – 33,9 Böbinger
Brücke.
Orientierung: Trotz mangelhafter Beschilderung ausreichend.
Beginn der Tour: An der Böbinger Ammerbrücke (Zufahrt ab Bahnhof Peißen-
berg).
Autoanreise: Von München A 95 bis Starnberg. Weiter auf der B 2 bis Weil-
heim. Dort nach rechts Richtung Schongau auf die B 472. In Peißenberg links
ab nach Rottenbuch/Böbing.
Bahnanreise: Bahnhöfe Peißenberg-Nord und Süd.
Fahrt zum Startort: Von der B 472 Richtung Füssen nach links Richtung »Rot-
tenbuch« abbiegen und den Wagen an der Ammerbrücke abstellen.
Streckenprofil: 21,4 km Teerstraßen, 11,9 km Piste (I), 0,6 km Singletrail
(bis II).
Landschaftsbild: 45 % Wälder, 45 % Almen, Weideland, 10 % Flußaue,
Schlucht.
Achtung: Autos und Fußgänger.
Sturzgefahr: Zu hohe Geschwindigkeit in den Kehren und Rollsplitt.
Rast: Gasthaus Rigi am Hohenpeißenberg.
Karten: Bayerisches Landesvermessungsamt, 1 : 50 000 »Ammersee – Starn-
berger See«, »Pfaffenwinkel, Staffelsee und Umgebung«; Kompass-Wander-
karte, 1:50 000 »Starnberger – Ammersee«.
Variante: Bei Kilometer 7,4 rechts auf den Wiesentrail. Anschließend steil
durch den Wald hinauf. Die Karrenwegabzweigung rechts liegen lassen.
Anschließend die Stufen hinauf und weiter steil zur Lift-Bergstation und auf
den Gipfelparkplatz des Hohenpeißenbergs. Diesen nach Osten queren. In
der ersten Rechtskehre der Autostraße links Richtung »Peißenberg«. Bei
km 12,6 am Marterl links nach Oberschwaig. Den Einödhof geradeaus queren.
An der folgenden Wegverzweigung rechts bergab in den Wald. Kurze, steil
abfallende Forststraße, dann Teerstraße nach Peißenberg. In Peißenberg
weiter Richtung »Füssen, Rottenbuch«. Später links Richtung »Böbing, Rottenbuch« abzweigen und zur Ammerbrücke zurückfahren.
Übernachten: Fremdenverkehrsamt Weilheim, Tel. 08 81 / 68 20.
Anschlußtour: Nr. 6.
Sehenswertes: Bergwerkmuseum in Peißenberg, Wallfahrtskirche
auf dem Gipfel des Hohenpeißenbergs, St. Georg mit gotischem Freskenzyklus

Hohenpeißenberg II

Von Sankt Georg über den Hohenpeißenberg

Charakter: Anfangs lange Teerstraßenabschnitte, ab dem Gipfelplateau ein schwieriger Bergwald-Downhill und Steilpassage zurück zum Gipfel, schöne Trialstrecke.
Streckenschwierigkeit: 14,7 km I, 1,3 km II, 1,3 km II – III, 1,6 km 12 % ↗, 1,1 km 10 % ↗, 2,1 km 17 % ↘, 700 m 14 % ↗, 100 m 25 % ↗, 800 m 13 % ↗, 1,2 km 10 % ↘, 7,4 km 7 % ↘.
Streckenlänge: 17,4 km.
Höhenmeter: 682 Hm.
Fahrzeit: 1¹/₂ Std.

An Wochenenden und auch während der Woche nach Feierabend ist der Hohenpeißenberg fest in der Hand ortsansässiger Mountainbiker. Geländekundig geben sie »full speed«. Ohne den Blick von der Straße zu heben, kurven sie durch die saftig grüne Landschaft aus Almfluren, Mischwäldern und Forsten. Leider sind es meist geteerte Wege, die den Gipfel des Hohenpeißenberges erreichen. Aber die Westabstürze des Berges bieten fortgeschrittenen Mountainbikern zwei pikante Downhills an. Aber auch dort hält das Vergnügen nicht lange an, dann dringt schon wieder der Motorenlärm von der B 472 herüber und Teerbelag ersetzt den Schotter.

Eine der beiden Abfahrten läßt sich auch als Bergfahrt angehen; die hier beschriebene Route nutzt diese Möglichkeit. Wer Wert auf ein sauberes Bike und ebensolche Kleidung legt, ist nach Regenperioden aller-

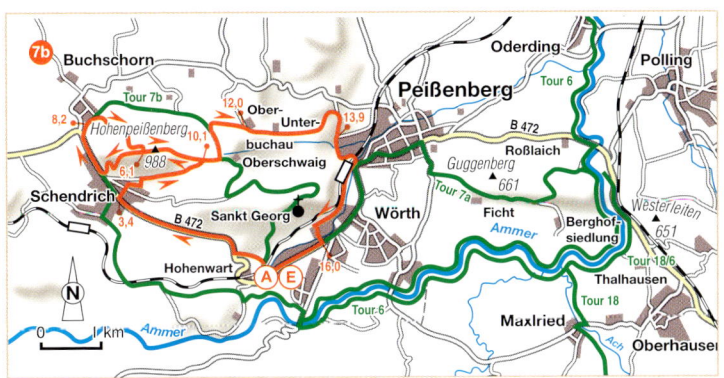

dings gut beraten, den Trail vom Kapellenweg zum Gipfel des Hohenpeißenberges zu meiden.
Der doppelte Gipfelsturm dieser Route bietet Gelegenheit, den Berg-
rücken bestens kennenzulernen: seine waldreichen Westflanken, die
aufgelockerten Almen- und Landwirtschaftsflächen, die feuchten Berg-
wälder mit ihrer kühlenden Luft. Bei der Abfahrt auf der Nord- und Ostflanke kann man dann der Erdanziehung freie Wirkung auf das Bike ge-
währen, bis es schließlich am Fuß des Förderturms des stillgelegten
Kohlebergwerks von Peißenberg ausrollt.

Die Route

0,0/615	Von der Abzweigung nach St. Georg von der B 472 zur Bahnunterführung vorfahren. Nach 240 m links Richtung »Rigialm, Hohenpeißenberg (Ort) 3 km«.
3,4/760	(1,6 km 12 % Steigung) Vor dem Gasthof Schächen rechts in die Rigi-straße Richtung »H3, Rundweg um den Hohenpeißenberg/H4 Wander-weg auf den Hohenpeißenberg«. Nach 20 m den Rechtsabzweig, nach 10 m den Linksabzweig ignorieren und an der Bauminsel links. Nach 80 m am Fußwegdreieck mit der Bank und der Linde links. Nach 40 m links zum Teerweg, dann rechts auf die breite Autostraße zum Hohenpeißenberg abbiegen.
6,1/984	Nach dem Wirtshaus »Bayerischer Rigi« geradeaus Richtung »H 5, Hanslweg/B 472«. Knackiger, steiler Downhill mit Stufengirlanden, die sich größtenteils äußerst abschüssig umfahren lassen (2,1 km 17 % Ge-fälle), nadelreicher, fester Waldboden. Nach 900 m hinter der Weide-schleuse schräg nach rechts über die Wiese zur Stacheldrahtzaunecke neben dem großen Quellenschloß und der dorthin führenden Teerstraße. Den Stacheldraht oder die Weideschleuse überheben und auf der Teer-straße nach links hinunter. Nach 340 m nach rechts in die B 472 einbie-gen Richtung »König-Ludwig-Weg und Hetten 1 km«.
8,2/771	Nach rechts in den Kapellenweg. Nach 240 m am Ende des Teerbelags rechts ab Richtung »H 6, König-Ludwig-Weg und Hohenpeißenberg«. Den Wiesentrail hinauf und nach der Weideschleuse steil im Wald berg-auf (700 m 14 % Steigung). Nach 700 m weiter auf dem Karrenweg blei-ben. Am Wegedreieck im Wald links Richtung »K« (links vorn am Baum). Am nächsten Wegedreieck wieder dem »K« folgen (am Baum links). Am dritten Wegedreieck rechts und die Treppe hinauf (100 m 25 % Steigung). Nach 100 m am Wegedreieck nach links einmünden. Nach 190 m am nächsten Wegedreieck erneut nach links in den Wald (800 m 13 % Stei-gung). Nach 530 m am Ende der Steilauffahrt auf der Rückseite der Kirche am Gipfelplateau des Hohenpeißenberges nach links über den Parkplatz (1,2 km 10 % Gefälle).
10,1/958	Nach dem Stadl auf der linken Straßenseite nach links abbiegen Rich-tung »Peißenberg über St. Michael P 2, 4,6 km«. Nach 300 m in der Kurve links. Nach 110 m vor dem Sendemast links Richtung »Peißenberg«.

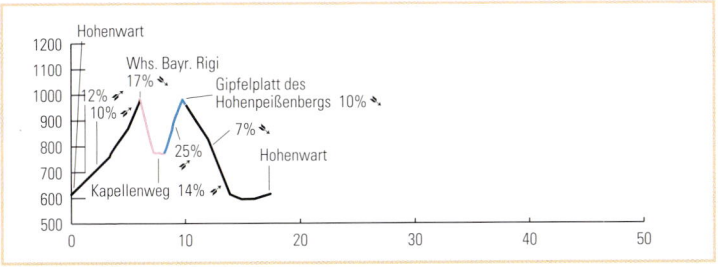

Hier die Ausnahme von der Regel: Ein (ganz selten) herrlich trockener Singletrail bereitet echten Fahrspaß.

Nach 870 m rechts einmünden (7,4 km 7 % Gefälle), Richtung »P 2«. Nach 20 m links in Richtung auf den Stadl und in die für Pkw und Motorrad gesperrte Forststraße.

12,0/828 Nach rechts in den Teerweg einmünden. Nach 130 m nochmals rechts.

13,9/614 Nach rechts in die Thalackerstraße und auf dieser immer weiter in Richtung auf das aufgelassene Bergwerk. Nach 420 m rechts. Nach 600 m die Bahn kreuzen und nach 30 m rechts zum Bahnhof Peißenberg-Nord. Nach 190 m am Bahnhof Peißenberg vorbei und geradeaus in Richtung »St. Georg 1,5 km«.

16,0/596 Nach rechts in die B 472 abbiegen.

17,4/615 Startplatz am Rechtsabzweig von der B 472 nach St. Georg.

Fahrstrecke: 0,0 Hohenwart – Gasthof Schächen – Rigistraße – 3,6 Hohenpeißenberg – 6,1 Whs. »Bayerischer Rigi« (40 Min.) – 8,2 Kapellenweg – 9,8 Hohenpeißenberg-Gipfelparkplatz (1 Std.) – 10,6 Antenne – 13,9 Bergwerk (1^1/$_4$ Std.) – 14,9 Bahnhof Peißenberg-Nord – 16,0 B 472 – 17,4 Startplatz.
Orientierung: Meist gut.
Beginn der Tour: An der Rechtsabzweigung von der B 472 nach St. Georg.
Autoanreise: Von München auf der A 95 bis Starnberg. Weiter über die B 2 bis Weilheim; dort nach rechts Richtung Schongau auf die B 472.
Bahnanreise: Bahnhof Peißenberg-Nord.
Fahrt zum Startort: Nach Peißenberg-Süd-Ortsteil Hohenwart von der B 472 rechts ab Richtung »St.Georg« und Radwegweiser Richtung »Hohenpeißenberg/Rigialm«.
Streckenprofil: 13,7 km Teerstraße, 1,0 km Piste, 1,4 km Karrenweg, 1,3 km Singletrail.
Landschaftsbild: 35 % Bergwald, 35 % Wiesenland und Almen, 30 % bebaute Flächen.
Achtung: Autos, im Gipfelbereich auch zahlreiche Fußgänger.
Sturzgefahr: Rollsplitt und Selbstüberschätzung auf der sehr steilen Abfahrt.
Rast: Gasthof Schächen bei Schendrich und »Bayerischer Rigi« auf dem Gipfel des Hohenpeißenberges.
Karten: Bayerisches Landesvermessungsamt, 1:50 000 »Ammersee – Starnberger See« und »Pfaffenwinkel, Staffelsee und Umgebung«, Kompass-Wanderkarte, 1:50 000 »Starnberger – Ammersee«.
Übernachten: Fremdenverkehrsamt Weilheim, Tel. 08 81 / 68 20.
Anschlußtour: Nr. 6.
Sehenswertes: Bergbaumuseum in Peißenberg, Wallfahrtskirche auf dem Gipfel des Hohenpeißenbergs, St. Georg mit gotischem Freskenzyklus.

Burg Grünwald

*Von der Münchner Isarbrücke durch die
Isarauen nach Grünwald*

Charakter: Je nach Streckenwahl leicht bis sehr schwer; herrliche Fluß-
landschaft, Singletrails, Karrenwege, Schutt, Wurzeln, Steine, Lehm und wei-
cher Waldboden.
Streckenschwierigkeit: 5,2 km I, 5,2 km II – , 6,0 km II und III.
Streckenlänge: 16,4 km.
Höhenmeter: Rund 100 Hm.
Fahrzeit: 1¹/₄ Std.

**Das Wappentor des ehemaligen Jagdschlosses Grünwald; das gotische Eingangs-
tor zum Burghof wird aus dieser Perspektive vom Burgwall verdeckt.**

Der Sage nach soll einst von Grünwald isaraufwärts eine Stadt gestan-
den haben, die schon vor langer Zeit untergegangen sei. In den Jahren
1893 und 1894 ging der Hobbyarchäologe Generalmajor Carl Popp mit
seinen erfolgreichen Ausgrabungen dieser Überlieferung auf den
Grund. Die dreieckige Wallanlage (Reste einer mittelalterlichen Turmhügelburg), innerhalb der er grub, liegt auf einem Vorsprung der Hochterrasse des östlichen Isartals. Popp entdeckte Reste von Gebäudefun-
damenten, eine dicke Mauer aus Tuffsteinen, Fundamente eines mit
Türmen bewehrten Tors, und an der Innenseite der Wand förderte er
das gesamte Inventar einer spätrömischen Schmiede ans Tageslicht.

Erhalten und zu sehen sind noch heute vier konzentrische Gräben an der Ostflanke und drei gut vier Meter hohe Wälle.

Diese Römerschanze schützte die antike Fernstraße Augsburg – Salzburg oberhalb des Georgensteins – jener Stelle, an der sich vermutlich eine Brücke über die Isar befand, sicher aber eine Furt, die die Kiesanlandungen vor den im Wasser liegenden Felsen nutzte. Vielleicht gab es aber nur eine Fähre oder Seilfähre, die Mannschaften und Waren transportierte.

Im Mittelalter entstand über den zerstörten Resten der Römerschanze die Turmhügelburg, deren Relikte noch heute zu sehen sind. Lange Zeit hatte man den Georgen- und Michaelsstein für die verwitterten Brückenpfeiler einer römischen Konstruktion gehalten, doch sind sie natürlichen Ursprungs, denn sie bestehen aus Nagelfluh, dem unter hohem Druck verpreßtem Geschiebe der Eiszeiten.

Carl Popps Funde aus der Römerzeit kann man heute im Römermuseum in der Burg Grünwald besichtigen. Herzog Ludwig der Strenge errichtete diese Burg Ende des 13. Jahrhunderts auf Mauerresten aus römischer Zeit. Nach der Burgrenovierung im Jahr 1982 sticht das hochgotische Torhaus mit einem wappengeschmückten Treppengiebelbau hervor. Man tritt durch schwere Tonnengewölbe in den mittelalterlichen Burghof.

Die Route

0,0 / 522   In München an der Tierparkbrücke am orographisch rechten Isarufer auf der Teerstraße flußaufwärts fahren. Nach 700 m den Isarfußsteg von Maria Einsiedel rechts liegen lassen und halb links in die etwa einen Meter breite, meist nasse Strecke unterhalb des Isardammes einfahren. Nach 500 m am Wegkreuz geradeaus. Nach 250 m den unteren Weg nehmen. Nach 50 m an der Wegegabelung links. Nach 200 m an der Wegegabelung rechts oder links; die rechte Variante ist stark verschlammt, die linke läuft höher am Hang, ist aber mit umgestürzten

Unterhalb der Burg Grünwald weitet sich die Hochterrasse des Isartals.

Bäumen verlegt. Nach 300 m in den ersten Linksabzweiger einbiegen. Im zweiten gähnen Sumpflöcher.

2,2/550 Nach links in den Forstweg einmünden und nach wenigen Metern rechts die drei Stufen hinauf. Nach 400 m am Wegedreieck geradeaus abwärts, Abfahrt stark erodiert! Nach 300 m am Isardamm links und unter der Großhesseloher Brücke hindurch.

3,1/526 Nach der Brückendurchfahrt linker Hand in den Singletrail. Vom Damm leicht bergab, dann aufwärts über Wurzeln in die Flußaue der Niederterrasse; dichter Bewuchs, enge Kurven, langsam fahren! Nach 600 m nach links in den Dammweg einmünden. Nach 500 m die Teerstraße kreuzen; nach links (bergauf ist sie eine steile Trainingsfahrt!

5,1/525 Spitzwinklig nach rechts und am Isarufer wiederum im spitzen Winkel nach links. Nach 800 m an der Wegegabelung oben oder unten weiterfahren.

6,2/525 Der rechte Weg endet. Links den Forstweg bergauf, nach 1,0 km nach langgezogener Auffahrt kurz vor dem Kulminationspunkt der Piste rechts in den steilen und von Bremsspuren erodierten Singletrail abbiegen. Der Weg führt in zwei Kehren zum Isarufer hinab. Nach 700 m erreicht man alte Bombenkrater aus dem Zweiten Weltkrieg – ein Eldorado für Münchens »Akro-Biker«! Nach 100 m zur ersten Hochterrasse hinauf und

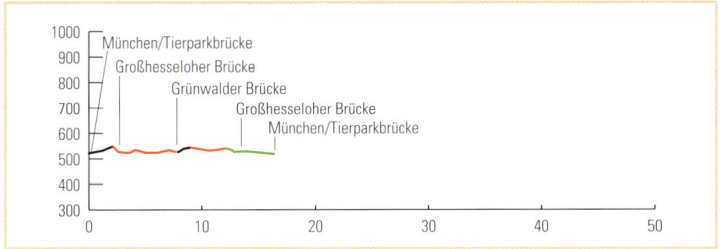

Vor den Toren der Millionenstadt München steht die Burg Grünwald hoch über dem Isartal; es ist die einzige erhaltene gotische Burganlage im weiten Umkreis.

nach weiteren 100 m die Grünwalder Brücke zum orographisch linken Ufer hin queren.

8,4/539 Am orographisch linken Ufer der Isarbrücke, an deren Ende, gleich nach dem Haus rechts und am Zaun entlang bergauf. Nach 160 m am Wegedreieck rechts. Nach 220 m an der Wegverzweigung links bergauf.

9,1/545 Nach links in den gekiesten Fahrweg. Nach 280 m am Wegedreieck nach rechts und die geteerte Straße zum Ufer des Isarkanals hinunter. 250 m weiter nach links in die breite, geteerte Straße.

10,7/533 Dort, wo in einer gut 20 m breiten Bewuchslücke etwa 30 m zurückversetzt ein Maschendraht sichtbar wird, nach links in den Pfad, der im spitzen Winkel in den Wald führt. Nach 60 m gut 5 m vor einem Baumverhau nach links durch den Graben und links neben der Betonmauer hinauf (II – III).

11,3/535 Unten links, nach 30 m rechts und fortan stets isarabwärts. Nach 410 m auf der Betonbrücke den Hangwasserbach queren. Nach der Brücke rechts.

12,2/542 Nach rechts den Teerweg zum Kanalufer hinunter. Nach links hinauf geht es zur Großhesseloher Waldwirtschaft (bekannter Jazz-Biergarten). Nach 80 m, vor der Kanaluferstraße, nach links in den breiten Fußweg. Nach 500 m am Wegedreieck rechts. Nach 210 m am Kiosk unter der Großhesseloher Brücke links. Nach 60 m nach rechts über die Kanalbrücke. Drüben links und nochmals links auf den schmalen Uferweg, oder einfach auf dem breiten Dammweg weiterhin flußabwärts.

13,9 / 531 Vor dem Haus rechts in den Teerweg, dann links.

15,3 / 525 Am Wegkreuz neben der Kanalbrücke mit den Wehreinbauten geradeaus, den linken oberen Weg zwischen Isarkanal und Isarbett nehmen
(der rechte Weg führt zum Haus der Wasserwacht).

16,4 / 522 Auf die rote Tierparkbrücke hinauffahren. Nach rechts ab und nach
160 m rechts zum Tierpark.

Fahrstrecke: 0,0 München/Tierparkbrücke – 3,1 Großhesseloher Brücke –
8,4 Grünwalder Isarbrücke – 12,7 Großhesseloher Brücke – 16,4 München/
Tierparkbrücke.

Orientierung: Sehr gut, Leitlinie ist die Isar.

Beginn der Tour: München/Tierparkbrücke.

Autoanreise: In München an den Ausfallstraßen dem Wegweiser »Zoo«
folgen.

Bahnanreise: Münchner U-Bahn bis Tierpark. S-Bahn bis München-Harras.

Fahrt zum Startort: Bei S-Bahn-Anreise ab Station Harras auf der Albert-
Roßhaupter-Straße zum Harras vorfahren (Richtung Innenstadt). Am Harras
rechts in die Plinganserstraße Richtung Wolfratshausen – Innsbruck. Nach
der Brücke über den Mittleren Ring links in die Anlagen. Den kleinen Hügel
mit dem Rundtempel links liegen lassen und Richtung Süden. Die nächste
Gelegenheit zur Abfahrt in die Niederterrasse nach Thalkirchen nutzen und
weiter Richtung Isar zur Thalkirchener Straße, hier über die Tierparkbrücke.
Nach der Brücke beginnt die Tour vor dem Eingang des Tierparks.

Alternative Startorte: Pullach, Großhesselohe/S-Bahnhof.

Streckenprofil: 4,1 km Teerstraße, 1,1 km Piste, 5,2 km Karrenweg,
6,0 km Singletrail mit Trials.

Landschaftsbild: 95 % Wälder der Aue und Hochterrasse, 5 % Feuchtgebiete.

Achtung: Bikerkollegen, Jogger, Wanderer, Kinder, Hunde.

Sturzgefahr: Schlamm- und Lehmlöcher, Wildholz, feuchte Wurzeln, Schutt,
Erosionsrinnen.

Rast: Gasthaus Brückenfischer an der Grünwalder Brücke, Gasthaus Linde in
Grünwald, Waldwirtschaft in Großhesselohe.

Karten: Bayerisches Landesvermessungsamt, 1 : 50 000 »Ammersee – Starnberger See«, Kompass-Wanderkarte, 1:50 000 »Starnberger – Ammersee«.

Varianten: Sind zahlreich möglich; man probiere die Wegabstecher rechts
und links der beschriebenen Route.

Übernachten: Fremdenverkehrsamt München, Tel. 0 89/2 33 03 00.

Anschlußtour: Nr. 9.

Sehenswertes: Burg Grünwald und das dort untergebrachte Römermuseum
mit Funden von der Römerschanze am Georgenstein; Montag, Dienstag und
im Winter geschlossen; Tel. 0 89/6 41 32 18 (Literatur: »Kultstätten, Römerlager« von Martin Bernstein, Nymphenburger Verlagshandlung), Münchner
Tierpark.

Kloster Schäftlarn

*Von der Grünwalder Isarbrücke durch die
Isarauen nach Kloster Schäftlarn*

Charakter: Nicht ganz leichte Tour, erfrischende Flußauenlandschaft; ständiges Auf und Ab in den kühlen Fluren und Hainen der Isarschlucht.
Streckenschwierigkeit: 17,7 km I, 7,2 km II und III.
Streckenlänge: 24,7 km.
Höhenmeter: 120 Hm.
Fahrzeit: 1 1/2 Std.

**Schon wieder frischt der Wind auf; er weht in die Fontäne des Klosters Schäftlarn
und wischt den Wasserstrahl zur Seite.**

Nach der letzten Vereisungsperiode der Erdgeschichte entstand an der
Zunge des Isargletschers ein großflächiger Schmelzwassersee, der an
seiner Nordseite, zwischen Wolfratshausen und Schäftlarn, von einem
Geröll- und Schuttgürtel aufgestaut wurde. Als der Schmelzwasserpegel die Kuppe überflutete, spülten die tosenden Fluten einen engen
Kanal zuerst durch das lose Gletschergeschiebe, später formten sie den
zu Konglomeratgestein (Nagelfluh) verpreßten Schutt älterer Eiszeiten.
Das Wasser hatte es dann leicht, das weiche Gestein zu unterhöhlen.
Tiefe Erosionshöhlen entstanden, Überhänge sanken in den Fluß ab,
und große Gesteinstrümmer wurden von der Strömung freigespült. Der Georgenstein, auf dem die Figur des eiligen Georg steht,
stammt aus jener Zeit, als die Gletscher abschmolzen. So manchem

Isarfloß wurde dieser Felsbrocken mitten im Fluß zum Verhängnis. Heute haben es die Vergnügungsfloße mit dem stetig durch den Sylvensteinstausee gedrosselten Isarpegel leichter, mit dem Hindernis fertig zu werden.

Am Schluchtanfang öffnet sich dem Biker ein Paradeblick auf das Kloster Schäftlarn. Harmonisch schmiegt es sich an die dunklen Auwälder der Hochterrasse. Der Ort an der Hangflanke hieß vor der Klostergründung im Jahre 760 Peipinbach. Als Benediktinerkloster begonnen, wurde es 1140 durch Bischof Otto von Freising neu gegründet. Der spätgotische Bau brannte um 1529 ab und wurde 1594 wieder aufgebaut. Die baufällig gewordene, spätmittelalterliche Kirche wurde um 1710 erneuert. Konstruktion und Ausstattung des Kirchenraums spiegeln die außerordentlichen Leistungen des Barockarchitekten Johann Michael Fischer wider. Mountainbiker, die die Rückfahrt ohne Absteigen meistern, werden auch schwierigste Alpentrails meistern. Sumpflöcher, erodierte Abfahrten, glitschige Baumwurzeln, ins Gesicht hängendes Astwerk lassen nur zwei Möglichkeiten zu: »Bunnyhop« und »Wheely« unter Realbedingungen zu testen oder kopfüber in der »Pampa« zu landen – oder man steigt vorher ab …

Die Route

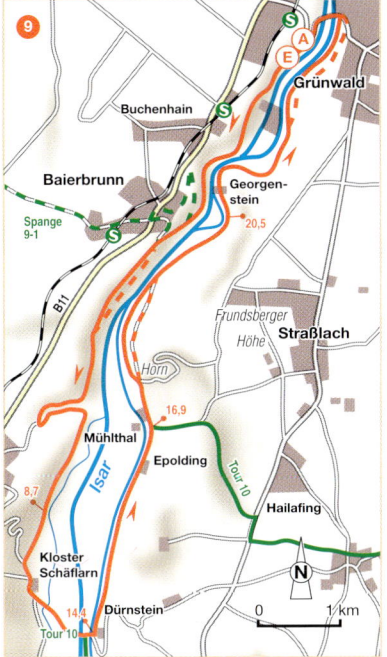

0,0/536 Von der Gaststätte »Brückenwirt« an der Grünwalder Isarbrücke flußaufwärts. Nach 1,0 km rechts bergauf Richtung »Buchenhain/ Klettergarten«. Nach 160 m die Teerstraße kreuzen. Weiter auf Teer Richtung »Buchenhain«. Nach 200 m links, dann rechts Richtung »Buchenhain/Klettergarten«.

2,3/542 Am Isarwehr links an der Schranke vorbei und immer auf dem gekiesten Weg weiter; nach 700 m in der Linkskurve ist ein Abstecher zum Isarufer in der Nähe des Georgensteins möglich. Nach 160 m nach rechts auf den Trialpfad (II –) abzweigen oder fort-

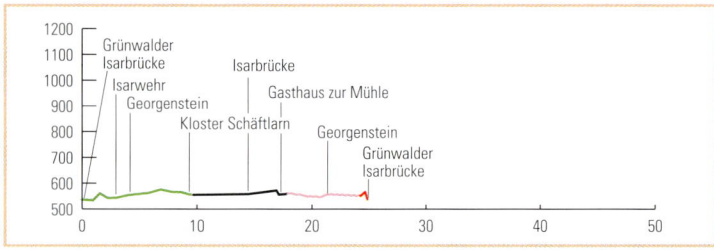

während der breiten Forststraße folgen. Nach 210 m nach links in den Fußweg. Nach 40 m vor dem Block rechts oder links. An der T-Einmündung nach 100 m links hinunter. Nach 720 m nach rechts in den Forstweg einmünden.

4,2/554 Den Linksabzweig in der Kurve der Steigungsstrecke ignorieren. Nach 250 m an der großen Verzweigung geradeaus auf die schmale Trialspur. Nach 80 m folgt der Rechtsabzweig eines sehr empfehlenswerten Trials.

5,9/562 Nach rechts in die Normalroute abbiegen. Nach 200 m an der zweiten Straßenverzweigung links leicht bergab an einer Bank vorbei (rechts hinauf geht es nach Hohenschäftlarn). Nach 1,0 km nach der Kurve mit der Bank rechts oder links. Nach 200 m im Taleinschnitt links bergauf und nach 130 m nach links in den Kiesweg.

7,9/566 Den Linksabzweig ignorieren. Nach 280 m am Straßendreieck den Rechtsabzweig ignorieren. Nach 800 m am nächsten Wegedreieck links

Still zieht die Niederwasser führende Isar am Georgenstein vorbei. Hier passierte einst die Römerstraße den Fluß. Der Wall vom Ufer zum Fels im Fluß ist neueren Datums.

steil bergab. Nach 120 m vor dem Wohnhaus des Pumpwerks geradeaus auf dem schmalen Fußweg am Hangwasserbach entlang. Nach 40 m die Fußgängerbrücke links liegen lassen. 10 m weiter durch die Weidesperre auf den Wiesenweg in Richtung auf das Kloster. Nach 570 m durch die Zaunlücke nach rechts in den Teerweg. 130 m weiter nach links in die Hauptstraße einmünden, dann nach 240 m am Klosterbräu vorbei.

14,4 / 558 Nach der Isarbrücke rechter Hand das Gasthaus »Bruckenfischer«. Nach 200 m und dem Passieren der Kanalbrücke links Richtung »München/Mühltal«.

16,9 / 572 Am Wegedreieck geradeaus zum Gasthaus »Zur Mühle« hinunter. Nach 200 m rechts am Gasthaus »Zur Mühle« vorbei. Nach 210 m und etwa 20 m nach Ende der Teerdecke rechts in den Fußweg. Nach 170 m an der Wegverzweigung links. Die Richtung »Zum Rosenhäusl« rechts ignorieren. 160 m weiter nach Ende der Strecke mit den Holzresten am Boden und nach einem waldfreien Streckenabschnitt vor Zunahme der Steigung des nun gekiesten Wegs links vor einer hohen Buche in den schmalen Singletrail abzweigen. Es beginnt ein reizvoller Hangquerpaß auf schmaler Spur (II). Nach 250 m einen Baumstamm überheben. Nach 450 m den erdigen Forstweg nach links auf den Trail queren, dann kurz bergauf und nach 90 m über den Grat hinweg.

19,0 / 553 Am Wegedreieck im Wald geradeaus bergauf. Nach 20 m links steil und wurzelig (I – II) hinauf. Nach 140 m die Hügelkuppe überfahren. Nach 340 m ein Baumhindernis am Isarufer. Nach 300 m an der Verzweigung links im Tal weiter (Fango, II+).

20,5 / 546 An der T-Einmündung nach links in den Forstweg. Nach 310 m an der Verzweigung links zum Georgenstein (Sackstraße) und anschließend rechts Richtung Grünwald. Nach 390 m an der Verzweigung nach dem Knüppeldamm links (III). Nach 260 m an der Verzweigung nach der Wehrkrone links Richtung Isarufer (rechts geht es über einen weiteren Knüppeldamm zu einem Forstweg, der nach Grünwald hinaufführt). Nach 290 m nach links in den Kiesweg und nach 50 m über den Betondeckel den Damm hinunter, unten rechts.

24,7 / 536   Unter der Grünwalder Brücke hindurch, dann 20 m steil bergauf schieben, die restliche Strecke zur Brücke ist fahrbar. Die Brücke queren und nach 380 m nach links zum Brückenwirt hinunter. Nach 200 m ist der Startplatz beim Brückenwirt unter der Grünwalder Isarbrücke erreicht.

Fahrstrecke: 0,0 Gaststätte Brückenwirt, Grünwalder Isarbrücke – 2,3 Isarwehr (Baierbrunn) – 3,0 Georgenstein – 9,7 Klosterbräu Schäftlarn – 14,4 Isarbrücke/Gasthaus Bruckenfischer – 16,9 Gasthaus »Zur Mühle« – 20,9 Georgenstein – 24,3 Grünwalder Brücke – 24,7 Brückenwirt an der Grünwalder Isarbrücke.

Orientierung: Sehr gut, Leitlinie ist die Isar.

Beginn der Tour: Gaststätte Brückenwirt an der Grünwalder Isarbrücke.

Autoanreise: Von München auf der B 11 Richtung Wolfratshausen; bei Pullach links Richtung Grünwald und zur Isarbrücke.

Bahnanreise: Mit der S-Bahn bis Station Grünwald.

Fahrt zum Startort: Vor der Grünwalder Isarbrücke rechts ab zum Gasthaus Brückenwirt.

Streckenprofil: 10,9 km Teerstraße, 6,8 km Piste, 7,2 km Singletrail.

Landschaftsbild: 80 % Wälder, Flußaue und Hochterrasse, 10 % Feuchtgebiete, 10 % Wiesen und Weiden.

Achtung: Bikerkollegen, Wanderer, Kinder, Hunde.

Sturzgefahr: Schlamm- und Lehmlöcher, Wildholz, feuchte Wurzeln, Schutt, Erosionsrinnen.

Rast: Gasthaus Bruckenfischer an der Grünwalder und Schäftlarner Isarbrücke, Gasthaus Linde in Grünwald, Klosterwirtschaft im Kloster Schäftlarn, Gasthaus »Zur Mühle« am Isarkanal.

Karten: Bayerisches Landesvermessungsamt, 1:50 000 »Ammersee – Starnberger See«, Kompass-Wanderkarte, 1:50 000 »Starnberger – Ammersee«.

Variation: Bei km 17,1 (Gasthaus »Zur Mühle« im Mühltal) besteht die Möglichkeit, die Tour trialfrei auf der Forststraße Richtung Grünwald bis zum Georgenstein fortzusetzen. Man erreicht sie bei km 20,9 nach 30 Min. Fahrzeit.

Übernachten: Fremdenverkehrsamt München, Tel. 0 89 / 2 33 03 00.

Anschlußtour: Nr. 8, Spange 1 – 9.

Sehenswertes: Burg Grünwald mit Römermuseum, Römerschanze (Literatur »Kultstätten, Römerlager« von Martin Bernstein, Nymphenburger Verlagshandlung), Klosterkirche Schäftlarn, längste Floßrutsche Mitteleuropas beim Gasthaus »Zur Mühle« im Mühltal bei Schäftlarn (im Frühling und Sommer

Gleißental

10

*Von Deisenhofen durch das Gleißental über
Wolfratshausen zum Kloster Schäftlarn*

Charakter: Leichte, aber lange Tour auf meist glatten Pisten. Anregende Passagen, Alpensicht.
Streckenschwierigkeit: 57,7 km I, 5,9 km bis II; 3,1 km 8 % ↗ , 300 m 20 % ↗ ,
1,1 km 5 % ↘ , 1 km 10 % ↘ .
Streckenlänge: 63,6 km.
Höhenmeter: 534 Hm.
Fahrzeit: 3 ³/₄ Std.

Vom Wegedreieck nahe der Flößereinkehr Mühltal führt ein Urstromtal zur Hochterrasse der Isar hinauf.

Schaut man auf die Landkarte und betrachtet die Gegend um Deisenhofen, so fallen einem die Markierungen für Viereck-Keltenschanzen ins Auge. 13 solcher Keltenschanzen finden sich in einem Geländestreifen zwischen Deisenhofen, Holzhausen und Attenham. Lange Zeit rätselten die Archäologen, ob die Anlagen Wehrburgen oder Heiligtümer gewesen waren. Erst nach den 1957 erfolgten Ausgrabungen in der Viereckschanze von Holzhausen war es offensichtlich, daß in diesen Gevierten der keltische Druide seines Amtes waltete.
Es wurden bis zu 35 Meter tiefe Opferschächte entdeckt. In einem fand man ein scheibenförmiges Kultbild. Die Bodenanalyse ergab Reste or-

ganischen Materials: Blut und Asche. Am Boden einer Schanze stand ein eingerammter Pfahl. Da alle Keltenschanzen nach gleichem Muster erbaut sind, läßt sich daraus schließen, daß es sich bei den zwölf anderen Wallanlagen ebenfalls um Heiligtümer der Kelten handelt. In Holzhausen steht neben einem Feldkreuz eine Tafel, die auf die dortige Viereckschanze hinweist.

Im Gleißental trifft der Biker dann auf noch viel ältere Formationen – nämlich die der Eiszeit. Das Gleißental selbst war, wie auch der nahe Teufelsgraben, ein Schmelzwasserabfluß des Isargletschers. Gleich nach der Abfahrt ins Gleißental fällt linker Hand ein verlassener Steinbruch auf. Man scheue sich nicht, in das Geviert einzufahren! Denn dort läßt sich der geologische Aufbau der bis zu 60 Meter hohen Talwände besichtigen. Dabei fallen besonders die sogenannten »Geologischen Orgeln« auf . Das sind bis zu zehn Meter tief in den Nagelfluhfelsen versenkte, seltsame kaminförmige Verwitterungsschlote, die meist mit rotbraunem Humus aufgefüllt sind. Diese Erscheinung kann man auch in den Isartalwänden bei Baierbrunn im sogenannten Klettergarten finden. Am Ende des Gleißentals laden das laue Moorwasser des Deininger Weihers und nach Ascholding die wesentlich kühleren Fluten der Isar zum Bad.

Die Route

0,0/596   Vom S-Bahnhof Deisenhofen gesehen nach rechts in die Gleißentalstraße. Nach 480 m rechts weiter Richtung »Gleißental/Deininger Weiher« die Bahntrasse auf beschranktem Bahnübergang queren. Anschließend nach links in die Sauerlacher Straße abbiegen. Nach 800 m gegenüber des nächsten Bahnübergangs rechts in die Stefaniestraße Richtung »Gleißental/Deininger Weiher«. Nach 120 m nach links einmünden. Nach 40 m an der Verzweigung rechts im Gleißental bleiben. Nach 200 m an einer Linksabzweigung kann man einen kurzen Abstecher in einen geologisch interessanten Konglomeratgesteinskessel machen; an dessen Rändern finden sich auch kurze Trialpassagen. Zum Deininger Weiher geht es an dieser Abzweigung geradeaus (rechts) weiter.

4,0/607   Zum Straßendamm auffahren. Nach 160 m Auffahrt nach links in die Teerstraße. Nach weiteren 70 m nach rechts hinunter ins Tal. Nach 700 m die Abzweigung links liegen lassen und weiter auf der breiten Gleißentalforststraße. Nach 600 m verengt sich der Weg und wird zum Pfad, später im Wald nasser Wurzelparcours, teilweise mit Wildholz verlegt (I – II). Nach 400 m an den beiden aufeinanderfolgenden Verzweigungen rechts auf dem Fußweg weiter. Nach 40 m in den breiten, gekiesten Forstweg nach rechts einmünden, entsprechend der Wegweisertafel links oben am Baum. Nach 200 m vor der Steigung nach links abbiegen und an der Schranke vorbei Richtung »Deininger Weiher«.

7,0/625   Erst den Links-, dann den Rechtsabzweiger ignorieren. Nach 700 m an der Abzweigung nach links (geradeaus). Nach 70 m den nach rechts abzweigenden Weg ignorieren.

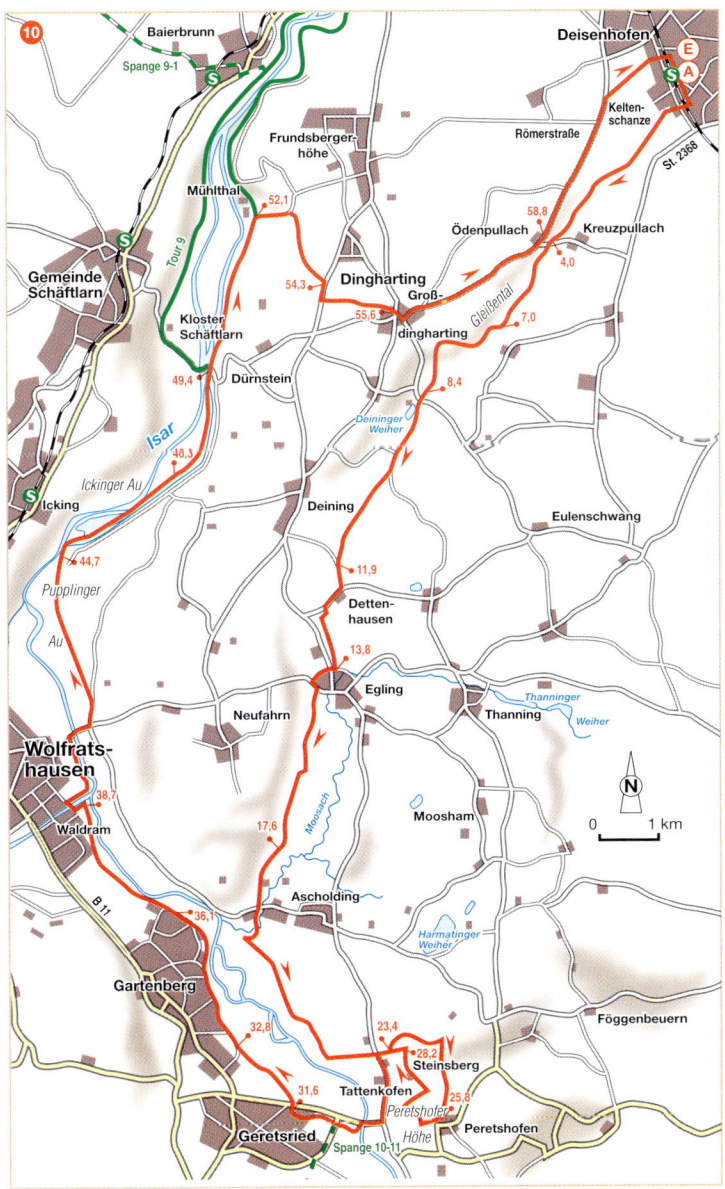

Welch ein merkwürdiger Geselle stört hier die Kühe beim Wiederkäuen? Interessiert betrachten sie die Entwicklung des Bauernrads zum Mountainbike.

8,4/615 Nach der Schranke an der Abzweigung zum Parkplatz am Deininger See rechts hinauf. Nach 100 m die Teerstraße zum Weiher hin queren. Nach 200 m vor dem Waldgasthaus »Deininger Weiher« links am Zaun entlangfahren. Nach 50 m rechts weiter in Richtung »Deining«. Man kann sowohl den unteren, am Seeufer entlangführenden Weg als auch den oberen Weg nehmen, da sich beide am Seeende wieder treffen. Nach 350 m an der Verzweigung in den linken, oberen Weg; nach 290 m nach links einmünden. Nach 240 m an der Kreuzung geradeaus. Nach 40 m, nach dem Wegedreieck mit der Bauminsel, nach links einmünden. Nach 200 m rechts weiterfahren. Nach 160 m den Abzweiger links liegen lassen. Nach 90 m am Wegedreieck nach rechts leicht bergab. Nach 500 m an der Verzweigung nochmals rechts bergab. Nach 200 m den Linksabzweiger liegen lassen.

11,9/622 Geradeaus in den von rechts kommenden Weg einmünden. Nach 400 m nach rechts in die Teerstraße nach Dettenhausen einbiegen. Den Ort auf der Dorfstraße passieren. Vor dem grauen Ortsschild (Rückseite) nach links in den Kirchweg abbiegen.

13,8/616 Am Ortsrand von Egling an der Kreuzung nach rechts abbiegen. Nach 80 m die stark befahrene Münchner Straße kreuzen und in die Kreuzstraße einfahren. Nach 600 m nach links in die Verbindungsstraße Egling–Wolfratshausen einbiegen. Anschließend rechts in die Waldstraße (Sebaldmühle). Auf der Teerstraße an den Anwesen vorbei zum Hangfuß.

17,6/608 Nach links einmünden. Nach 600 m das Gasthaus »Holzwirt« links liegen lassen. Nach 400 m die Hauptstraße am Ortsrand von Ascholding kreuzen. Nach 300 m an der Straßenverzweigung links in die Auenstraße und über den Moosbach. Nach 120 m an der Kreuzung rechts Richtung »Sägewerk Harrer«. Nach 60 m die Abzweigung links liegen lassen und geradeaus auf der Teerstraße weiter in Richtung auf die Isar zu.

Zwischen Tattenkofen und Ascholding steht diese prachtvolle Blockhütte an den Weideflächen der Isar-Niederterrasse.

19,3 / 601   An der zweiten Linksabzweigung vor dem Stadl mit der Naturschutztafel nach links in die Aue abbiegen. Nach 600 m am Wegedreieck rechts. Nach 500 m den Linksabzweig ignorieren.

21,3 / 595   Am Wegkreuz nach rechts in den Wald. Nach 600 m nach links einmünden und an dem gemauerten Stadl (mit einem großen, alten Kalkofen darunter) kurz bergauf. Nach 500 m an der Kreuzung mit dem Marterl und den beiden Birken geradeaus auf die Staatsstraße zu. Nach 230 m nach links in den Teerweg einmünden (3,1 km 8 % Steigung). 100 m weiter nach rechts in die Vorfahrtsstraße abbiegen. Nach 50 m nach links in die Kiesstraße, die zum Wald hochführt. Anschließend die nach links abzweigende, den Waldrand tangierende Straße ignorieren.

23,4 / 648   An der Verzweigung links und an allen Abzweigungen auf der breiten, gekiesten Forststraße bleiben. Nach 300 m wird der Weg mit Gras überwachsen. Sich davon nicht stören lassen und nach 100 m Kahlschlagfläche zurück in den Hochwald fahren. Anschließend nach links in die breitere, gut gekieste Forststraße einmünden. Nach 300 m am Wegedrei-

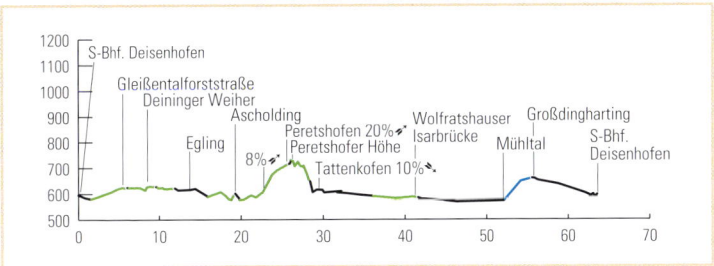

Zwischen Dettenhausen und dem Deininger Weiher gibt es kaum Wanderer, und der Biker kann das freie Land zügig erkunden.

eck nach rechts in eine weitere Forststraße einfahren. Nach 130 m am folgenden Wegedreieck geradeaus bergauf. Nach 70 m rechts in die Teerstraße abbiegen. Nach 400 m am Wegedreieck links.

25,8 / 716 Am Ortsrand von Peretshofen nach links in die Vorfahrtsstraße einbiegen (300 m 20 % Steigung). Nach 100 m nach rechts auf die mit Betonplatten gepflasterte Straße abbiegen und zur »Peretshofer Höhe« (mit der Baumgruppe) auffahren. Nach 200 m an der »Hans-Klessing-Rast« des Isartalvereins vorbei; weitreichender Ausblick über das Isartal bis zu den Alpen. Dem Weg weiter durch die Kurve folgen. Nach 40 m an der Wegverzweigung rechts weiter auf Betonplatten; nach 30 m Ende des Teerbelags. Nach 300 m nach links in den Betonplattenweg einmünden.

26,6 / 725 Nach rechts weiter auf dem Betonplattenweg (1,1 km 5 % Gefälle). Nach 400 m in der Senke links in den gekiesten Traktorweg und die Wiesen queren. Nach 300 m nach links in die Teerstraße biegen (rechts oben liegt Peretshofen, links oben der Einödhof Steinsberg). Nach weiteren 300 m an der Rechtsabzweigung vorbei geradeaus in die gekennzeichnete Sackstraße (offizielles Verkehrsschild) am Hof Steinsberg vorbei. Nach 100 m an der Auffahrt zum Einödhof geradeaus vorbei in den gesperrten Wirtschaftsweg bergab (1,1 km 10 % Gefälle).

28,2 / 668 Nach links einmünden. Nach 200 m schließt sich die Runde über die Peretshofer Höhe (man kann diese Runde auch auslassen). Den Rechtsabzweig liegen lassen und geradeaus zur Staatsstraße hinunter. Nach 500 m nach links in die Staatsstraße München – Bad Tölz einbiegen. Nach 300 m Tattenkofen passieren. Nach 700 m rechts ab Richtung »Königsdorf 9 km«. Nach 200 m die Tattenkofener Isarbrücke queren. Gleich nach der Brücke links Richtung »Wanderweg am Isar-Westufer, Königsdorf 6 km« . Nach 120 m rechts ab, nach 180 m den Linksabzweig ignorieren und geradeaus Richtung Wegweiser »R 2, Wolfratshausen

Wie ein einziger, großartiger Baum haben sich diese drei Baumgestalten auf der Peretshofer Höhe arrangiert.

9 km«. Nach 330 m die Jeschkenstraße geradeaus queren Richtung Wegweiser »Geretsried«.

31,2/610 An der Verzweigung rechs Richtung »Wolfratshausen 9 km«. Nach 600 m vor dem Parkplatz des Gasthauses rechts Richtung »Wolfratshausen 8 km«. Nach 70 m die Vorfahrtsstraße geradeaus auf den Forstweg nach Wolfratshausen überqueren.

32,2/602 Die Abzweigung links liegen lassen und entlang der Leitplanke (an der rechten Straßenseite) geradeaus weiterfahren. Nach 260 m nach rechts in die Teerstraße einmünden.

34,4/596 Nach der Ampel die Linksabzweigung liegen lassen und geradeaus auf den »Isardamm«.

36,1/591 Nach der Musikinstrumentenfabrik (linker Hand) rechts ab in die Blumenstraße Richtung »Wolfratshausen 3,5 km« (gekiester, ausgewiesener Fuß-/Radweg). Nach 500 m an der Kreuzung rechts Richtung »Wolfratshausen 3,0 km, Kempfenhausen 18,5 km«.

38,7/584 Bei Sperre der Loisachkanal-Fußgängerbrücke nach links der Umleitung zur nächsten Brücke folgen. Nach 600 m nach rechts über die Betonbrücke des Loisachkanals abbiegen. Nach der Brücke wieder rechts Richtung »Wolfratshausen 1,5 km«. Nach 400 m an dem links abzweigenden Weg Richtung »Wolfratshausen 1,0 km« geradeaus vorbeifahren Richtung »Puppling 1,5 km«. Bei geöffneter Brücke nach dieser rechts.

41,1/589 Zur Auffahrtsrampe der Wolfratshauser Isarbrücke geradeaus auf der ausgetretenen Fußspur hinauf. Die Straße nach links zum Leitplankenende hin queren und dann nach rechts einbiegen und auf dem breiten Rad-/Fußweg die Isar überqueren (bis hierher 401 Hm.). Nach 500 m bei Puppling links Richtung »München 31 km«; Teerbelag. Nach 400 m an der Verzweigung links in die Wehrbaustraße.

44,7/575 Scharf nach links zum »Ickinger Wehr« hinauf. Den hier abgeleiteten

Kanal zum linken Kanaldamm hin queren. Nach 120 m kanalabwärts fahren. Nach 80 m den hier abzweigenden Weg links liegen lassen und geradeaus am Kanal entlang weiter talabwärts. Nach 200 m besteht linker Hand die Möglichkeit, über scharf ansteigende Kieshügel zu einem als Bademöglichkeit geschätzten Altwassersee der Isar zu biken.

46,3/568 Neben der überdachten Holzbrücke (über den Kanal) geradeaus und weiterhin auf dem Damm bleiben; man kann auch links unterhalb des Dammes weiterfahren.

49,4/570 Am Dammende rechts die Isarkanalbrücke queren, dann gleich links ab.

52,1/572 Kurz vor Mühltal am großen Wegedreieck rechts Richtung »München 20,5 km«. Nach 40 m rechts Richtung »Straßlach« und an der weißen

Noch im Ausrollen bei der Abfahrt von Deisenhofen ins Gleißental kann man links in den Kessel des alten Steinbruchs fahren: senkrechter Fels inmitten der oberbayerischen Schotterebene!

Kapelle vorbei, leicht ansteigend Richtung Isarhang. Nach 160 m rechts und sofort links in den für Reiter gesperrten, ansteigenden Kiesweg.

54,3/649 Nach rechts in die Staatsstraße München – Bad Tölz. Nach 305 m links auf den Golfplatz in die linksseitig mit Felsblöcken begrenzte Golfplatzstraße; bei viel Verkehr rechts ab und durch den Golfertunnel unter der Staatsstraße hindurch auf die linke Straßenseite. Nach 30 m am Linksabzweig geradeaus vorbei.

55,6/660 In Großdingharting in der Deigstettener Straße geradeaus auf die Kirche mit dem Friedhof zuhalten. Nach 300 m rechts und gleich links oder links und gleich rechts Richtung »Deisenhofen«. Nach 400 m an der Kreuzung links Richtung »Deisenhofen 7 km«.

58,8/637 An der Verzweigung in Ödenpullach links Richtung »Deisenhofen bei München«; weißblau bemalter Wegweiser am linken Straßenrand.

62,2/601 Durch die Rechtskurve auf das Ortsschild von Oberhaching zuhalten. Nach 400 m gegenüber der nach links abzweigenden Wolfzornerstraße rechts auf den Rad-/Fußweg.

63,6 / 596   Die Querstraße bei der Kirche kreuzen in Richtung auf die von dort aus sichtbare Bahntrasse. Nach 140 m vor der Bahntrasse links, anschließend nach rechts durch die Bahnunterführung, dann sofort nach rechts in die Bahnhofstraße; nach 300 m ist der Bahnhof Deisenhofen erreicht.

Fahrstrecke: 0,0 S-Bahnhof Deisenhofen – 1,4 Gleißental – 8,6 Deininger Weiher (¹/₂ Std.) – 12,3 Dettenhausen – 13,8 Egling – 18,6 Ascholding – 25,8 Peretshofen – 26,1 Peretshofer Höhe (1¹/₂ Std.) – 27, 7 Steinsberg – 29,2 Tattenkofen – 30,1 Tattenkofener Isarbrücke (2 Std.) – 38,7 Loisachkanal – 41,1 Wolfratshauser Isarbrücke – 44,7 Ickinger Wehr – 55,6 Großdingharting (3 Std.) – 58,8 Ödenpullach – 63,6 Bahnhof Deisenhofen.
Orientierung: Sehr gut
Beginn der Tour: Deisenhofen/S-Bahnhof.
Autoanreise: Von München auf der B 11 über Pullach nach Grünwald fahren. Nach der Grünwalder Isarbrücke an der Ampel in Grünwald geradeaus Richtung Haar. Nach ca. 5 km rechts nach Deisenhofen abzweigen. Die S-Bahnlinie unterqueren und nach rechts zum Bahnhof.
Bahnanreise: Deisenhofen/S-Bahnhof.
Fahrt zum Startort: In Deisenhofen der Wegweisung zum Bahnhof folgen.
Alternative Startorte: Deining, Dettenhausen, Egling, Ascholding, Tattenkofen, Wolfratshausen, Großdingharting.
Streckenprofil: 25 km Teerstraße, 18,9 km Piste, 13,8 km Karrenweg, 5,9 km Singletrail.
Landschaftsbild: 50 % Forst und Hangwald, 30 % Flußauenlandschaft, 20 % Wiesen, Äcker und Weideland.
Achtung: Weidetiere und Kraftfahrzeuge, zwischen Peretshofen und Wolfratshausen auch Wanderer.
Sturzgefahr: Rollsplitt, feuchte Wurzeln, Wildholz, Flußkies und Sand.
Rast: Waldgasthaus »Deininger Weiher«, Holzwirt bei Ascholding, Gasthaus Mühltal im Isartal.
Karten: Bayerisches Landesvermessungsamt, 1:50 000 »München«, »Wolfratshausen« und »Bad Tölz – Lenggries und Umgebung«.
Streckenabkürzung: Die Fahrt über die Peretshofener Höhe kann auch ausgelassen werden. Dann verläuft die Route bei km 22,4 folgendermaßen: Nach rechts abbiegen und geradeaus, bis die Straße einen Linksknick nach Tattenkofen macht. Durch Tattenkofen zur Staatsstraße München – Bad Tölz und nach rechts in diese Straße einbiegen, weiter wie im Wegweiser beschrieben. Die Strecke verkürzt sich um 9,1 km.
Übernachten: Fremdenverkehrsamt München, Tel. 0 89 / 2 33 03 00.
Anschlußtouren: Nr. 9 und die Spangen 10 – 4/13/18 und 10 – 11.
Sehenswertes: Die alten Blockbauernhäuser in Deining, Keltenschanze (Literatur: »Kultstätten, Römerlager« von Martin Bernstein, Nymphenburger Verlagshandlung), die Floßrutsche bei Mühltal.

11

Buchberg

*Von Osterhofen über Bad Tölz und den
Buchberg zum Wirtshaus Fischbach*

Charakter: Leichte Tour mit kurzen, scharfen Offroad-Einlagen im hügeligen Alpenvorland.
Streckenschwierigkeit: 20,5 km I, 6,8 km I – II, 4,1 km II; 600 m 6%↗, 1,3 km 7%↗, 300 m 8%↗, 300 m 11%↗, 100 m 25%↗, 100 m 28%↗; 2 km 5%↘, 300 m 6%↘, 2,7 km 7%↘, 100 m 10%↘, 200 m 11%↘, 700 m 12%↘.
Streckenlänge: 31,4 km.
Höhenmeter: 700 Hm.
Fahrzeit: 2¹/₂ Std.

Der Biker nimmt Abschied vom Buchberg. Gleich wird ihn die langgezogene Kurve aufnehmen und im sanften Abwind nach Hub und Ramsau hinunterleiten.

Die Tour beginnt in Osterhofen, das zu Königsdorf gehört. Dieses Königsdorf hieß einst Chumitsdorf und war eine Siedlung der slawischen Wenden, die eigentlich rund um Berlin in der Mark Brandenburg ansässig waren. Königsdorf ist, abgesehen von Benediktbeuern, die älteste Urpfarrei des Loisachtales. Nach dem Dreißigjährigen Krieg wurde sie an das Kloster Benediktbeuern verkauft. So kamen Benediktbeurer Künstler nach Königsdorf und statteten die dortige Kirche reichhaltig aus. St. Laurentius ist eine Saalkirche mit einem Interieur, dessen Herkunft bis ins 15. Jahrhundert zurückreicht.

Unsere Biketour ist höchst abwechslungsreich und führt durch stille Hochmoore, steigt auf Moränenhügel und leitet zurück in die Urstromtäler. Bad Tölz wird nur kurz berührt, man merkt es fast nicht. Ein paar Einfamilienhäuser, ein paar Vorgärten. Daß der Kurort gar nicht recht zu spüren ist, liegt auch daran, daß der Ortsrand auf einer herrlichen Bikestrecke erreicht wird. Sie ist der Höhepunkt der gesamten Tour und führt durch eine steil abfallende Waldschlucht, immerzu an einem spritzigen Wildbach entlang. Einige knackige Wiesenweg- und Teerstraßenauffahrten sorgen für Jouleverbrauch und für den notwendigen Durst, den man am besten im abgelegenen Gasthaus Fischbach stillt.

Schon bei der Anfahrt nach Fischbach lugt der Turm der dortigen Kirche St. Johann Baptist aus dem Dunkelgrün der umliegenden Nadelwälder. Der Neubau des Kirchenschiffs aus dem Jahr 1674 wurde von Kaspar Feichtmayr aus Bernried ausgeführt. Bemerkenswert ist das oktogonale Turmobergeschoß aus der gleichen Zeit. Die Saalkirche verzieren Miesbacher Stuckarbeiten in spätbarocker Ausführung.

Die Route

0,0/654 In Osterhofen von der Dorfstraße nach rechts in den Kapellenweg einbiegen. Nach 400 m an der Verzweigung rechts auf die dunkel gekieste Forststraße. Nach 160 m an der zweiten Abzweigung links und in Schlangenlinien über die Wiesen und unter der Überlandleitung hindurch (teilgeteerter Weg). Nach 740 m den Abzweiger im Wald rechts liegen lassen und weiter auf dem dunkel gekiesten Weg. Nach 200 m abschüssiger Strecke die Teerstraße (Königsdorf – Bad Tölz) geradeaus kreuzen. Nach 220 m die Kreuzung am Waldrand geradeaus queren.

3,0/628 Auf gutem Fußweg anfangs mit Stegen, später auf Brettern den Sumpf überqueren. Nach 620 m beginnt ein kurzer, anstrengender, da weicher Anstieg zum Karrenweg (600 m 6%⬈), der auf den Bauernweg nach Rothenrain trifft (200 m 8%⬈). Nach 1,1 km in Rothenrain nach rechts in die Teerstraße einmünden. Hinunter, über den Bach und nach einer leichten Linkskurve nach 800 m rechts ab Richtung »F 1« in die gesperrte, für Anlieger freie Forststraße einfahren. Nach 190 m bei der Verzweigung am Waldrand links Richtung »F 1« (Wegnummerntafel etwas versteckt am Baum).

5,6/632 In Fischbachmühl geradeaus in die Teerstraße einmünden. Nach 400 m nach rechts, dann auf die Kirche von Fischbach zufahren. Nach 40 m, vor dem eingezäunten Quellenhäuschen, links auf schlechter Straße steil bergauf (100 m 28%⬈). Nach 90 m an der Verzweigung rechts unten weiter und den nach links abzweigenden Holzweg ignorieren (100 m 11%⬈). Nach 150 m an der nächsten Verzweigung links und nach 90 m rechts.

6,8/719 Beim Einödhof »Vogelsang« die Teerstraße geradeaus in Richtung Wegweiser »Bad Tölz« kreuzen (700 m 12%⬊). Nach 640 m den Rechtsabzweig ignorieren und 160 m weiter an der Wegegabelung rechts in Richtung Wegweiser »Über Birgerbauer nach Bad Tölz«. Nach 150 m nach dem rechter Hand stehenden Stadl nach rechts in den Wiesenpfad und die Wiese zum Wald hin überqueren. An einer Sitzbank in den Wald einfahren. Es folgt ein steil in eine Schlucht abfallender Wurzelpfad.

8,2/720 Die Traktorspur geradeaus kreuzen (100 m 10% ↘). Nach 90 m überqueren Stege den Bach; bei Nässe wegen der extremen Glätte der Holzteile das Bike schieben! Nach 430 m nach rechts in die Teerstraße einmünden. Nach 70 m nach rechts über die Bachbrücke und gleich anschließend in spitzem Winkel rechts den geteerten Anliegerweg hinauf Richtung Wegweisung »Reiterhof Buchberg, Bad Heilbrunn 5 km« (100 m 8% ↗). Nach 90 m Ende der geteerten Straße. Nach 160 m am Wegedreieck geradeaus (rechts) Richtung Wegweisung »Reiterhof Buchberg« (Teer). Nach 120 m links Richtung Wegweiser »Café Straßerhof«.

9,8/715 150 m nach einem Marterl links in die Teerstraße. Nach 30 m rechts Richtung »Buchberg 3 km« (800 m 7% ↗). Erst am Golfplatz, nach 320 m an einem Verwaltungsgebäude vorbei Richtung Wegweiser »S 2«. Nach 170 m auf der Teerstraße bleiben und 190 m weiter geradeaus in Richtung Wegweiser »Buchberg, Heilbrunn, S 2« fahren.

12,4/822 Auf dem Buchberg geradeaus Richtung Wegweisung »Bad Heilbrunn« in den gesperrten Weg. An den beiden Zypressen mit dem Marterl vorbei zu einem langen »Sinkflug« bergab.

13,9/719 Nach rechts in den Teerweg einmünden und nach 210 m den Weiler Wörnern passieren. Nach 150 m am Wegedreieck links und nach 5 m an der Bank den Rechtsabzweiger ignorieren. Nach 270 m am Wegedreieck rechts Richtung Wegweisung »Heilbrunn, TK 5«. Nach 290 m in der Rechtskurve rechts Richtung Wegweiser »Fußweg nach Hub«.

15,2/640 Den Weiler Hub auf einem Teerweg passieren (100 m 25% ↗); nach 120 m Ende der Teerstraße (1,3 km 5% ↘). Am Wegedreieck vor dem winzigen alten Steinhäuschen links Richtung Wegweiser »Ramsau-Kapelle TK 6«. Nach 390 m nach rechts in die Teerstraße einmünden Richtung »OB Oberbuchen«. Nach 290 m links bergab in den Hohlweg Richtung Weg-

Die Strecken von Osterhofen über Rothenrain und Fischbach nach Bad Tölz und auf den Buchberg eignen sich gut für Gruppen mit unterschiedlichen Könnensstufen.

weisung »Fußweg nach Linden OB«. Nach 270 m an der Wegegabelung am Waldrand nach links bergab.

17,0 / 656 Nach dem Hof nach links in die Teerstraße einmünden. Nach 400 m in Oberbuchen rechts in die Sackstraße einfahren. Nach 50 m rechts auf die Häuser zuhalten. Nach 240 m an der Wegverzweigung zwischen den Villen rechts auf einer Traktorspur bergab. Nach 500 m an der Wegverzweigung nach dem Bach im Wald zweimal rechts. Nach 200 m am Waldrand über die Bachbrücke und dann die Wiese überqueren; anschließend wieder bessere Wegqualität.

19,2 / 686 In Spiegel nach links in die Teerstraße abbiegen. Nach 200 m nach rechts Richtung »Kellershof« abbiegen. Nach 480 m in Kellershof nach rechts hinunter und nach 60 m rechts Richtung »F 2« (400 m 7% ✏). Nach 300 m geradeaus über die Kreuzung (rechter Hand hinter dem Hügel liegt das

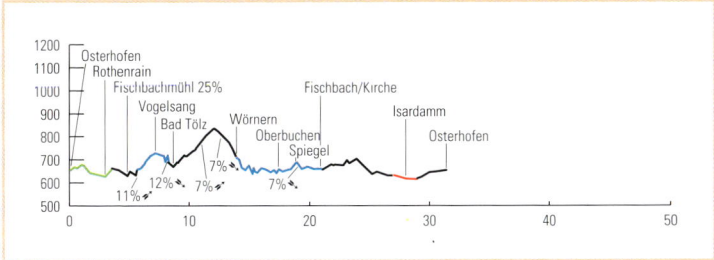

Wirtshaus Fischbach).
Nach 300 m an der Fisch-
bacher Kirche links in die
Teerstraße.

21,1/657 Den Linksabzweig zur
Fischbachmühle ignorie-
ren. Nach 700 m am Weg-
kreuz geradeaus. Nach
200 m links Richtung
»Rothenrain«. Nach 120 m
rechts in Richtung »Leit-
zing und Fiecht, F 4«
(1,3 km 5%).

24,2/677 Rimslrain geradeaus passieren. Nach 760 m am
Wegedreieck an der Töl-
zer Hauptstraße rechts
einbiegen. Nach 400 m vor
Beginn der Leitplanke und
der Rechtskurve nach
links bergab (anfangs ge-
teert). Nach 70 m an der
Verzweigung links bergab.
Nach 80 m an der Verzwei-
gung den Weiher links liegen lassen und an der
Schranke vorbei. Nach
100 m an der Verzweigung
links.

**Muß sich denn der Hinterreifen ausge-
rechnet jetzt versetzen und das Bike ins
Schlingern bringen?**

26,8/631 Nach links in den Isardammweg einmünden. Nach 140 m rechts halten
und weiterhin dem Isardamm folgen.

28,0/616 An der Wegverzweigung auf dem Isardamm links in den breiten Traktorweg und nach 100 m an der Verzweigung nochmals links. Nach 120 m am
Wegedreieck geradeaus (rechts). Am nächsten Wegedreieck links auf
den Bauernhof zu. Wenn nach 100 m der Weg durch Weidezäune unter-
brochen ist, vorher nach rechts zu dem Schuppen und rechts daneben
vorbei, dann über den Wall und am Zaun entlang durch den Wald durch
schwieriges Gelände (Gestrüpp, am Boden liegende Äste) schieben. An
der letzten abgeteilten Weide mit dem Bike unter dem (elektrisch gela-
denen!) Zaun vorsichtig hindurchschlüpfen. Die Weide geradeaus zur
Bachbrücke hin queren, den zweiten Weidezaun überwinden und über
die Brücke. Vom linken gemauerten Brückenpfosten aus gesehen halb
links hinauf über die Wiese zur Teerstraße (Kilometer 28,7). Nach 200 m
nach rechts in die Teerstraße abbiegen. Nach 100 m das »Hochland-Zelt-
lager« rechts liegen lassen. Nach 300 m am Wegedreieck links in die
Teerstraße.

31,4/654 Osterhofen/Kapellenweg.

Auf dem Buchberg beginnt die Baumblüte im Bauerngarten, und das Laub der Obstbäume versucht, den Blomberg im Hintergrund zu verdecken.

Fahrstrecke: 0,0 Osterhofen – 4,1 Rothenrain – 5,6 Fischbachmühl ($^{1}/_{2}$ Std.) – 6,8 Vogelsang – 8,7 Bad Tölz – 14,1 Wörnern – 17,4 Oberbuchen – 18,8 Spiegel – 20,9 Fischbach/Kirche ($1^{3}/_{4}$ Std.) – 24,4 Rimslrain – 27,0 Isardamm – 31,4 Osterhofen ($2^{1}/_{2}$ Std.).
Orientierung: Nicht überall eindeutig ersichtlich.
Beginn der Tour: Osterhofen bei Königsdorf.
Autoanreise: Auf der A 95 von München bis Ausfahrt Wolfratshausen/Geretsried. Auf der B 11 weiter bis Königsdorf. An der ersten Linkseinmündung Richtung Wegweisung nach Bad Tölz abbiegen. Nach wenigen 100 m links nach Osterhofen abbiegen.
Bahnanreise: Interregio bis Bahnhof Bad Tölz.
Fahrt zum Startort: In Osterhofen auf der Dorfstraße bis zum Rechtsabzweig des Kapellenwegs fahren und den Wagen dort parken.
Alternative Startorte: Bad Tölz, Bad Heilbrunn.
Streckenprofil: 13,7 km Teerstraße, 6,8 km Piste, 6,8 km Karrenweg, 4,1 km Trialstrecke.
Landschaftsbild: 45 % Feuchtgebiete, 10 % Isarauen, 40 % Waldland, 5 % Bachtäler.
Achtung: Bikerkollegen, Kraftfahrzeuge, Weide- und Wildtiere, Hofhunde.
Sturzgefahr: Grober Schutt, glitschige Wurzeln, Knüppeldämme und nasse Holzbohlen.
Rast: Gasthaus Fischbach.
Karten: Bayerisches Landesvermessungsamt, 1:50 000 »Bad Tölz – Lenggries«.
Übernachten: Fremdenverkehrsamt Bad Tölz, Tel. 0 80 41 / 7 86 70.
Anschlußtouren: Nr. 12, 19; Spange 10 – 11, Spange 11 – 12.
Sehenswertes: Altstadt von Bad Tölz, Königsdorfer Kirche.

Kloster Reutberg

12

*Von Bad Tölz über Ellbach nach Kloster
Reutberg und zum Kirchsee*

Charakter: Leichte Tour, Bademöglichkeit im Kirchsee.
Streckenschwierigkeit: 22,1 km l, 2,0 km l+; 700 m 8%↗.
Streckenlänge: 24,7 km.
Höhenmeter: 292 Hm.
Fahrzeit: 1¹/₂ Std.

Das Kloster Reutberg steht hochwassersicher auf einem einsamen Hügel über den Mooren rund um den Kirchsee.

Während man mit dem Bike durch das Grötzerholz auf Sachsenkam zu-
rollt und am Waldrand Dächer und Kirchturm hinter den Hügeln er-
späht, scheint es, als läge dieses Sachsenkam doch sehr einsam und
verloren im Oberland. So verwundert es auch nicht, daß sich dort bis in
den Anfang unseres Jahrhunderts der aus vorchristlicher Zeit stam-
mende Brauch des »Wasservogels« gehalten hat.
Das hatte folgende Bewandtnis: Am Pfingstmontag zog ein als Wasservogel verkleideter Mann vom Wirtshaus aus und verkündete zur Belu-
stigung der versammelten Menge lauthals Knittelverse. Der Brauch gip-
felte schließlich im Untertauchen des Wasservogels und der daraufhin

eintretenden sagenhaften Verwandlung zum Sonnenschwan. Die Zelebration des Wasservogels war früher ein weit über Bayern verbreiteter Brauch. Er läßt sich als Allegorie auf die Mystik des Zeitenvogels verstehen, der den Sonnenkahn über den himmlischen Ozean zieht. Das Untertauchen dieses Sonnenschwans sollte die Götter gnädig stimmen, damit sie den für die Saat so wichtigen Regen spendeten. Ursprünglich war der Wasservogel eine Zeremonie zur Sonnenwende, in der es – damals herrschte wohl ein anderes Klima als heute – oftmals über lange Zeit hinweg heiß und trocken war.

Nicht weit von Sachsenkam erhebt sich auf einem Hügel über dem Kirchsee weithin sichtbar das Kloster Reutberg. Urkundlich belegt ist der Bau einer Lorettokirche auf dem besagten Hügel durch den Hofmarksherren von Reichersbeuern Graf Johann Jakob Papafava und seine Gemahlin Anna im Jahre 1606. Ab 1729 wurde die Kuppe des Hügels abgetragen, damit ein größeres Gebäude darauf Platz habe. Bis 1735 wurde dann an der Klosteranlage gebaut. 1802 schien das Schicksal des Klosters durch die Säkularisation besiegelt, doch 1835 erkannte es König Ludwig I. wieder an, und seit 1849 ist es ein Kloster der Franziskanerinnen. Diese betreiben dort eine einträgliche Gaststätte, die für die Münchner Sonntagsgäste – die »Stadterer«, wie die Einheimischen sagen – ein beliebtes Ausflugsziel darstellt. Im Sommer kommen Badegäste, Wanderer, Radwanderer, Rennradler und nicht zuletzt auch Mountainbiker in den schattigen Biergarten.

Die Route

0,0 / 686	Vom Bad Tölzer Bahnhof Richtung »Schwimmbad«, später »Aichmühlbad« in die Eichmühlstraße einfahren. Am Schwimmbad vorbei Richtung »Ellbach«.
2,5 / 701	Am Straßendreieck links Richtung »Über's Ellbacher Moos nach Bad Tölz«. Nach 1,0 km in Sichtweite von Ellbach den Ellbach überqueren. Nach 300 m in Ellbach an der Wegverzweigung rechts zur Vorfahrtsstraße. Nach 30 m rechts Richtung »Dietramszell« abbiegen. Nach 90 m rechts ab Richtung »Kloster Reutberg« in die Reutbergstraße. Nach 180 m an der Verzweigung links Richtung »Kloster Reutberg, Wegnr. 913« wieder in die Reutbergstraße.
4,3 / 707	An der Verzweigung nach rechts auf die Teerstraße. Nach 390 m an der nächsten Verzweigung rechts, anschließend das Moor überqueren.
5,5 / 693	An der Wegverzweigung links, nach 340 m geradeaus. Nach 130 m beim Wegedreieck mit Bauminsel (Lichtung mit dem Hinweisschild »Privatgrundstück«) rechts ab. Nach 230 m am Wegedreieck im Wald rechts abbiegen. Nach 140 m Verzweigung; hier rechts und 150 m weiter an der Verzweigung im Kahlschlag erneut rechts. Nach 300 m am Wegkreuz geradeaus; die Kiesgrube links liegen lassen.
7,2 / 723	An der Kreuzung links in den breiten Weg. Nach 270 m am Wegedreieck rechts in die breite Forststraße und dieser folgen. Nach 950 m geradeaus in den Weg einmünden. Nach 260 m (linker Hand steht ein neuer Stadl mit

Oberbayern aus dem Bilderbuch: die Umgebung des Klosters Reutberg mit den Hochmoo

zwei Tannen im Umfeld) auf den Bauernweg links ab ins Hochmoor.

9,6/716 Nach links in die Vorfahrtsstraße abbiegen. Nach 290 m vor dem einzelnen kleinen Baum nach rechts in die gesperrte Kiesstraße. Nach 170 m vor dem Sportplatz im spitzen Winkel nach links. Anschließend kurvenreich über einen Wiesenhügel auf das Kloster Reutberg zuhalten. Nach 540 m rechts einmünden. Nach 100 m an der Verzweigung links zum Kloster hinauf. Nach 260 m an der Verzweigung der Klosterauffahrt rechts zur Straße hinunter. Nach 120 m Abfahrt nach dem Parkplatz nach links in die Teerstraße.

11,5/712 Am Wegedreieck nach

Ein wenig Geländespürsinn muß man für die Routenfindung im Grötzerholz Richtung Sachsenkam schon aufbringen.

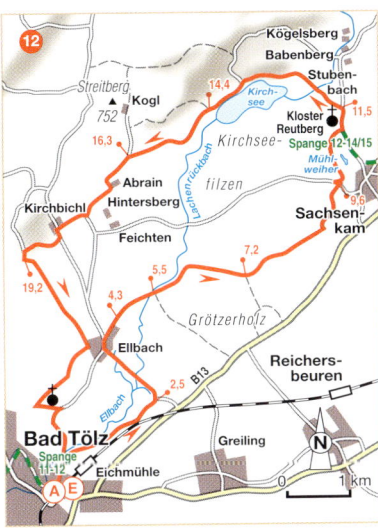

I dem Kirchsee hinter dem Klosterhügel

links Richtung »Kirchsee, 1,5 km«. Nach 2,0 km an der Verzweigung nach links zum See hinunter.

14,4 / 700 An der nächsten Wegverzweigung links, nach 200 m geradeaus. Nach 1,0 km nach dem Kirchsee nach links in den Teerweg und nach 330 m nochmals links in die geteerte Autostraße Richtung »Kohlweiher/ Ellbach«.

16,3 / 715 Den Kohlweiher rechts liegen lassen (700 m 8% ⤢). Nach 700 m das Dorf Ahrain passieren.

17,7 / 726 An der Kreuzung beim Straßenkilometerschild »10,0« nach rechts in die Nik.-Rank-Straße einbiegen. Nach 700 m in Kirchbichl links Richtung »Ellbach, 2 km«. Nach 120 m rechts ab Richtung »Gut Reut Wegnr. K 11/ Fußweg Bad Tölz« (1¹/₂ Std.).

19,2 / 740 Vor dem Gut links Richtung »Bad Tölz/Ellbach/Wegnr. K 13« in die Forst- straße und nach 180 m nach links Richtung »Wegnr. K 11« bergab. Nach 800 m geradeaus Richtung »Ellbach«.

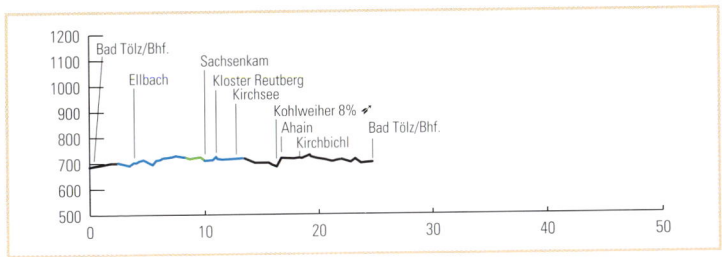

21,1 / 705 Die nach links abzweigende Schulstraße ignorieren, nach 180 m rechts und das Wirtshaus Schützenhaus rechts liegen lassen. Nach 210 m an der Wegverzweigung mit Marterl links. Nach 510 m vor dem Fußballplatz rechts ab Richtung »Bad Tölz«. Nach 800 m auf dem breiten Fußgängerweg im Wald in einer weiten Rechtskurve (rechter Hand steht eine Bank) im spitzen Winkel links Richtung »Freibad Aichmühle/Bahnhof-Fußweg« auf den schmalen Trail, der an einem Stacheldrahtzaun entlang flach ansteigt.

23,2 / 710 Bei einer Kapelle am Waldrand rechts, nach 140 m die Autostraße schräg nach rechts queren und nach 100 m links bergab Richtung »Freibad Aichmühle/Bahnhof«. Nach 300 m und 900 m jeweils an Kreuzungen rechts.

24,7 / 686 Bahnhof Bad Tölz.

Fahrstrecke: Bad Tölz/Bahnhof – 3,8 Ellbach – 10,7 Kloster Reutberg – 13,5 Kirchsee – 16,3 Kohlweiher – 18,4 Kirchbichl – 24,7 Bad Tölz/Bahnhof.
Orientierung: Überwiegend gut, das Auffinden der Durchfahrt des »Grötzerholzes« nach Sachsenkam ist nicht ganz einfach.
Beginn der Tour: Bad Tölz/Bahnhof.
Autoanreise: Auf der Autobahn A 8 (München – Salzburg) bis Ausfahrt Holzkirchen, weiter nach Holzkirchen. In Holzkirchen links Richtung Bad Tölz. Oder Autobahn A 95 (München – Garmisch) bis Ausfahrt Sindelsdorf/Bichl. Weiter nach Bichl. In Bichl links in die B 11. Nach dem Ortsende rechts nach Bad Tölz.
Bahnanreise: Interregio.
Fahrt zum Startort: In Bad Tölz zuerst Richtung München, dann der Wegweisung »Bahnhof« folgen.
Alternative Startorte: Sachsenkam, Ellbach.
Streckenprofil: 11,3 km Teerstraße, 11,4 km Piste, 2,0 km Karrenweg.
Landschaftsbild: 65 % Wälder, 15 % Wiesen, 10 % Hochmoor, 10 % Wasserfläche (Kirchsee).
Achtung: Fußgänger, Weidevieh, Hunde und Kraftfahrzeuge.
Sturzgefahr: Weiche Streckenteile, Querrinnen und Wildholz.
Rast: Kloster Reutberg (Spezialität Apfelkücherl).
Karten: Bayerisches Landesvermessungsamt, 1:50 000 »Bad Tölz – Lenggries«.
Übernachten: Fremdenverkehrsamt Bad Tölz, Tel. 0 80 41 / 7 86 70.
Anschlußtour: Spange 11 – 12.
Sehenswertes: Bad Tölzer Altstadt, Kloster Reutberg.

Starnberger See

*Am Westufer und über die Höhen des
Ostufers um den Starnberger See*

Charakter: Lange, leichte und abwechslungsreiche Tour.
Streckenschwierigkeit: 68,2 km l; 2,3 km 6% ↗, 600 m 8% ↗, 1 km 5% ↘,
600 m 6% ↘, 2 km 7% ↘.
Streckenlänge: 68,2 km.
Höhenmeter: 674 Hm.
Fahrzeit: 3 Std.

**In welchem Schilfdickicht werden die Enten wohl die Nacht verbringen, oder
schlafen sie mit den Wildgänsen auf der Wasserfläche des Starnberger Sees?**

Der »Giro« um den Starnberger See zählt zu den Highlights dieses
Mountainbikeführers. Auf der Westseite des Sees wird der Biker immerzu ganz nahe an die Ufer herangeführt. Man durchquert die Freizeitan-
lage im ehemaligen Park des Schlosses Possenhofen mit seinen him-
melhohen, uralten Bäumen, die in lockeren Gefügen beieinanderste-
hen. Eine wahrhaft »fürstliche Badegelegenheit« unter der Woche –
eine drangvolle Enge badender und sonnenbadender Städter an Wochenenden.
Vor einer Landzunge liegt die Roseninsel, ein Eiland das schon 5000

Jahre lang besiedelt ist, das aber erst vor gut 100 Jahren den Namen »Roseninsel« erhielt. Denn zwischen Rosen trafen sich dort die Wittelsbacher Fürstenkinder Ludwig II. und Sisi, die Kaiserin von Österreich. Es waren die Steinzeitmenschen, die gleich nach der letzten Eiszeit die Insel besiedelten, ihre Ufer mit Pfählen stabilisierten und uns viele Fundstücke, darunter auch Bayerns ältestes Boot hinterlassen haben. Wer sich's anschauen will, mietet sich den Fährmann Norbert Pohlus, der seinen flachen Kahn samstags zwischen 13 und 18 Uhr, sonntags ab 10 Uhr, zwischen Insel und Festland hin- und herrudert.

Bei der Fahrt um den See kommt der Biker durch zahlreiche Orte, die alle eine interessante Geschichte haben, in denen einst berühmte Männer aus Kunst, Politik und Wissenschaft wohnten. Am populärsten ist nach wie vor das tragische Schicksal des Märchenkönigs Ludwig II., der bei Berg unter bis heute ungeklärten Umständen zusammen mit seinem Leibarzt ertrank. Doch berührt unsere Route den Ort dieses Geschehens am stark frequentierten Ostufer des Sees nicht. Sie versteckt sich in den Hügeln und Waldungen zwischen Starnberger See, Loisach und Isar. Dort oben erlebt der Biker begeisternde Landschaften. In einem versteckten Winkel kommt er an der 1573 erbauten Kapelle St. Castulus bei der Einöde Schallenkam vorbei. Anschließend quert er einen Moorbach, wo man sich entscheiden kann, ob es sportlich durch die Furt oder wasserscheu über die daneben erbaute Holzbrücke geht.

Die Route

Sektion 1: Starnberg – Bahnhof Tutzing

0,0 / 587 Vom S-Bahnhof Starnberg rechts Richtung »München« in die Wittelsbacherstraße. Nach 600 m (Ampel) nach links in die Hauptstraße und gleich nach rechts über den Parkplatz vor dem Wirtshaus Tutzinger Hof in die Vordermühlstraße. Nach 400 m am Fuß des Schloßbergs (am Leitplankenende) rechts in den »Schloßweg«. Nach 280 m die Querstraße nach links queren, dann nach rechts in den Ostheimer Weg.

2,0 / 612 Die Söckinger Straße nach rechts queren. In den Siebenquellenweg einfahren. An der T-Mündung des Fußwegs rechts. Nach 70 m links in den Jakl-Jordan-Weg. Nach 230 m nach links in die Ottostraße. Nach 70 m am Wegedreieck links in die Ringstraße Richtung »Sportzentrum«. Nach 20 m am zweiten Wegedreieck rechts. Nach 360 m endet die Teerdecke; hier rechts zwischen Sportplatzzaun und Waldrand weiter. Nach 310 m an der Wegverzweigung am roten Pfosten rechts und nach 80 m zwischen Betonklotz und Holzpfosten bergab. Nach 180 m den Sturzbach nach links queren und 90 m weiter unter den Holzzaun neben der Brücke über den Maisinger Bach überheben. Die Straße queren und weiter Richtung »Maisinger Schlucht« über Wiesen in den Wald.

6,0 / 646 Nach links in die Teerstraße und nach 70 m nochmals nach links Richtung Wegweiser »Starnberg« ($^1/_2$ Std.). Nach 80 m rechts in Richtung Pöcking über die leicht gewellten Wiesenhügel. Nach 1,5 km unter der B 2 hindurch. Nach 300 m am Ortsschild von Pöcking vorbei. Nach weite-

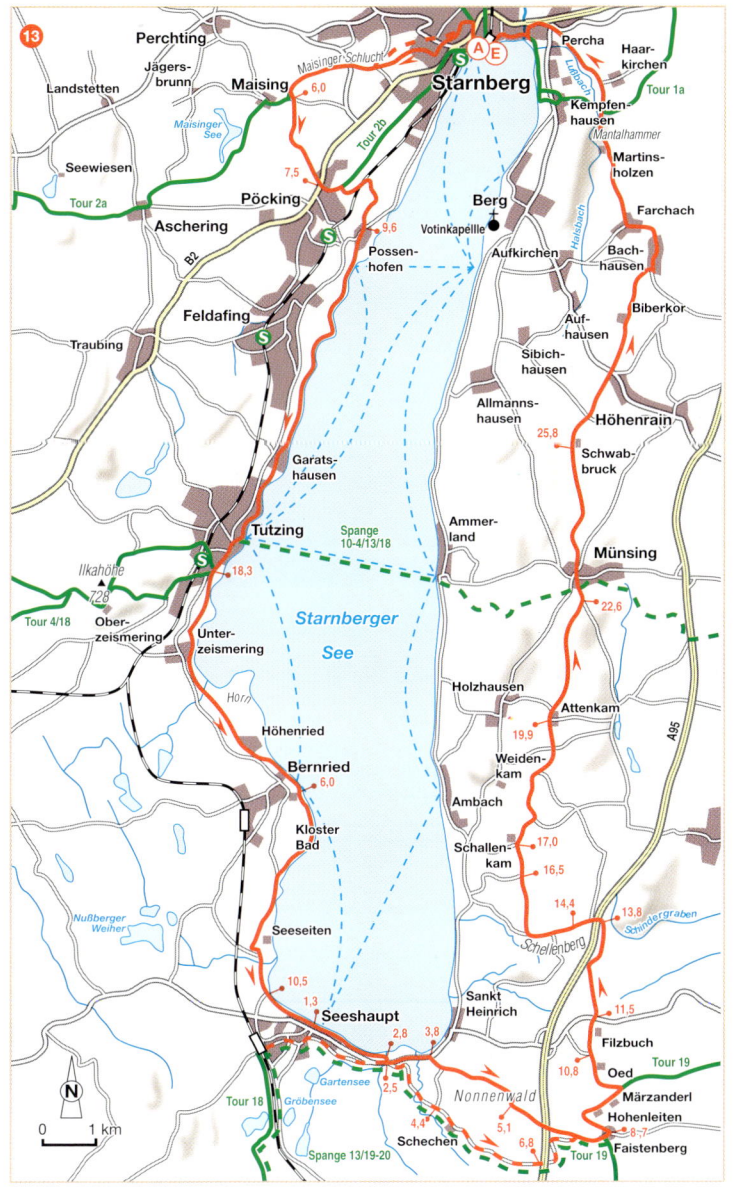

ren 300 m nach rechts einmünden. 240 m weiter vor
der Ampel links in die Alte
Bahnhofstraße. Nach 80 m
an der Wegverzweigung
rechts.

8,7 / 670 An der Verzweigung links
(entsprechend dem Rad-
logo »Kreisradwander-
weg«) in die Franziska-
Gunther-Straße. Nach
180 m in der Kehre mit der
Sitzbank geradeaus (Ende
des Teerbelags) in den
Niederpöckinger Weg und
dem Wegweiser nach Nie-
derpöcking folgen (2 km
7% ↘). Nach 460 m nach
rechts über den Bahn-
übergang (50 m Teer).
Nach 300 m rechts in den
Forstweg mit einer Barrie-
re am Anfang. 300 m wei-
ter das Wegedreieck mit
der Bauminsel links liegen
lassen und am Verkehrs-

**Ein zerfurchter Traktorweg führt von Leut-
stetten über Weiden ins Würmtal zurück.**

schild »Rad-/Fußweg« vorbei. Nach 90 m am Wegedreieck mit der Wald-
insel links und weiterhin auf dem als Rad-/Fußweg deklarierten Weg
bleiben.

9,6 / 596 Die geteerte Kreuzung geradeaus überqueren. Dann rechts in den Rad-/
Fußweg und die Parkbucht 11 rechts liegen lassen. Auf dem breiten Kiesweg bleiben. Dann die Vorfahrtsstraße (Vorsicht, schneller Verkehr!) geradeaus zum Gittereingang des Erholungsgebiets Possenhofen überqueren. Durch die Gitterabsperrung über den Bach. Anschließend nach
rechts und am Biergarten vorbei. Nach 800 m an der Bank mit dem Brun-

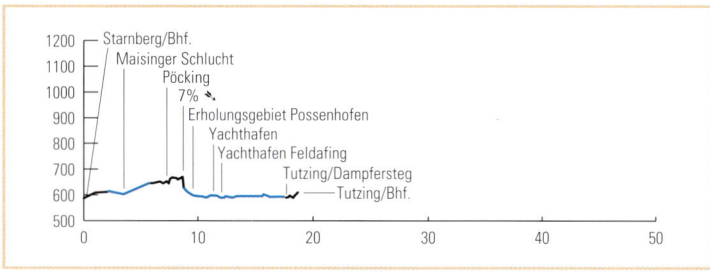

Mit dem Teleobjektiv betrachtet liegt die Zugspitze scheinbar am Starnberger See; rechts im Bild schauen die Dächer von Starnberg aus dem Wald.

nen rechts auf den Rad-/Fußweg. Nach 220 m vor dem Schloß Possenhofen links einmünden. Nach 80 m nach der alten Schloßgartenmauer rechts ab. Nach 430 m am Jachthafen durch die Reste eines Tores oder rechts daneben vorbei und nach links in die Teerstraße abbiegen. Das Restaurant Schiffsglocke rechts liegen lassen

11,3/596 Vor dem Bootsliegeplatz rechts und nach 40 m links in den Karrenweg abbiegen. Nach 280 m an der Verzweigung links Richtung »Rad-/Fußweg« und diesem Schild auch weiterhin folgen. Nach 380 m den Jachthafen von Feldafing passieren; 100 m Teerbelag. Nach 250 m am gemauerten Brunnen mit der Bank in der Hangleite (Aufschrift »Kein Trinkwasser«) nach rechts die Kehre zum Parkplatz hinauf; oben nach links.

12,4/512 In den Fußweg mit der Schranke. Nach 100 m an der Verzweigung links Richtung Wegweisung »Feldafinger Segelverein«. Nach 500 m taucht linker Hand die Roseninsel auf.

15,6/593 Am Ortsanfang von Tutzing (Teerbeginn) nach 100 m an der Straßenverzweigung links an dem Parkverbotsschild vorbei auf das rot getünchte Haus zufahren (600 m Teer). Nach 600 m am Parkplatz weiter auf den Fußweg in Richtung »Strandbad«. Das Marterl links liegen lassen. Nach 700 m die Seewirtschaft »Midgardhaus« links liegen lassen und geradeaus in den Fußweg (Teer) einfahren. Nach 650 m rechts zum Bahnhof Tutzing

Wer nicht zum Bahnhof will, sondern wieder zum Seeufer:
Links Richtung »Dampfersteg«. Nach 80 m vor dem Tutzinger Schloß rechts bergauf. Nach 210 m am Ende der Schloßmauer links ab in die Monsignore-Schmid-Straße. Nach 140 m geradeaus in die Graf-Vieregg-Straße, dann nach links zum See. An der nächsten Möglichkeit rechts ab

in Richtung Wegweiser »Bleicherpark« (auf dem schmalen Fußweg vorsichtig und langsam fahren!).

18,3/596 Nach links in die Hauptstraße einmünden. Nach 400 m gegenüber der Einmündung des Gröberwegs in die Vorfahrtsstraße, dann gleich links in den Fußweg zum See.
Anmerkung: Man kann auch erst hier zum Bahnhof hinauffahren (Wegweiser).
Summe: 194 Höhenmeter, $^3/_4$ Std.

Sektion 2: Tutzing/S-Bahnhof – Seeshaupt/Bahnhof

0,0/610 Vom Parkplatz am S-Bahnhof Tutzing das Bahnhofsgebäude rechts liegen lassen und nach rechts auf die Doppelgarage zufahren. Dort in den Fußweg Richtung »See/Ilkahöhe«. Nach 300 m am Tutzinger Keller links den breiten Kiesweg hinunter und nach 40 m die Teerstraße queren. Nach weiteren 80 m beginnt ein Fußweg, der bald wieder eine Teerstraße quert. Nach 110 m rechts neben einer Metallbaufirma in den Fußweg einfahren. Nach 80 m nach rechts in den Radweg. Nach 250 m links durch die Fußgängerunterführung. Nach 70 m rechts.

1,2/588 Am Tennisclub scharf rechts in die Lindenallee (König-Ludwig-Weg). Nach 420 m den geteerten Rechtsabzweiger ignorieren und geradeaus in den ungeteerten Fuß-/Radweg. Nach 100 m vor dem eingezäunten Kinderspielplatz links Richtung »Bernried« in den Höhenriederweg. Nach 170 m nach der Bachbrücke die Kreuzung geradeaus passieren.

2,1/584 Den Rechtsabzweiger ignorieren und weiter geradeaus auf dem Höhenriederweg bleiben. Nach 310 m am südlichen Ortsrand von Unterzeismering an der Hauptstraße links in den Radweg einfahren. Nach 390 m links ab in den breiten, geteerten Rad-/Fußweg und nach 90 m links in den gekiesten Weg. Nach 390 m den Abzweiger rechts liegen lassen.

4,2/613 Die Klinikzufahrt geradeaus Richtung »Königsweg, Bernried« überqueren. Nach 170 m an Höhenried vorbeifahren.

5,0/596 Nach dem Portal aus Schmiedeeisen links in Richtung »Schloßberg-Dampfersteg«. Nach 430 m an der Wegegabelung links und in Bernried zuerst am Seeufer, dann am Jachthafen entlangfahren. Nach 150 m rechts die Teerstraße kurz bergauf und gleich links Richtung »Dampferanlegestelle«. Nach weiteren 150 m links den Teerweg zum See hinunter.

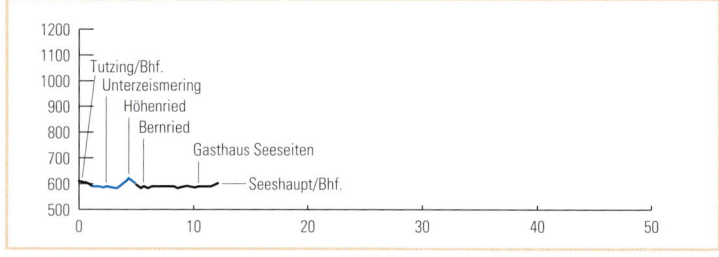

Immer wieder trifft der Biker rund um den Starnberger See auf Jachthäfen mit schlafenden Segelbooten; im trüben Himmel hängt ein Schuß Dämmerlicht.

6,0 / 597   Am Dampferanlegesteg links Richtung »S-Promenade« (rechter Hand Kloster Bernried). Nach 400 m links die schmale Teerstraße hinunter.

8,3 / 590   Nach links und weiter Richtung Prälatenweg. Nach 200 m links. Nach 100 m rechts ab in Richtung »Prälatenweg« (geradeaus herrscht ein offizielles Radfahrverbot!). Nach 200 m den Rechtsabzweiger ignorieren, und nach 600 m am Wegedreieck links.

10,1 / 586   Auf die rechte Seite der Fahrstraße wechseln, nach 300 m passiert man das Gasthaus »Seeseiten«.

10,9 / 591   Hier Richtung »Bahnhof« und »Weilheim« abzweigen.

11,5 / 590   Nach dem Ortsschild »Seeshaupt« die Kreuzung geradeaus überqueren und weiterhin Richtung »Bahnhof« bleiben.

11,9 / 602   Bahnhof Seeshaupt.
Summe: 80 Höhenmeter, $^1/_2$ Std.

Sektion 3: Seeshaupt/Bahnhof – Faistenberg – Münsing – Starnberg/ Bahnhof

0,0 / 602   Vom Bahnhof in Seeshaupt nach rechts die Vorfahrtsstraße überqueren und in die Pettenkoferallee einfahren. Immer geradeaus bis zur Verbindungsstraße St. Heinrich – Seeshaupt.

1,3 / 599   In Seeshaupt nach rechts abbiegen. Dann die Kirche von Seeshaupt links liegen lassen und Richtung Wegweiser »München und Prälatenweg« fahren. Nach 170 m durch die Linkskurve der Hauptstraße näher an den See heran.

2,8 / 591   Hinter der ersten Bachbrücke steht die Statue eines Mönchs; hier auf die linke Straßenseite auf den Fuß-/Radweg wechseln (Achtung, schneller Verkehr!).

3,7/590 Nach der Holzbrücke scharf nach rechts, kurz den Wiesenweg zur Autostraße hinauf, diese auf die rechte Seite hin überqueren. Nach 100 m
rechts ab in die Teerstraße Richtung »Schechen«. Nach 400 m am Wegedreieck nach links Richtung Radwegweiser »Faistenberg 5 km« (Ende der
Teerstraße).

5,1/603 Im »Saubogen« (rotes Schild rechts oben am Baum) die beiden Linksabzweiger ignorieren. Nach 100 m geradeaus (2 km 6%↗).

6,7/650 Die A 95 auf der Brücke überqueren. Anschließend geradeaus weiter.

8,2/666 In Faistenberg (400 m Teer) nach links Richtung Wegweiser »Hohenleiten« links abbiegen (¹/₂ Std.) und nach 700 m Hohenleiten passieren
(300 m 6%↗).

9,8/674 Nach der Einöde Märzanderl links in die Kiesstraße Richtung Wald leicht
bergauf. Nach 600 m an Oed vorbei.

10,8/692 An der Verzweigung rechts auf die wenigere befahrene Waldstraße; nach
200 m Blick über die Wiesen zum Hohenpeißenberg (1 km 5%↘).

11,5/680 Nach Filzbuch rechts in die Hauptstraße. Nach 20 m links in den Kiesweg, der über die Wiese in den Wald führt. Nach 700 m an der Kreuzung
nach dem Weiher (rechter Hand) geradeaus (600 m 6%↗).

13,8/680 Im Tunnel unter der Autobahn hindurch, anschließend am Wegedreieck
links.

14,4/687 Ab hier die folgenden sechs Linksabzweiger ignorieren. Nach 300 m am
Wegedreieck mit der Bauminsel und dem Blockhäuschen rechts (geradeaus, 600 m 6%↘). Nach 600 m im Anschluß an die Gefällstrecke durch
die Rechtskurve (Linksabzweiger weiterhin liegen lassen). Nach 200 m
den Rechtsabzweig liegen lassen.

16,5/670 An der Kreuzung geradeaus. Nach 500 m am Wegedreieck mit der
Buschinsel vor der Castulus-Kapelle von Schallenkam rechts bergab
(1 Std.). Nach 200 m durch die Furt oder daneben über die Brücke. Nach
500 m nach links einmünden. 500 m weiter vor dem Haus Birklkam nach
rechts Richtung Wegweisung »Münsing 5 km«.

18,7/657 Am Wegedreieck nach rechts Richtung Wegweisung nach Münsing.
Nach 20 m an der Wegverzweigung links Richtung Wegweiser »Attenham 1 km«. Nach 700 m die Teerstraße überqueren.

19,9/672 In Attenham links Richtung Wegweiser »Münsing 3,5 km« (Teer ab
19,8 km). Nach 200 m, bevor es bergab geht, rechts ab Richtung »Mün-

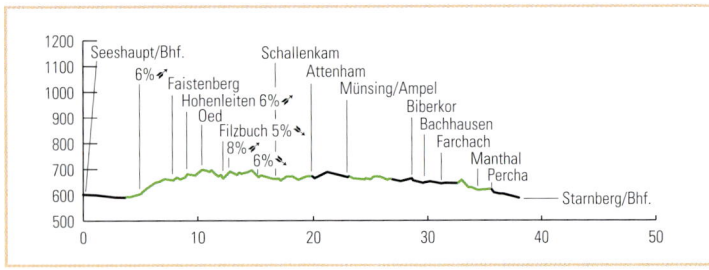

sing« auf den Bauernhof mit Lüftlmalerei zu.

22,6 / 685 Nach links in die Haupt-straße einmünden (Vorsicht auf den Verkehr!). Geradeaus nach Münsing hinein. Nach 400 m links in die Vorfahrtsstraße Richtung Wegweiser »Starnberg«. Nach 100 m an der Ampel vor der Kirche rechts Richtung Wegweisung »Zum Erholungsgebiet Kempfenhausen 13 km« bergab (1^1/$_4$ Std.). Nach 100 m links weiter in die Straße »Am Kirchberg«. Nach 40 m rechts ab in die Schwabbrücker Straße.

25,8 / 669 Vor der Einöde Schwabbrück geradeaus Richtung Wegweisung »Zum Erholungsgebiet Kempfenhausen 10,5 km«. Nach 700 m am Wegedreieck rechts und nach 100 m links weiter entsprechend

Am Südende des Starnberger Sees liegen breite Schilfgürtel, und der Singletrail quert immer wieder kleine Bäche.

der Wegweisung. Nach 300 m beginnt die Teerstraße durch die Siedlung Lüßbach. Nach 700 m nach links in die Vorfahrtsstraße und nach 30 m rechts Richtung »Erholungsgebiet Kempfenhausen 8 km« in die Biberkorstraße. Nach 20 m geradeaus. Nach 950 m das Gut Biberkor links liegen lassen. 100 m weiter am Wegkreuz vor der Wiese geradeaus dem Wegweiser »Erholungsgebiet Kempfenhausen 8 km« folgen.

29,7 / 647 In Bachhausen nach rechts in die Vorfahrtsstraße entsprechend der Wegweisung »Erholungsgebiet Kempfenhausen 7 km«. Nach 100 m am Wegedreieck links in die Dorfstraße und wieder dem Wegweiser nach Kempfenhausen folgen. Nach 400 m nochmals nach links der gleichen Wegweisung nachfahren.

31,2 / 628 In Farchach nach der Kirche rechts über den Bach Richtung Wegweiser »Percha 4 km«. Nach 300 m die Wangener Straße geradeaus überqueren und weiter der Wegweisung nach Percha in die Kempfenhausener Straße folgen.

32,7 / 644 Weiter Richtung »Kempfenhausen 3,5 km«; nach 300 m Anschlußmöglichkeit an Route 1 nach Gauting, Mühltal und Leutstetten (auf die Route 1a ginge es nach rechts ab und an der Verzweigung in die untere Forststraße). Zum Ende der Seerunde geradeaus weiter Richtung »Erholungs-

Diese noble Villa im italienischen Landhausstil zwischen Bernried und Seeseiten ist eine von zahlreichen Herrschaftssitzen rund um den Starnberger See.

gebiet Kempfenhausen« in den Bachjägerweg. Nach 500 m am Wegedreieck mit den Findlingen auf dem Mittelstück geradeaus entsprechend dem Wegweiser »Erholungsgebiet Kempfenhausen 2 km«. Nach 200 m den Weiler mit Gasthaus Manthal links hinter dem Bach liegen lassen und geradeaus, zunächst auf der Teerstraße, dem Bach talabwärts folgen.

35,4/620 In Percha vor der Kirche links bergab in Richtung Starnberger See. Nach 400 m links in die Vorfahrtsstraße. Nach 140 m an der Ampel geradeaus in Richtung auf den ausgewiesenen Rad-/Fußweg nach Starnberg. Nach 500 m rechts Richtung Rad-/Fußweg nach Starnberg. Nach 200 m über die Würmbrücke dem Wegweiser »Starnberg-S-Bhf., 1,5 km« folgen. Nach 200 m am Parkplatz des Landratsamts links Richtung »Wasserpark Starnberg« und »Restaurant Bucentaur« abbiegen. Nach 330 m nach rechts in den Nepomukweg einfahren. Am Bahnhof Starnberg nach rechts durch den Tunnel.

38,0/587 Starnberg/S-Bahnhof.

Variante: *Seeshaupt/Bahnhof via Schechen nach Faistenberg*

0,0/600 Vom Bahnhof in Seeshaupt nach rechts in die Vorfahrtsstraße. Nach 150 m an der Kreuzung links in die Bahnhofstraße.

1,0/594 Links Richtung Starnberg abbiegen. Nach 40 m rechts in die »Dall' Armi-Straße«. Nach 400 m am Wegedreieck mit der eingezäunten Bauminsel geradeaus in die ausgeschilderte Sackstraße (Baumschulenstraße). Nach 100 m am Wegedreieck rechts und an der Wiese entlang auf der Teerstraße weiter. Nach 400 m Ende der Teerdecke.

2,5/585 An der Vorfahrtsstraße rechts auf den Rad-/Fußweg. Nach 500 m nach der Bachbrücke mit der Skulptur eines Mönchs geradeaus die Bodenbachstraße in die Schechenstraße kreuzen. An der folgenden Straßen- verzweigung links.

4,4/591 An der Straßeneinmündung nach rechts abbiegen. Nach 600 m den Wei- ler Schechen passieren.

5,5/594 Nach einer Reihe hoher Birken linker Hand und vor dem Wald nach links in den Forstweg abbiegen und auf den Hochsitz zufahren. Nach 300 m am Wegedreieck nach der meist offenen Schranke am Waldrand rechts.

6,8/600 Am Wegedreieck geradeaus auf die Autobahn zu und durch den Tunnel. Danach an der Verzweigung links bergauf. Nach 300 m den Rechtsab- zweig ignorieren. Nach 700 m am Wegedreieck links leicht aufwärts. 200 m weiter am Hügelkamm nach rechts einmünden und auf die Häuser von Faistenberg zu.

9,0/649 Faistenberg, Wegverzweigung im Ort.

Fahrstrecke
Sektion 1: 0,0 Starnberg/S-Bahnhof – 7,0 Pöcking – 9,6 Erholungsgebiet Possenhofen – 12,4 Feldafing – 15,6 Tutzing/Bahnhof. *Sektion 2:* 0,0 Tutzing/ S-Bahnhof – 2,4 Unterzeismering – 6,0 Bernried – 11,9 Seeshaupt/Bahnhof. *Sektion 3:* 0,0 Seeshaupt/Bahnhof – 8,2 Faistenberg –11,5 Filzbuch – 19,9 Attenham – 22,6 Münsing – 29,7 Bachhausen – 31,2 Farchach – 35,4 Percha – 38,0 Starnberg/S-Bahnhof.
Ortientierung: Ausgezeichnet.
Beginn der Tour: Starnberg/S-Bahnhof.
Autoanreise: Auf der A 95 bis Ausfahrt Starnberg und dann bis nach Starn- berg hineinfahren.
Bahnanreise: S-Bahn und Interregio.
Fahrt zum Startort: Der Wegweisung zum Bahnhof folgen.
Alternative Startorte: Tutzing, Seeshaupt, Ammerland, Maising.
Streckenprofil: 26,1 km Teerstraße, 30,1 km Piste, 13,9 km Karrenweg, 0,9 km Singletrail.
Landschaftsbild: 27 % Wald, 28 % Parklandschaft, 13 % Ortsdurchfahrten, 10 % Wiesen und Weiden.
Achtung: Kraftfahrzeuge, Fußgänger, Kinder, Hunde, Weidetiere.
Sturzgefahr: Loser Riesel auf Teerflächen, Schlaglöcher und feuchte Wur- zeln.
Rast: In allen Uferorten, am Ostufer in Münsing.
Karten: Bayerisches Landesvermessungsamt, 1:50 000 »Starnberger See – Ammersee«.
Übernachten: Fremdenverkehrsamt Starnberg, Tel. 0 81 51/9 06 00.
Anschlußtouren: Nr. 1a, 1b, 2a, 2b, 4, 18, 19; Spange 10 – 14/13/18.
Tip: Den jeweils gültigen Fahrplan für die Schiffahrt am Starnberger See gibt es bei der Staatl. Schiffahrt Starnberger See, Tel. 0 81 51/80 61.
Sehenswertes: Starnberg, Schloß (Landratsamt) und Kirche; Kirchen von Tutzing, Bernried und Münsing, Kapelle Schallenkam.

Taubenberg

14

Von Oberwarngau über Nüchternbrunn in die Täler des Farnbachs und Steinbachs

Charakter: Leichte Tour mit anspruchsvollen Uphills, eine Trialeinlage. Schöne Alpenblicke.
Streckenschwierigkeit: 17,8 km I, 3,8 km II – III, zwei lange Steilauffahrten; 2,2 km 5%↗, 0,4 km 10%↗, 200 m 11%↗, 100 m 14%↗, 100 m 15%↗, 200 m 20%↗, 2,2 km 5%↘, 600 m 7%↘, 2,6 km 10%↘.
Streckenlänge: 21,6 km.
Höhenmeter: 584 Hm.
Fahrzeit: 2 Std.

Bei der Fahrt zum Taubenberg blickt man über scheinbar gesunde Wälder zu den Tegernseer Bergen – wer alle kranken Bäume fällt, hat einen gesunden Wald ...

Auch der Taubenberg gehört zu jenen den Alpen vorgelagerten Erhebungen, die bei der Alpenauffaltung mit erfaßt wurden, deren Inneres aber im Gegensatz zu den Nördlichen Kalkalpen aus Süßwassermolasse besteht, die unter hohem Druck zu Gestein verpreßt wurde. Doch gibt es am Taubenberg im Gegensatz zum Königsberg und der Aidlinger Höhe nur ganz wenige Stellen, an denen der Bergsockel zutage tritt. Den Münchnern ist der Taubenberg als einer ihrer Trinkwasserlieferanten ein Begriff. Tief im Forst versteckt steht an höchster Stelle des Bergrückens ein Wasserturm. In den Landkarten ist er unzutreffend als Aussichtsturm bezeichnet. Der Biker erreicht den runden Bau aus Wilhelminischer Epoche, nachdem er sich zur Kapelle Christoph, fast am höchsten Punkt des Berges, hinaufgerungen hat.

Bleibt man auf dem breiten Rücken des hufeisenförmigen Taubenbergs, so erreicht man einen Flecken, an dem drei grob gezimmerte Holzkreuze stehen. Diesen Kreuzen liegt eine Sage zugrunde: Ein Bauer war mit seinem Fuhrwerk zum Holzladen unterwegs. Schließlich waren die schweren Stämme hoch aufgeschichtet, so daß er Mühe hatte, auf den holperigen Taubenbergwegen nicht umzufallen. Zu seinem Schrecken scheuten plötzlich die beiden Zugpferde. Sie waren nicht dazu zu bewegen, den Wagen weiterzuziehen, sondern gebärdeten sich wie wild, so daß der Holzwagen immer stärker ins Wanken geriet. Dem Bauern fuhr der Schrecken in die Glieder, als er vor den Pferden drei große Schlangen sah, die sich in einem Sonnenfleck wärmten. Der Sage nach versprach der Bauer, wenn er ohne Unfall nach Hause käme, drei Kreuze an jener Stelle zu errichten. Dieses Gelöbnis hatte zur Folge, daß die Reptilien sogleich im Unterholz verschwanden und der Bauer sein Holz heimfahren konnte.

Wunderschön gelegen und innen noch altertümlich eingerichtet ist das Gasthaus Taubenberg. Die teils geteerte Zufahrtsstraße ist eine öffentliche Verkehrsstraße, so daß man besonders an Wochenenden, wenn die Gastwirtschaft geöffnet ist, mit gelegentlichem Kraftfahrzeugverkehr rechnen muß. Von der Terrasse reicht der Blick beinahe über die gesamte Kette der Bayerischen Alpen.

Die Route

0,0 / 726   In Oberwarngau die Austraße links liegen lassen und über den Bach Richtung Wegweiser »Fahrweg zum Taubenberg«. Nach 300 m nach dem letzten Hof auf der linken Straßenseite nach links leicht ansteigend in den Traktorweg abbiegen und auf den auf der Kuppe stehenden Baum zufahren. Nach 500 m geradeaus über die Kreuzung auf der Wiese.

1,4 / 803   Am Karrenwegdreieck im Wald rechts bergauf. Nach 300 m (10% ↗) die Teerstraße nur kurz nach links hin berühren und dem Wegweiser zum Gasthaus Taubenberg bergauf folgen (2,2 km 5% ↗).

3,9 / 894   Zwischen der eisernen Fahnenstange und der kleinen Kapelle Christoph im spitzen Winkel nach links in den Hochwald. Nach 200 m den Wilhelminischen Wasserturm, und nach 600 m die drei Kreuze links liegen lassen. Nach 100 m nach rechts bergab in den steilen, glitschigen Singletrail (Schwierigkeitsgrad II–) Richtung Wegweiser »Nüchternbrunn«. Nach 400 m an der Verzweigung wieder rechts der Wegweisung nach Nüchternbrunn folgen. Nach weiteren 100 m am Wegedreieck mit der Bauminsel rechts Richtung »Nüchternbrunn«. Nach 40 m an der Bank in rechtem Winkel rechts bergab Richtung »Nüchternbrunn« (11% ↘, die Wegweisung ist schwer zu erkennen).

5,6/817 Bei der Kapelle Nüchternbrunn entweder den steilen Steig geradeaus hinunter, so daß man gleich rechts neben der Kapelle ankommt, oder einen weiten Bogen unterhalb der Holzhütte über die abfallende Wiese ausführen und dann zwischen den beiden Sakralbauten auf den Hang zuhalten; dort nach links einbiegen. Über Treppenstufen aus glitschigen Stämmen kurz bergab schieben (40 m), anschließend Trial (II–III) und nach 300 m Forststraßenanschluß.

Das Steinbachtal am Fuß des Taubenbergs entläßt den Biker auf einem steinigen, kurzzeitig auch sehr steilen Karrenweg.

7,2/844 Direkt vor dem Wirtshaus Taubenberg trifft man auf die hier geteerte Taubenberg-Südgratstraße und nach links bergab fahren. Nach 300 m an der Wegverzweigung kann man den linken oder rechten Weg nehmen, denn beide führen bald wieder zusammen. Nach 400 m in spitzem Winkel nach links in den deutlich ausgebauten, zuerst noch etwa 10 m lang ansteigenden, dann aber steil abfallenden Karrenweg (1,2 km bis 10%↘).

9,0/703 Nach der Farnbachbrücke nach rechts in die breite Forststraße einmünden. Nach 500 m den Linksabzweig und anschließend nach 100 m am pferdeköpfigen Holzbrunnen den Rechtsabzweiger liegen lassen. 300 m geradeaus weiter und nach weiteren 300 m nach der Farnbachbrücke rechts der Wegweisung nach Thalham folgen.

11,1/663 Die Abzweigung nach rechts über den Farnbach nicht beachten und nach 500 m am Wegedreieck mit der Bauminsel rechts Richtung »Gotzing« (Wegweiser rechts am Baum). Nach 400 m gegenüber vom Bauernhof geradeaus auf das Wegkreuz mit dem Marterl zuhalten; linker Hand eindrucksvoller Tiefblick in die hier sicherheitshalber abgezäunte Farnbachschlucht. Nach 200 m die Kreuzung geradeaus in Richtung der Wegweisung nach Gotzing überqueren.

12,6/683 Vor der Brücke nach rechts in den Forstweg, der den Steinbachgraben talaufwärts in ein Feuchtgebiet begleitet. Nach 900 m die Linksabzweigung zur Kiesgrube ignorieren.

14,3/701 Nach links im spitzen Winkel über den Bach (1,2 km 10%↗, später kurz

Seit kurzem beherrscht ein wunderschöner, hölzerner Lattenzaun die Ostseite des Wirtshauses Taubenberg.

bis 18%✔*). Oben die Linksabzweigung liegen lassen und nach 40 m rechts in die Teerstraße einfahren.

15,5 / 716 Analog der Wegweisung nach »Schwarz, Hainz und Christoph« rechts ab in die Kiesstraße. Nach 400 m Abfahrt auf dem Hauptweg bleiben und die Wiese zum Gegenhang hin queren. Die folgenden drei Linksabzweiger liegen lassen (100 m 15%✔*).

16,9 / 716 Bei der Einöde Hainz nach links durch die Kehre und nach 200 m den Hof Schwarz geradeaus passieren. 200 m (bis 20%✔*) weiter am Rechtsabzweiger geradeaus bergauf. Nach 500 m steiler Auffahrt neben der Fahnenstange am Gipfel des Taubenbergs nach links abbiegen (2,2 km 5%✘).

20,0 / 805 Nach rechts in die Fahrstraße. Nach wenigen Metern bei den Marterln rechts in den Waldweg einfahren. Nach 300 m an der Karrenwegver-

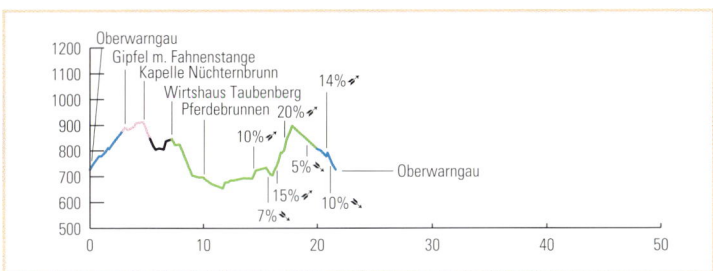

zweigung links zur Wiese hinunter. Nach 500 m das Marterl auf der Wiesenanhöhe mit dem einzelnen Baum links liegen lassen. Nach 500 m nach rechts in die Teerstraße abbiegen und nach der Bachbrücke links.

21,6 / 726 Parkplatz in Oberwarngau.

Fahrstrecke: 0,0 Oberwarngau – 5,6 Kapelle Nüchternbrunn – 7,2 Wirtshaus Taubenberg – 21,6 Oberwarngau.

Orientierung: Nur bei Einhaltung der beschriebenen Route ausreichend.

Beginn der Tour: Oberwarngau.

Autoanreise: Auf der A 8 bis Ausfahrt Holzkirchen/Tegernsee, bei Oberwarngau nach Oberwarngau nach links abbiegen.

Bahnanreise: Bahnhof Warngau mit Interregioverkehr.

Fahrt zum Startort: Von der B 318 Richtung Tegernsee nach links Richtung Oberwarngau abzweigen. Den Gasthof Post links und die Kirche rechts liegenlassen. Weiter Richtung Wegweisung zum Taubenberg und nach Nüchternbrunn. An der folgenden Verzweigung links des Baches bleiben und weiter Richtung Wegweiser »Taubenberg« fahren. Vor der Brücke über den Bach den Wagen auf dem dort vorgesehenen Parkplatz abstellen.

Alternative Startorte: S-Bahnhof Otterfing oder Kreuzstraße.

Streckenprofil: 1,6 km Teerstraße, 12,5 km Piste, 6,7 km Karrenweg, 0,8 km Singletrail, 40 m Schieben.

Landschaftsbild: 80 % Bergwald, 20 % Auen und Feuchtgebiete.

Achtung: Autos, Fußgänger und Forstverkehr.

Sturzgefahr: Feuchte Wurzeln, Holzbrücken und Lehm auf dem Singletrail, loser Riesel auf den Forststraßen.

Rast: Gasthaus Taubenberg (nur an Sonn- und Feiertagen geöffnet).

Karte: Bayerisches Landesvermessungsamt, 1:50 000 »Mangfallgebirge«.

Übernachten: Fremdenverkehrsbüro Markt Holzkirchen, Tel. 0 80 24 / 64 20.

Varianten: Sind am Taubenberg durchaus möglich, jedoch schwer auffindbar und meistens sehr naß; deswegen wird dauraf verzichtet, Alternativen zu beschreiben.

Anschlußtouren: Nr. 15, Spange 12 – 14 / 15.

Sehenswertes: Kapelle Nüchternbrunn, Wallfahrtskirche Allerheiligen (spätgotischer Tuffsteinbau, erreichbar von Oberwarngau auf der Straße Richtung Miesbach und Tegernsee) und die Pfarrkirche in Oberwarngau aus dem 8. Jahrhundert mit gotischem Netzgewölbe.

Wilparting

Von der Kreuzstraße über das Mangfallknie zum Irschenberg

Charakter: Anstrengende Tour, teils lange Teerstrecken, teils schwieriges Gelände.
Streckenschwierigkeiten: 46,7 km I, 3,0 km II+, 1,7 km II – III, 1,0 km Schieben; 200 m 5%↗, 500 m 6%↗, 1,4 km 7%↗, 100 m 9%↗, 1,3 km 10%↗, 500 m 12%↗, 200 m 14%↗; 3,7 km 7%↘, 1,1 km 9%↘, 500 m 15%↘.
Streckenlänge: 52,4 km.
Höhenmeter: 1044 Hm.
Fahrzeit: 3¾ Std.

Die Wallfahrtskirche Wilparting auf einer Bergschulter des Irschenbergs, dahinter Brünnstein, Wendelstein und Breitenstein

Man sieht sie von der Autobahn aus, jedesmal, wenn man von München auf der A 8 zum Inntaldreieck fährt. Direkt vor der Alpenkette steht ihr malerischer Kuppelbau – höchst fotogen – und in dieser Perspektive nicht auf den Film zu bekommen, da man ja im Auto sitzt und auf den Verkehr achten muß. Doch es hilft auch nicht der unbedingte Wille, die Autobahn zu verlassen, um sich die Wallfahrtskirche Wilparting näher anzuschauen. Denn an der nächsten Autobahnausfahrt nach Bad Aibling hat sich der für das bayerische Oberland so typische Sakralbau schon längst wieder hinter Moränenhügeln versteckt. Doch ist es nicht nur von der A 8 her ein mühsames Unterfangen, die hübsche Kapelle zu finden. Auch vor dem geländegängigen Biker weiß sich das Kirchlein lange zu verstecken.

Mit diesem Versteckspiel soll sich die Kapelle von Wilparting der Legende nach schon beim Überfall durch die Hunnen (907 – 955) erfolgreich vor Plünderung und Zerstörung gerettet haben. Sie hüllte sich in einen dichten Nebel, so daß das reitende Steppenvolk daran vorbeigaloppierte. Der Sage nach hätten die dort ruhenden Gebeine der beiden irischen Wanderprediger Marinus und Anianus den Ort behütet. Marinus wurde einst von einer marodierenden Rotte Wenden gefangen, gefoltert und verbrannt; Anianus hingegen starb eines natürlichen Todes. 50 Jahre später soll die erste Kapelle über den Gebeinen der beiden Iren errichtet worden sein. Tatsächlich entdeckte man bei Renovierungsarbeiten romanische Fundamente. 1729 wurde die Kapelle im barocken Stil neu erbaut und etwas später mit Rokoko-Stukkaturen ausgestattet.

Die Radfahrt dorthin erfolgt auf gewundenen Wegen über und neben dem Mangfallknie, das wieder einmal ein Produkt der Eiszeit ist. Eine Moräne leitet hier die Mangfall nach Südosten um. Deshalb mündet sie nicht, wie anzunehmen wäre, etwa bei Freising in die Isar, sondern bei Rosenheim in den Inn.

Auf hoher Schulter dieses Mangfallknies erbauten die Kelten eine Stadt – ein Oppidum, wie Gaius Julius Caesar die Gallierstädte nannte und wie sie die modernen Historiker noch immer nennen. In der Nähe des erhaltenen Ringwalls dieser Stadtanlage liegt das Dorf Fentbach, weshalb der Volksmund der ehemaligen Keltenstadt den Namen Fentbachschanze gab.

Die Route

0,0 / 622 Von S-Bahnhof Kreuzstraße nach 60 m geradeaus auf den Radweg. Nach 50 m rechts über den Bahnkörper. 30 m weiter links in den parallel mit der Bahn verlaufenden Karrenweg.

1,8 / 584 Nach der Rohrbrücke wird die Wegqualität besser; nach 500 m neben dem Weiher nach links einmünden. Nach 240 m rechts die steil ins Mangfalltal abfallende Teerstraße hinunter (5 % ↘, nicht in den Privatweg, der kurz vorher rechts abzweigt!).

2,9 / 568 Die Mangfallbrücke queren und nach 700 m in der Linkskehre der Teerstraße rechts ab in die mit »Breitmoos« bezeichnete Forststraße. An der roten Schranke vorbei und nach 340 m an der Verzweigung links (200 m 5 % ↗, rechts steht ein Privathaus).

4,2 / 593 Den Rechtsabzweig liegen lassen und links der Rotpunktmarkierung nachfahren. Nach 300 m den Linksabzweiger ignorieren. 200 m weiter am Wegedreieck rechts hinunter (13 % ↘). Nach 30 m nicht links in die Traktorspur, sondern geradeaus bergab. 70 m weiter an der Kreuzung geradeaus und den Trail zur Mangfall hinunter. Nach 800 m an der Mangfall-

brücke vor dem Wohnhaus links in die Forststraße. An dem Haus vorbei.
Nach dem Schuppen rechts über die Wiese und nach links auf den gras-
bewachsenen Traktorweg. Den Stacheldrahtzaun überheben und an der
folgenden Wegverzweigung rechts den steilen, schlechten Traktorweg
hinaufschieben (200 m 14% ✦ und 100 m 9% ✦). Nach 500 m am
Wegedreieck am Waldrand nach rechts auf die Hochterrasse der Mang-
fallschlucht. Nach 100 m am Waldrand auf das Marterl zu. Dann das
Marterl rechts liegen lassen und der Traktorspur folgen. Nach 300 m
nach rechts in den Traktorweg einmünden und auf den Bauernhof zufahren, der auf dem Hügel steht. Nach 100 m geradeaus durch das Dorf.
Nach 120 m links durch die Kurve. Nach 300 m rechts ab auf die Teerstraße.

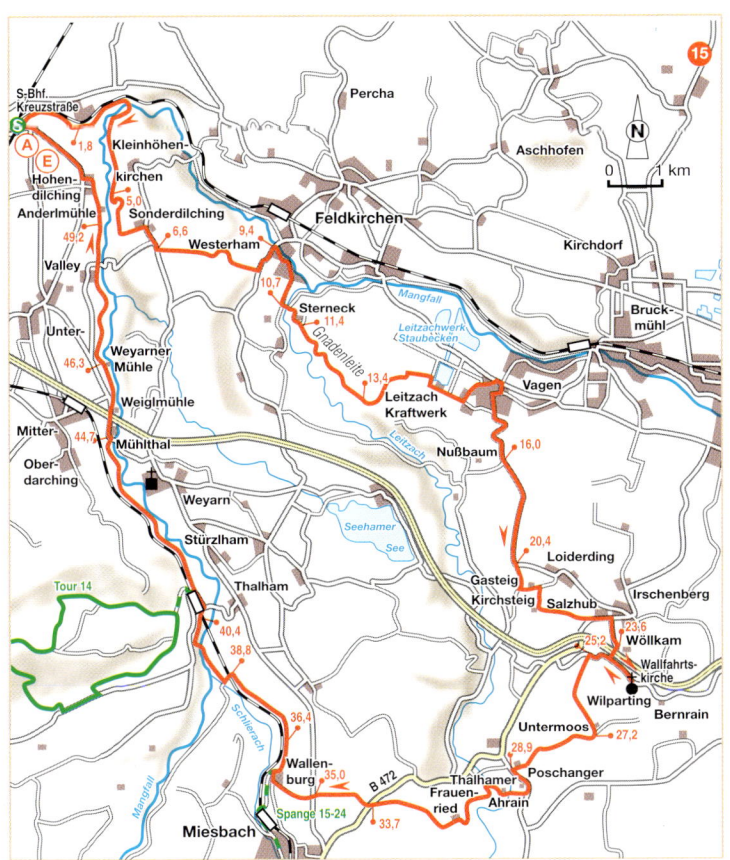

Der Irschenberg ist ein dem Alpenrand vorgelagerter Aussichtshügel; hier sind es die Tegernseer und Schlierseer Berge, die im nächsten Blickfeld liegen.

6,6/668   In Sonderdilching (35 Min.) 60 m nach der Straßenabzweigung Richtung Valley gegenüber dem Betonbildstock (im Sichtbereich einer Kapelle im Hintergrund, siehe Foto rechte Seite) links ab und geradeaus an einem weiteren Bildstock vorbei.

7,4/666   Am Waldrand geradeaus bergab (300 m 8%↘). Nach 150 m geradeaus weiter auf dem mit rot-weiß-rot gemalten, niederen Holzpfosten markierten Forstweg. Nach 250 m nicht ganz leichter Downhill ins Mangfalltal (7%↘, loser Schutt, Erosionsrinnen; I–II).

8,5/622   Nach links in die Straße einmünden (14%↘). Nach 340 m nach links in die geteerte Nebenstraße einfahren. Den Rechtsabzweiger ignorieren. Nach 60 m nach links in die stark befahrene Hauptstraße abbiegen.

9,4/544   Am Ortsrand von Westerham vor der Mangfallbrücke rechts Richtung »Naring 2 km« in die Naringstraße.

10,7/546   Direkt vor dem einsam an der Straße gelegenen Bauernhof Erb nach

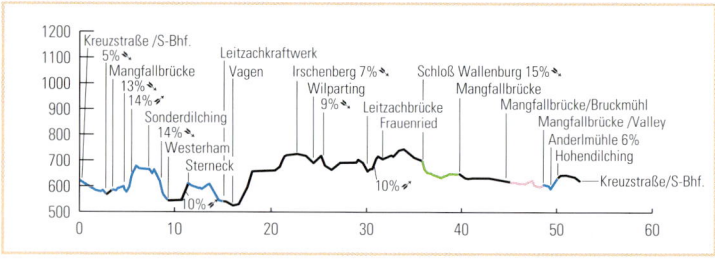

links in die Anliegerstraße und über die Leitzach-brücke (Privatstraße, 1,7 km 10%↗).

11,4 / 612 Bei Sterneck rechts von der Teerstraße abbiegen und zwischen der Kante der Leitzachtal-Hochterrasse und dem Stacheldrahtzaun in die »Gnadenleite« einfahren. Nach 300 m rechts ab; von hier der Rotringmarkierung folgen. Nach 100 m links, an der folgenden Verzweigung rechts, nach 700 m links, nach 20 m rechts. Nach 100 m die Rechtsabzweigung liegen lassen und nach 180 m am Wegedreieck rechts.

13,4 / 606 Am Wegedreieck links (1 km 7%↘). Nach 1,2 km rechts ins Mangfalltal. Nach 500 m vor dem umzäunten Gelände des Leitzachkraftwerks rechts (1½ Std.). Nach 200 m nach links einmünden.

Dieses Marterl mit der Kapelle dahinter steht in Sonderdilching.

16,0 / 525 In Vagen die beiden aufeinanderfolgenden Kreuzungen geradeaus passieren. Nach 600 m am großen Straßendreieck beim Gasthaus Schiffer rechts (geradeaus). Nach 70 m rechts ab Richtung »Irschenberg« (500 m 12%↗).

18,2 / 658 An der Abzweigung geradeaus Richtung »Irschenberg«.

20,4 / 661 An der Linkskehre der Autostraße geradeaus in die Anliegerstraße. Nach 500 m am Wegedreieck links Richtung »Loiderding/Irschenberg«. Nach 300 m am Marterl nach rechts in die Teerstraße (200 m 7%↗). Nach 400 m den Hof »Kirchsteig« passieren. Nach 70 m geradeaus Richtung »Irschenberg«.

22,7 / 725 Am Ortsrand von Irschenberg (1,7 km 7%↘) nach links zum Ort hin in die Vorfahrtsstraße abbiegen (2½ Std.). Nach 300 m im rechten Winkel rechts ab Richtung »Wilparting«.

23,6 / 718 Geradeaus unter der Autobahn hindurch, anschließend links nach Wilparting. Nach 800 m zur Wallfahrtskirche Wilparting (1,1 km 9%↘). Von hier zurück und hinauf zur Autobahnunterführung. Dort geradeaus Richtung »Wendling/Miesbach«.

25,6 / 680 Links ab Richtung »Harrain/Untermoos«.

27,2 / 691 Nach rechts Richtung »Miesbach«.

28,9/692 Vom Gestüt Poschanger
rechts die Teerstraße weiter. Nach 200 m nach links
in die Vorfahrtsstraße einmünden. Nach 500 m in
Ahrain rechts auf der
Straße bergab ins
Leitzachtal fahren
(500 m 7%↘). Nach 500 m
über die Leitzachbrücke
(1,6 km 10%↗). Nach
300 m am Bauernhof
rechts. Nach 200 m am
Wegedreieck nach der
Streusiedlung am Wald-
rand scharf nach links den
Kiesweg bergauf.

31,6/707 An der Verzweigung
rechts hinauf in Richtung
auf die Kirche. Nach
100 m in Frauenried gera-
deaus an der Kirche vor-
bei. Nach 80 m (nach der

33,7/757 Kirche) links bergauf.
Die B 472 schräg links
überqueren. Dann nach
rechts ab Richtung »Pot-

**Ein gottverlassener Winkel mag das
Schlierachtal anno dazumal gewesen
sein, wo dieses traurige Marterl steht.**

zenberg«. Nach 200 m vor dem Haus nach rechts abbiegen. Nach 100 m
an der Wegverzweigung links Richtung »Nr. 8«.

35,0/710 Die Straße Miesbach – A 95 geradeaus kreuzen. An dem Gemarkungs-
schild »Wallenburg« vorbei (2 ³/₄ Std.). Nach 900 m das Schloß links liegen
lassen, nach rechts abbiegen und auf schwierigem, steilem Schuttweg
ins Mangfalltal abfahren (200 m 15%↘, II). Nach 200 m rechts in den
zunächst geteerten Mangfalltalweg einbiegen.

36,4/655 An der Kreuzung entsprechend dem Radfahrerlogo geradeaus. Nach
500 m geradeaus bergauf. Nach 100 m unter dem Bauernhof links in die
ausgewiesene Sackgasse Richtung »Radfahrerlogo«.

38,8/650 Nach links entsprechend der Radfahrwegweisung über die Bahntrasse
und anschließend nach rechts in die Teerstraße. Die Mangfall auf der
Brücke überqueren.

40,4/632 Nach den Quellenfassungen an der Straßenverzweigung rechts und
nach 40 m unter der Bahnlinie hindurch. Nach 300 m entsprechend der
Radfahrwegweisung links in die Vorfahrtsstraße und die Mangfallbrücke
rechts liegen lassen. Nach 500 m vor dem Bahnübergang rechts ab, über
die Bachbrücke und an der Schranke vorbei (3 Std.). Nach 200 m an der
Blockhütte geradeaus.

44,7/620 Die Mangfallbrücke von Bruckmühl rechts liegen lassen und nach links

Ein gutes Stück erhebt sich der Irschenberg über die flachen Moore am Alpenrand, deshalb bietet er eine ideale Position, um die Aussicht auf die mit Schnee bedeckten Schlierseer Berge zu genießen.

in die Vorfahrtsstraße abbiegen. Nach 500 m unter der Mangfallbrücke der Autobahn rechts in den Quellenweg Richtung »Radfahrweg nach Holzkirchen«. Nach 140 m an der Straßenverzweigung dem Radwegweiser Richtung »Maxlmühle« folgen.

46,3 / 612 Am Wirtshaus Maxlmühle geradeaus vorbei. Dann die Radwegweisung nach Holzkirchen ignorieren und geradeaus weiterfahren. Nach 80 m rechts ab, an der Betonrinne entlang zum Mangfallufer hinunter und dort nach links in den Trialpfad abbiegen; nach 400 m schwieriges Gelände mit Schiebeeinlagen. An der Fußwegverzweigung im Wald nach links die steil ansteigende Pfadspur hinaufschieben.

47,6 / 610 Beim Wegedreieck auf der Bergrippe rechts geradeaus hinunter. Nach 100 m die Forststraßenkreuzung geradeaus überqueren. Nach 700 m nach rechts in die Teerstraße in Richtung auf die Mangfall abbiegen. Nach 50 m vor der Mangfallbrücke links in den geteerten Aumühlenweg (3¹/₂ Std.). Nach 250 m in der Linkskurve geradeaus in die als Sackstraße ausgewiesene Teerstraße. Nach 50 m an der Verzweigung links.

49,2 / 603 Es folgt ein mittelschwerer Offroad-Trail (I – II). Nach 200 m an der Anderlmühle vorbeifahren (500 m 6% ↗*, I – II).

50,1 / 632 In Hohendilching an der Kirche geradeaus vorbei auf den Maibaum zu. Nach 120 m an der Straßenverzweigung links Richtung: »Kreuzstraße

2 km«. Nach 180 m an der Straßeneinmündung rechts Richtung »Kreuzstraße«. Nach 1,5 km rechts abbiegen und über den Bahnübergang.
Gleich danach links zum Bahnhof Kreuzstraße.

52,4 / 622   S-Bahnhof Kreuzstraße.

Fahrstrecke: 0,0 Kreuzstraße/S-Bahnhof – 1,8 Rohrbrücke – 2,9 Mangfallbrücke – 5,0 Mangfallbrücke – 6,6 Sonderdilching (35 Min.) – 9,4 Ortsrand
Westerham – 11,4 »Gnadenleite« (1 Std.) – 15,1 Leitzach-Kraftwerk (1$^{1}/_{2}$ Std.) –
16,0 Vagen – 22,7 Irschenberg – 24,4 Wallfahrtskirche Wilparting – 28,9 Gestüt
Poschanger – 31,7 Frauenried – 35,9 Schloß Wallenburg (2$^{3}/_{4}$ Std.) –
36,1 Mangfalltal – 44,7 Mangfallbrücke/Bruckmühl – 46,3 Maxlmühle –
48,4 Mangfallbrücke von Valley (3$^{1}/_{2}$ Std.) – 50,1 Hohendilching –
52,4 Kreuzstraße/S-Bahnhof.
Orientierung: Immer wieder auf langen Strecken schlecht.
Beginn der Tour: Kreuzstraße/S-Bahnhof.
Autoanreise: Autobahn A 8 bis Ausfahrt Holzkirchen; in Holzkirchen rechts
Richtung Kreuzstraße abbiegen.
Bahnanreise: S-Bahnhof Kreuzstraße.
Fahrt zum Startort: In Kreuzstraße dem Wegweiser zum S-Bahnhof folgen.
Alternative Startorte: Vagen, Irschenberg, Miesbach/Bahnhof.
Streckenprofil: 34,5 km Teerstraße, 16,2 km Piste (ca. 3 km II), 1,7 km Trial III,
davon 1,0 km Schieben.
Landschaftsbild: 85 % Wald und Waldschluchten, 15 % Weideland und Äcker.
Achtung: Kfz-Verkehr und Forstfahrzeuge.
Sturzgefahr: Sumpf und Lehm, grober Schutt und Wildholz, Wurzeln, Ero-
sionsrinnen, welkes Laub mit darunter versteckten »Überraschungen«, unge-
naues Fahren.
Rast: Wirtshaus Schiffer in Vagen, Gasthaus an der Kapelle Wilparting, Brau-
haus Valley sowie Gasthäuser in allen anderen Orten am Weg.
Karten: Bayerisches Landesvermessungsamt, 1:50 000 »Mangfallgebirge«.
Übernachten: Fremdenverkehrsamt Miesbach, Tel. 0 80 25 / 2 83 21.
Anschlußtouren: Nr. 14, Spange 15 – 24.
Tip: Nach Regenfällen ist die Tour wegen der nassen Gnadenleite zwischen
Sterneck und dem Leitzachkraftwerk bei Vagen nicht zu empfehlen!
Sehenswertes: Wallfahrtskapelle Wilparting, Schloß Wallenburg (von
außen), Fentbachschanze.

Murnauer Moos

Von Eschenlohe über die Ramsachkapelle und Ohlstadt um das Murnauer Moos

Charakter: Leichte Tour am Fuß der Ammergauer Berge auf gut gekiesten Pisten.
Streckenschwierigkeit: Durchgehend I; 3,6 km 6% ↗; 4,2 km 5% ↘, 400 m 6% ↘, 100 m 9% ↘, 200 m 14% ↘.
Streckenlänge: 33,3 km.
Höhenmeter: 295 Hm.
Fahrzeit: 1 ³/₄ Std.

Wolkenfetzen greifen nach den Gipfeln am Südrand des Murnauer Mooses; bald wird dem Biker Regen ins Gesicht schlagen – mountainbiking is fun ...

Während der letzten Eiszeit war das Murnauer Moos Stammbecken des Loisachgletschers. Da dieser Eisstrom den Ammersee ausgehoben hat, wird er Ammergletscher genannt. Von allen Alpenvorlandgletschern transportierte er seinen Moränenschutt am weitesten nach Norden. Dabei schaffte er es, die den Alpen vorgelagerten Süßwassermolasse-schwellen des Hohenpeißenbergs und dessen Ausläufer zu überfahren

113

oder zu umschiffen. Im diesem Gletscherbecken sammelte sich zunächst das Gletscherschmelzwasser zu einem See, den die Loisach im Lauf der Zeit mit Geschiebe vollschwemmte. Der See verlandete, und nach und nach entstand das Murnauer Moos, so wie es heute vorliegt.

Das Murnauer Moos ist der letzte, unkultivierte Moorkomplex im gesamten Alpenraum. Abseits der aufgeschütteten Wegdämme gibt es kleine Seen und zahlreiche unverfestigte Gebiete, weshalb es nicht ratsam ist, die Wege zu verlassen. Jahr für Jahr überschwemmen Hochwasser im Frühling und Sommer das Moor und führen den Flächen neue, frische Geschiebemengen und Sedimente zu, die auch Samen von Alpenpflanzen enthalten. Vorrangig wachsen hier jedoch Pflanzen der Feuchtzone, und nur in den stärker verfestigten Zonen leuchtet im Frühjahr das klare Blau des Stengellosen Enzians.

Blickt man von der Forststraße, die von Eschenlohe nach Grafenaschau an den Flanken von Ettaler Mandl und Auffacker entlangführt, über das Moor, so fällt mitten in den Rieden eine felsige Insel auf – der Bichl. Er besteht aus verhärteten Ablagerungen der Kreidezeit, die die Härte des Basalt erreichen und unter dem Namen Magnesit industriell verwertet werden.

Die Route

0,0/636   Vom Bahnhof Eschenlohe gleich nach rechts in die Anliegerstraße zwischen dem Gasthaus Werdenfels und dem Gleiskörper. Nach 400 m am Straßendreieck geradeaus auf die Kirche zu. Nach 40 m geradeaus über die Kreuzung (Achtung, die Querstraße ist oft stark befahren, da Zubringer zur Autobahn!) in die Michael-Fischer-Straße. Die Kirche rechts liegen lassen. Nach 90 m zwischen Feuerwehr und Kriegerdenkmal nach rechts in die Höllensteinstraße. Nach 270 m geradeaus durch die Unterführung. Nach 70 m geradeaus auf der Teerstraße weiter. Nach 400 m an der Kreuzung geradeaus durch die Autobahnunterführung. Nach 290 m auf der Teerstraße in das Höllensteintal. Nach 500 m rechts ab in den zweiten Rechtsabzweig nach der Autobahnunterführung (Piste).

2,6/632   Links ab in die Teerstraße.

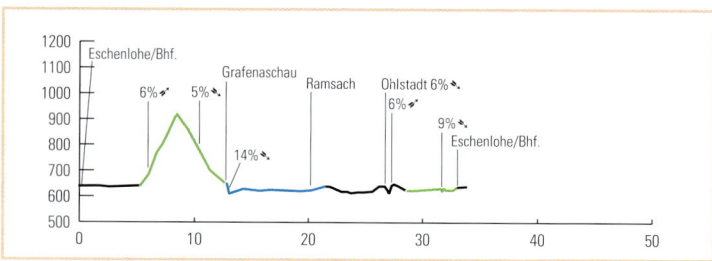

5,3 / 641 Nach der einzelnen Baumreihe links in den für Radfahrer freigegebenen Forstweg. Nach 700 m den Rechtsabzweig ignorieren (3,2 km 6%↗).

9,4 / 858 An der großen Verzweigung rechts Richtung »Grafenaschau« (1½ Std.).

11,3 / 700 In Grafenaschau rechts ab in die Birkenallee, dann nach links in die Aschauer Straße.

12,8 / 648 Vor der Brücke über den Lindenbach rechts abbiegen Richtung »Lindenbach/Ramsach, Murnau«.

14,2 / 628 Die beiden aufeinanderfolgenden Rechtsabzweiger ignorieren.

16,6 / 625 Den nach links abzweigenden Moosweg Nr. 5 liegen lassen und geradeaus weiter.

20,2 / 623 Bei Ramsach (Gasthaus) über den Bach, dann rechts ab in die Teerstraße. Nach 20 m die Abzweigung nach Mühlhabing rechts liegen lassen. Nach 300 m rechts ab Richtung »München, Garmisch«.

21,4 / 638 Die B 2 nach schräg links zum Fuß-/Radweg überqueren und nach rechts hinunterfahren. Nach 1,5 km links Richtung »Radweg Ohlstadt« abbiegen. Nach 60 m rechts Richtung »Ohlstadt« und über die Ramsachbrücke. Nach 280 m rechts Richtung »Ohlstadt« und gleich wieder rechts. Nach 140 m an der Wegverzweigung nach rechts Richtung »Schwaiganger-Rundweg«.

24,3 / 617 Nach links in die Teerstraße, und über die Loisachbrücke. Nach 400 m an

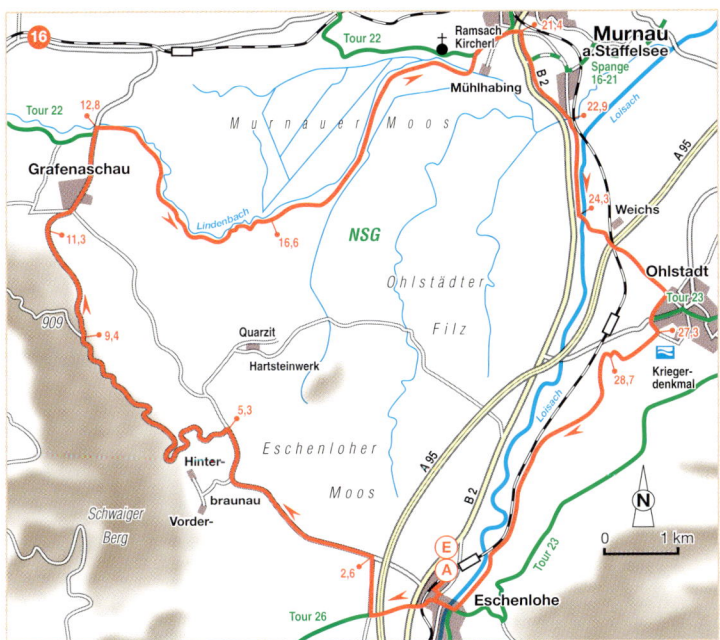

Aussichtsreich liegt der Hof von Guglhör auf dem Kamm des Murnauer Molasse-riegels; ob sich der Nachwuchsbiker für den Bergblick interessiert?

	der Verzweigung links über die Bahnlinie und auf Ohlstadt zuhalten.
26,2 / 640	In Ohlstadt geradeaus in die Weichsenerstraße. Am Marterl die Quer-straße geradeaus Richtung »Verkehrtsamt« kreuzen (Hauptstraße). Nach 300 m gegenüber der Post rechts ab Richtung »Solarfreibad«. Nach 100 m geradeaus in die Bürgermeister-Mayer-Straße. Nach weiteren 100 m geradeaus in den Fußweg und über die Wiese (6% ⬧). Nach 300 m nach rechts in die Teerstraße und nach 40 m am Marterl links in den Wiesenweg. Nach 180 m den Parkplatz geradeaus queren und auf dem Fußweg zwischen Parkplatz und Bach rechts Richtung »Eschenlohe«.
27,3 / 643	Am Warmfreibad (Solarfreibad) auf der Teerstraße nach links über die Bachbrücke und nach 600 m links Richtung »Eschenlohe«. Nach 40 m rechts Richtung »Eschenlohe« in den Buchenweg. Dann nach 170 m links weiter Richtung »Eschenlohe«.
28,7 / 622	An der Verzweigung rechts auf die Kiespiste.
32,6 / 624	In Eschenlohe über die Loisachbrücke. Anschließend geradeaus auf das Kriegerdenkmal zuhalten, dann rechts ab. Nach 600 m links zum Bahnhof Eschenlohe abbiegen.
33,3 / 636	Bahnhof Eschenlohe.

Dieser Paradeblick auf das Wettersteingebirge bietet sich bei Hagen, im Bildvordergrund die Birken- und Latschenhaine des Murnauer Loisachmooses.

Fahrstrecke: 0,0 Bahnhof Eschenlohe – 11,3 Grafenaschau (1 ¼ Std.) –
20,2 Ramsach – 26,2 Ohlstadt – 33,3 Bahnhof Eschenlohe.
Orientierung: Gut.
Beginn der Tour: Eschenlohe.
Autoanreise: Autobahn A 95 bis Ausfahrt Eschenlohe.
Bahnanreise: Bahnhof Eschenlohe, Interregio- und Fernverkehr.
Fahrt zum Startort: In Eschenlohe zum Bahnhof fahren.
Alternative Startorte: Murnau, Ohlstadt.
Streckenprofil: 8,6 km Teerstraße, 24,7 km Piste.
Landschaftsbild: 10 % Wald, 90 % Auen- und Moorlandschaft.
Achtung: Wanderer und Kraftfahrzeuge.
Sturzgefahr: Schlaglöcher.
Rast: Gasthaus an der Ramsachkirche, Eschenlohe.
Karten: Bayerisches Landesvermessungsamt, 1:50 000 »Werdenfelser Land
und Karwendelgebirge«.
Übernachten: Fremdenverkehrsamt Murnau, Tel. 0 88 24 / 82 28.
Anschlußtouren: Nr. 22, 23, 26; Spange 16 – 21.
Sehenswertes: Ramsachkapelle, Kirche von Eschenlohe.

Kochelsee

Von Sindelsdorf über Kochel und Schlehdorf um Kochelsee und Loisachmoos

Charakter: Größtenteils leichte Tour. Herrliche Gebirgsblicke, stille Hochmoore.
Streckenschwierigkeit: 36,1 km I, 1,1 km III (oder schieben) am Felsenweg, Alternative im Längental 3,6 km II+; 200 m 9 % ↗, 400 m 15 % ↗, 1,5 km 8 % ↘, 500 m 25 % ↘, 200 m 14 % ↘.
Streckenlänge: 37,2 km, Alternative im Längental 40,8 km.
Höhenmeter: 95 Hm, Alternative im Längental 260 Hm.
Fahrzeit: 2 Std., Alternative im Längental 2¹/₂ Std.

Ein kühler Wind weht auf dem Kochelsee: Sanftes Licht streift die Berge – waren es solche Stimmungen, die den hier lebenden Maler Franz Marc inspirierten?

Das Kochelseemoos und das benachbarte Sindelsdorfer Moos samt Fichtsee sind typische voralpine Hochmoore mit einem großen Legföhrenbestand und teilweise auch dichtem Heidebewuchs. Menschliche Besiedlung kennt dieses bis auf den Kochelsee verlandete Gletscherbecken seit etwa 3000 Jahren. Diese ersten Menschen hatten sich auf der sogenannten »Birg«, einem kleinen, felsigen Gipfel am Südufer des Kochelsees, festgesetzt. Die dort aufgefundenen Wallanlagen und

Tonscherben datieren die Archäologen in die Urnenfeldwanderzeit. Damals sind vermutlich fremde Volksstämme in die Gegend eingedrungen. Eine bis dahin unbekannte Bestattungsart, die Leichenverbrennung, setzte sich durch, bis überhaupt keine Toten mehr unter einem Hügel bestattet wurden. Doch gab es – wie im Landkreis Weilheim-Schongau – Übergangsformen, bei denen man die Toten zwar verbrannte, dann aber doch wieder unter Grabhügeln beisetzte. Die Wallanlagen auf der uneinnehmbaren »Birg« waren wohl gleichermaßen Wegstation als auch Fliehburg.

Die spätere Besiedlung der Moorlandschaft um den Kochelsee ging vom Kloster Benediktbeuern aus. Dieses wurde 739 von dem Bayerischen Uradelsgeschlecht der Huosi gegründet und ist Bayerns ältestes Kloster. Als Karl der Große 790 dem Kloster die Speiche des rechten Unterarms des heiligen Benedikt schenkte, benannte man es um in »Buron zu Benedicto Buranum«, woraus im Laufe der Jahrhunderte dann »Bendiktbeuern« wurde.

Die Bikeroute führt in zwei Varianten am Südufer des Kochelsees entlang; die Variante über das Längental zeigt fast schon alpine Züge. Sie beginnt mit einer kurzen, aber recht steilen Auffahrt, und die Abfahrt erfolgt im oberen Teil auf erodiertem Karrenweg. Mit weniger Höhenmetern, doch zahlreichen Trage- und Schiebepassagen kommt man bei der Wahl des Felsenwegs aus, der sich am senkrechten Fuß des Herzogstands entlangschlängelt. In der Ferne des Gegenufers flimmern die Moosflächen über der schwarzblauen Seefläche, und die Zwiebelhauben des Klosters Schlehdorf grüßen herüber.

Die Route

0,0/624	Vom Parkplatz in Sindelsdorf geradeaus Richtung Moor und Berge fahren. Nach 200 m den Linksabzweiger liegen lassen und 400 m weiter nach der kurzen Abfahrt nach links abbiegen. Nach 200 m die Rechtsabzweigung meiden. Erst nach weiteren 200 m nach rechts abbiegen.
1,8/606	Hier und an allen weiteren Abzweigungen sowie an der Kreuzung geradeaus weiter.
2,7/603	Vor dem stark verwachsenen Loisachufer nach links in den Dammweg einmünden.
3,4/602	Nach rechts in die B 472 abbiegen und die Loisach queren. Kurz vor Ende der Brückenauffahrt links hinunter und an der Schranke vorbei, dann am Loisachdamm rechts.
4,4/600	Nach links entsprechend dem Wegweiser in den Prälatenweg einmünden.
5,6/602	An der Verzweigung nach rechts in den breiten Traktorweg abbiegen, der die Wiese quert. Nach 400 m links in den breiten, betonierten Fahrweg einfahren. Nach 100 m an der Kreuzung mit dem Wiesenweg nach dem Schilfstreifen nach rechts auf den Kiesweg.
6,8/612	An der Kreuzung geradeaus auf die mit Betonformsteinen gepflasterte

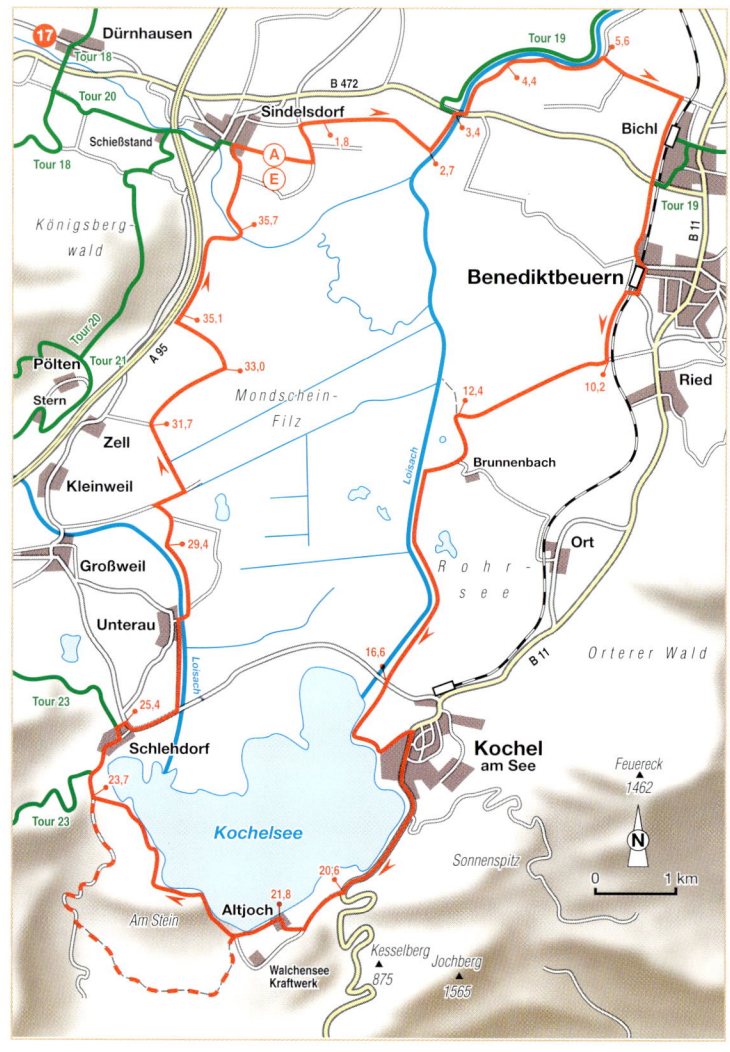

Piste. Nach 600 m die Querstraße kreuzen und auf geteertem Weg weiter.
Nach 70 m die B 472 überqueren und auf den Stadl zuhalten. Nach 200 m
an der Sitzbank nach links einmünden.

8,0/617 Nach rechts in die Teerstraße abbiegen und parallel mit dem Gleiskörper
Richtung »Benediktbeuern« fahren. Nach 900 m vor dem großen Wirt-

Esoteriker könnten meinen, das Kloster Benediktbeuern sei auf einen »Platz der Kraft« gebaut. Wie sonst läßt es sich erklären, daß es mitten im Loisachmoos steht?

schaftsgebäude des Klosters Benediktbeuern links Richtung »Kochel am See«. Dann die Bahnlinie am Bahnübergang kreuzen (Bahnhof 100 m weiter links). Nach der Bahnlinie rechts in die Riedstraße.

9,2 / 618 Rechts ab und die Bahn überqueren und gleich nach links in den Spatzenpointweg. Nach 300 m geradeaus weiter.

10,2 / 618 An der Bahnunterführung (linker Hand) rechts in den ca. 25 m weit geteerten Weg abbiegen. Nach 300 m an der Straßenverzweigung Richtung »Brunnenbach/Kochel«. Nach 50 m links.

12,4 / 6,1 An der Kreuzung zur Brücke hinauf, anschließend links ab Richtung »Kochel«. Nach 700 m am Wegedreieck den Prälatenweg geradeaus Richtung »Kochel am See« verlassen und fortan dem grünen Wegweiser folgen.

15,5 / 599 Am Wegedreieck nach rechts über die Brücke Richtung »Kochel«.

16,6 / 603 Die Vorfahrtsstraße queren und weiter Richtung »Trimini« in die Trimini- straße. Nach 300 m gegenüber dem freien Platz mit der Schranke nach rechts in den Kochelsee-Uferpark.

17,8 / 600 Nach links den Teerweg hinauf Richtung »Kochelsee-Südufer, Altjoch, Walchenseekraftwerk«. Nach 40 m rechts den Parkweg hoch Richtung »Kochelsee-Südufer«. Oben nach links in die Bayerbachstraße. Nach 400 m in Kochel nach rechts in die B 11 abbiegen.

18,9 / 603 Wer den Kfz-Verkehr scheut, fährt auf dem Fußweg Richtung »Urfeld, Walchenseekraftwerk«. Doch leider geht es auch dort schon nach 250 m auf die B 11 zurück. Nach 600 m Straßenfahrt nach dem Hotel rechts in den geteerten Uferweg abfahren, der ebenfalls wieder zur B 11 aufschließt.

20,6 / 618 Rechts ab Richtung »Altjoch, Walchenseekraftwerk«. Nach 800 m nach den Häusern rechts Richtung »Felsenweg, Kocheler Höhenweg, Schleh-

Herbstliches, flach einfallendes Sonnenlicht bescheint die Nasen der Kühe und die des Bikers; im Hintergrund ruht das Sindelsdorfer Loisachmoos im Morgendunst.

dorf«. Nach 100 m an der Kapelle geradeaus vorbei Richtung »Felsenweg«.

21,8/601 Am Seeufer links Richtung »Felsenweg« und nach 300 m am Wegweisermasten geradeaus die Wiese überqueren. Nach weiteren 300 m nach rechts in den Traktorweg. Nach der Eisensperre links durch die Weideschleuse Richtung »Felsenweg, Schlehdorf«. Nach 800 m an der Wegverzweigung rechts zum »Felsenweg« (III).

23,7/601 An der Fußwegverzweigung rechts Richtung »Schlehdorf«. Nach 300 m an der Verzweigung rechts in die Teerstraße.

25,4/603 Nach rechts in den geteerten Karrenweg. In Schlehdorf neben dem Gasthof »Klosterbräu« nach rechts in die Vorfahrtsstraße abbiegen.

27,1/603 Vor der Loisachbrücke links Richtung »Unterau«. Nach 1,2 km bei Unterau nach rechts über die Loisachbrücke, dann links.

29,8/605 Den Damm mit den Traktorspuren nach rechts verlassen und nach 400 m nach links in die Teerstraße einmünden. Nach 200 m rechts Richtung

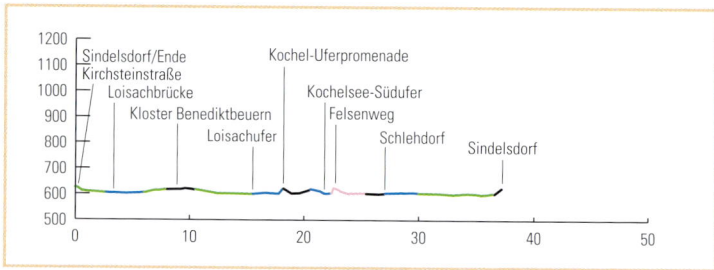

Bei der recht steilen Auffahrt ins Längental zu den Vorbergen des Herzogstands kommt auch der routinierte Biker bald ins Schwitzen.

	»Benediktbeuern, Moosrundweg«. Nach 400 m nach links in die Teerstraße abbiegen.
31,7/602	Nach rechts auf den Weg mit den Betonformsteinen abbiegen.
33,0/598	An dem großen Stadl (rechter Hand) nach links auf der Betonbrücke über den kleinen Kanal. Nach 930 m vor der Autobahn rechts.
34,2/602	Die Autobahnbrückenauffahrt des geteerten Landwirtschaftswegs kreuzen.
35,1/600	Nach dem Autobahnparkplatz (linker Hand) rechts in die gekieste Straße abbiegen.
35,5/597	Nach der grünen Bachbrücke links.
36,6/603	In Sindelsdorf rechts in die Kirchsteinstraße, hier geradeaus bergauf zum Parkplatz.
37,2/624	Sindelsdorf/Parkplatz auf dem Hügel am Moos.

Variante:

Über das Längental

21,8/601	Richtung »Felsenweg« am Seeufer links und nach 300 m am Wegweisermasten geradeaus die Wiese überqueren. Nach weiteren 300 m nach rechts in den Traktorweg. Nach der Eisensperre links in Richtung auf das Kraftwerk. Nach 40 m rechts (nach dem rechter Hand stehenden Stadl) Richtung »Kocheler Höhenweg, Schlehdorf« (200 m 9%↗, 400 m 15%↗).
23,1/755	Am Wegedreieck links (geradeaus) Richtung »Höhenweg« und weiter am Jochbach entlang. Nach 300 m am Wegedreieck vor der Jochbachbrücke geradeaus Richtung »Schlehdorf« (der entsprechende Wegweiser hängt links vor der Brücke am Baum). Nach 300 m geradeaus Rich-

tung »Rundweg Schlehdorf«. Nach 200 m steiniger, enger Trail (II–, insgesamt 1,5 km 5% ↘.).

24,3 / 760 Nach rechts Richtung »Höhenweg« einmünden, etwas schwierige Abfahrt mit Querrinnen und Bachfurten. Nach 900 m an der Wegverzweigung geradeaus Richtung »Schlehdorf …« (500 m 25% ↘., 200 m 14% ↘.). Nach 100 m Beginn einer Kehrenstrecke zum Kochelsee-Südufer.

26,3 / 636 Hier mündet rechts der erste Fußweg Richtung »Felsenweg«. Nach 1 km folgt der zweite Zugang zum Felsenweg; ab hier auf der Hauptroute ab 23,7 km weiterfahren.

Fahrstrecke: 0,0 Sindelsdorf – 3,4 B 472 Loisachbrücke – 7,5 B 472 – 8,9 Kloster Benediktbeuern – 17,8 Kochel – 22,6 »Felsenweg« (oder Variante durch das Längental) – 26,5 Schlehdorf – 27,1 Loisachbrücke/Unterau – 37,2 Sindelsdorf.

Orientierung: Durch weitgehend übersichtliche Wegweisung ausreichend.

Beginn der Tour: Sindelsdorf bzw. Bahnhof Benediktbeuern.

Autoanreise: Autobahn A 95 bis Ausfahrt Sindelsdorf. In die B 472 Richtung Bichl nach rechts abbiegen. Nach der Autobahnunterführung rechts nach Sindelsdorf fahren.

Bahnanreise: Bahnhof Bichl.

Fahrt zum Startort: An der Kreuzung im Dorfkern schräg rechts, dann links in die Saliterstraße. Anschließend rechts und dann links in die Kirchsteinstraße abbiegen, schließlich bis zum Straßensperrschild und zum Parkplatz auf dem Hügel fahren.

Alternative Startorte: Bichl, Benediktbeuern, Kochel, Schlehdorf.

Streckenprofil: 16,0 km Teer, 20,1 km Piste, 1,1 km Trial/Schieben (»Felsenweg« III).

Landschaftsbild: 70 % Hochmoor, 25 % Seeufer, 5 % alpine Umgebung.

Achtung: Wasser- und Sumpfvögel, Weide- und Wildtiere, Fußgänger und gegebenenfalls auch Kraftfahrzeuge.

Sturzgefahr: Querrinnen, Furten bei der Längentalabfahrt, Lehmlöcher und Wildholz im Loisachmoos.

Rast: Gasthaus Brunnenbach im Loisachmoos, Gasthäuser in Bichl, im Klosterbräustüberl im Kloster Benediktbeuern, Gasthäuser in Benediktbeuern, Kochel und Schlehdorf.

Übernachten: Fremdenverkehrsverein Kochel am See, Tel. 0 88 51 / 33 8.

Anschlußtouren: Nr. 19, 20, 23.

Karten: Bayerisches Landesvermessungsamt, 1:50 000 »Bad Tölz – Lenggries«.

Anmerkung: Die Variante durch das Längental ist durchgehend Piste und verlängert die Gesamtfahrstrecke um 5, 4 km; *empfehlenswerter als der »Felsenweg«.*

Sehenswertes: Kloster Benediktbeuern, Franz-Marc-Museum in Kochel, Kloster Schlehdorf.

Fünf-Seen-Land

18

Vom Starnberger See über die Osterseen zu Riegsee, Staffelsee und Ammersee

Charakter: Sehr lange, aber fast durchwegs leichte Tour in einzigartiger Umgebung
Streckenschwierigkeit: 88 km I, 3,3 km I+; 400 m 5% ↗, 900 m 9% ↗, 700 m 10% ↗, 300 m 11% ↗; 700 m 6% ↘, 300 m 9% ↘, 800 m 10% ↘, 300 m 11% ↘, 300 m 12% ↘, 300 m 14% ↘, 200 m 15% ↘, 100 m 19% ↘.
Streckenlänge: 91,3 km.
Höhenmeter: 1480 Hm.
Fahrzeit: 5 ³/₄ Std.

Im Riegsees spiegeln sich Föhnfische, und die Häuser von Murnau heben sich gegen das walddunkle Ammer- (rechts) und Estergebirge (links) ab.

Vor etwa 10 000 Jahren, als die Eiszeit ihrem Ende zuging, trat das Land schier vegetationslos ans Tageslicht zurück. Riesige Schmelzwasserseen brandeten im Wind gegen blankliegenden Moränenschutt und stauten sich vor dem uralten Molasseriegel, der sich vom Hohenpeißenberg über die Aidlinger Höhe, den Königsberg und Buchberg bis zum Taubenberg erstreckt. Mit jedem Regen, mit jeder Schneeschmelze stiegen die aufgestauten Wasserspiegel an. Doch die dick und hoch auf-

125

Landkreis Starnberg

getürmten Randmoränen hielten zusammen mit den Nagelfluhschichten früherer Vereisungsperioden dem Wasseransturm stand – so lange, bis ein winziges Rinnsal über die Gipfel der Schutthügel floß und schnell zum mahlenden Strom anschwoll und Urstromtäler aufriß. Die gewaltigen Voralpenseen flossen nach Norden ab. Aus den Alpen nachdrängende Schmelzwassermassen der dort immer noch mächtigen Gletscherflächen brachten Geschiebeschutt mit, der die weit ausgeschürften Seewannen auffüllte. Doch die Randmoränengebiete blieben in ihren ursprünglichen Formen erhalten. Zwischen Eberfing und dem Westufer des Starnberger Sees wachsen die eigentümlichen Drumlins, eiförmige, nord-süd-gerichtete Hügelgruppen, aus dem Boden. Ursprung und Ausführung dieser Drumlins lagen in der gestaltenden Kraft der eiszeitlichen Gletscher. Die zahlreich vorhandenen Spannungsrisse der riesigen, mehrere 100 Meter dicken Eispanzer – die Gletscherspalten – schoben den abgeschmirgelten Gesteinsschutt zu diesen gleichmäßig gerichteten und geformten Hügelchen zusammen.

Als das Eis abgetaut war, blieben sie als eiszeitliche Relikte erhalten. Ihr naturgegebener Bewuchs ist der Trockenrasen, und hie und da wächst der Wacholder und der piksige Taxus. Zwischen den Drumlins liegen oftmals abflußlose Senken, in denen wilde Erlen- und Weidengehölze in arkadischer Ruhe schlummern.

Doch sind diese Hügelformen und die dazwischenliegenden Senken nur schwer aus der Horizontalen zu erkennen. Erst das Luftbild gibt einzigartig Aufschluß über diese glazial geprägte Landschaft. Den Biker erfreuen wohl eher nahe liegende Annehmlichkeiten – wie die Wärme der Seen, die schmucken Dorfkirchen und Weiler mit den alten Bauernhäusern und sicher auch die gemütlichen Biergärten, die von der Route gestreift werden.

Die Route

0,0/610   Vom Parkplatz am S-Bahnhof Tutzing das Bahnhofsgebäude rechts liegen lassen und nach rechts auf die Doppelgarage zufahren. Dort in den Fußweg Richtung »See/Ilkahöhe«. Nach 300 m am Tutzinger Keller links den breiten Kiesweg hinunter. Nach 40 m die Teerstraße queren. Nach 80 m beginnt ein Fußweg, der bald wieder eine Teerstraße wird. Nach 110 m rechts neben der Metallbaufirma in den Fußweg einfahren. Nach 80 m rechts in den Radweg. Nach 250 m links durch die Fußgängerunterführung und nach 70 m rechts.

1,2/588   Am Tennisclub scharf rechts in die Lindenallee (König-Ludwig-Weg). Nach 420 m den geteerten Rechtsabzweiger ignorieren und geradeaus in den ungeteerten Fuß-/Radweg. Nach 100 m vor dem eingezäunten Kinderspielplatz links Richtung »Bernried« in den Höhenriederweg. Nach 170 m nach der Bachbrücke die Kreuzung geradeaus passieren. Nach 210 m den Rechtsabzweiger ignorieren und weiter geradeaus auf dem Höhenrieder Weg bleiben. Nach 310 m am südlichen Ortsrand von Unterzeismering an der Hauptstraße links in den Radweg einfahren. Nach

390 m links ab in den breiten, geteerten Rad-/Fußweg und nach 90 m links in den gekiesten Weg. Nach 390 m den Abzweiger rechts liegen lassen.

4,2/613 Die Klinikzufahrt geradeaus Richtung »Königsweg, Bernried« überqueren. Nach 170 m an Höhenried vorbeifahren. Nach 630 m nach dem schmiedeeisernen Portal links in Richtung »Schloßberg-Dampfersteg«. Nach 430 m an der Wegegabelung links, und in Bernried zuerst am Seeufer, dann am Jachthafen entlangfahren. Nach 150 m rechts die Teerstraße kurz bergauf und gleich links Richtung »Dampferanlegestelle«. Nach weiteren 150 m links den Teerweg zum See hinunter.

6,0/583 Am Dampferanlegesteg links Richtung »S.-Promenade« (rechter Hand Kloster Bernried). Nach 400 m links die schmale Teerstraße hinunter.

8,3/590 Nach links in den Prälatenweg einmünden und nach 200 m links weiter Richtung »Prälatenweg«. Nach 100 m rechts ab in Richtung »Prälatenweg« (geradeaus herrscht ein offizielles Radfahrverbot!). Nach 200 m den Rechtsabzweiger ignorieren und nach 600 m am Wegedreieck links Richtung »Prälatenweg«.

10,1/586 Auf die rechte Seite der Fahrstraße wechseln, nach 300 m am Gasthaus Seeseiten vorbei. Nach 500 m nach rechts Richtung »Bahnhof« und »Weilheim«. Nach 500 m nach dem Ortsschild »Seeshaupt« die Kreuzung geradeaus Richtung »Bahnhof« überqueren.

12,1/593 Nach dem Bahnhof rechts ab über den Bahnübergang Richtung »Eberfing«. Nach 100 m links in den »Unteren Flurweg« abbiegen. Nach 170 m an der Straßenverzweigung an dem rot-weiß-rot markierten Findling links und an der Bahnlinie entlang leicht bergauf bis zur Rechtskurve der Teerstraße. Nach 230 m dann am Stahlzauntor links auf die gekieste Forststraße. Nach 200 m am Wegedreieck am Waldrand rechts abwärts. Nach 130 m folgt das nächste Wegedreieck; hier links bergauf.

13,5/590 An der Wegverzweigung geradeaus Richtung Wegweiser »Lauterbach«. Nach 600 m nach rechts einmünden. Nach 200 m am Kahlschlag vor dem Zaun nach links einmünden.100 m weiter am Wegedreieck Richtung Wegweiser »Lauterbacher Mühle«. Nach 300 m rechts Richtung »Lauterbacher Mühle« und nach 200 m an der Kreuzung geradeaus, am Wegedreieck den großen Baumstumpf rechts liegen lassen. Dann links weiterfahren.

15,3/585 Nach rechts in die Teerstraße; nach 20 m links Richtung Wegweiser »Osterseen-Rundweg« in den für Reiter verbotenen Weg abbiegen.

17,1/590 Am Wegedreieck mit der Schautafel geradeaus Richtung Wegweiser »Rundweg Osterseen«. Nach 300 m am Waldrand am Schild Richtung Wegweiser »Lauterbach«. Rechts auf schmalem Fußweg zum Großen Ostersee hinunter. Nach 100 m links Richtung Wegweiser »Rundweg Osterseen« (30 m langer Wurzelpfad, I+). Danach links und nach 210 m am Wegedreieck geradeaus am Seeufer weiter.

18,7/580 Den Linksabzweig zum Fohnsee ignorieren. Nach 600 m die beiden aufeinander folgenden Linksabzweigungen ebenfalls ignorieren. Nach 700 m am Wegedreieck mit der Grasinsel links in die Teerstraße. Nach 60 m den Linksabzweig nach Iffeldorf außer acht lassen und weiterhin der Teerstraße folgen. Nach 560 m links und nach 100 m die Teerstraße

Landkreis Starnberg

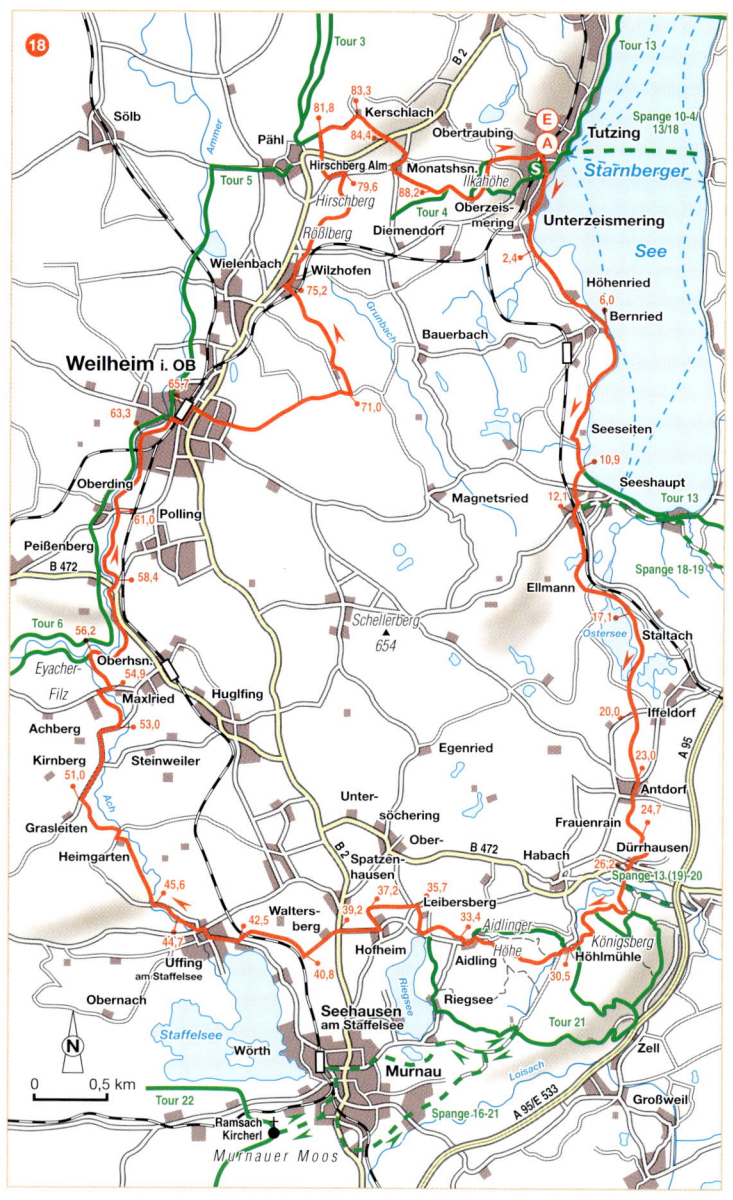

18

Sölb

Pähl

Tour 3

Tour 5

83,3
81,8
84,4   Kerschlach
Obertraubing
Hirschberg Alm   Monatshsn.
79,6   Ilkahöhe
Hirschberg   88,2
Tour 4   Oberzeis-
Rößlberg   mering   Oberzeismering
Diemendorf

Wielenbach

Wilzhofen
75,2

Grunbach

B 2

Tour 13
Spange 10-4/
13/18
E
A   Tutzing
S
Starnberger
See

Unterzeismering

2,4

Höhenried
6,0   Bernried

Bauerbach

Weilheim i. OB
65,7
63,3

71,0

Seeseiten

10,9   Seeshaupt
Tour 13

Oberding

Polling

61,0

Peißenberg
B 472

58,4

Tour 6   56,2

Oberhsn.
54,9
Maxlried

Achberg   53,0

Kirnberg   51,0

Steinweiler

Huglfing

Eyacher-
Filz

Ach

Grasleiten

Heimgarten

45,6

Uffing
am Staffelsee

44,7

42,5
40,8

Obernach

Staffelsee   Wörth

Magnetsried
12,1

Schellerberg
▲ 654

Ellmann

17,1   Staltach
Ostersee

20,0   Iffeldorf

23,0   A 95

Antdorf
24,7

Frauenrain

Dürrhausen
26,2   Spange 13 (19)-20

Unter-
söchering
Ober-

B 2   Spatzen-
hausen

Egenried

B 472   Habach

35,7
37,2   Leibersberg
39,2   33,4   *Aidlinger*
Waltersberg   *Höhe*   *Königsberg*
Hofheim   Aidling   30,5   Höhlmühle

Seehausen
am Staffelsee

Riegsee

Tour 21   Zell

Ringsee

N

0   0,5 km

Tour 22

Ramsach
Kircherl

Murnauer Moos

Murnau
Loisach
Spange-16-21   A 95/E 533

Großweil

128

überqueren, anschließend in den gesperrten Traktorweg einfahren.
Nach 380 m an der Wegverzweigung auf der Wiese links leicht bergauf in
die Linkskurve.

23,0 / 611 In Antdorf nach rechts in die Hauptstraße abbiegen. Nach 300 m links in
den Frauenrainerweg. Nach 400 m die beiden aufeinanderfolgenden
Linksabzweiger ignorieren und rechts auf den Hügel mit der Kapelle zuhalten. Nach 200 m an der dreifachen Wegverzweigung den rechten Weg
nehmen. Dort geradeaus weiterfahren.

24,7 / 655 In Frauenrain rechts in Richtung auf die Kirche. Dann dieselbe rechts liegen lassen und links in die Teerstraße abbiegen. Nach 150 m nach rechts
zu dem Anwesen hinauf (10% ✔). Nach 60 m (Höhe 662 m) am Schild
»Zimmer frei« linker Hand den Traktorweg hinauf. Nach 400 m am Zaun in
die Rechtskurve zu den Bäumen. Anschließend noch vor den Bäumen
links auf den Stadl zufahren; diese Strecke kann im Sommer zugewachsen sein. Wenn man sich an diese Wegbeschreibung hält, trifft man nach
200 m auf einen mit Betonformsteinen gepflasterten Feldweg. Auf die
Leitplanke geradeaus zuhalten und dann nach links hinunter (800 m
10% ✔). Nach 500 m nach rechts einmünden.

26,2 / 622 In Dürnhausen rechts einmünden und nach 200 m am Brunnen unterhalb
der Kirche links. Nach weiteren 200 m links durch die Straßenunterführung. Anschließend rechts und dann nach links in die Schloßbergstraße. Nach 400 m an der Kreuzung nach dem Bach geradeaus unter
der großen Hochspannungsleitung hindurch auf den mit Betonformsteinen gepflasterten Weg den Königsberg hinauf (600 m 10% ✔).

28,0 / 701 Ende der Teerdecke, nach 300 m erneuter Beginn der Teerdecke. Nach
200 m wieder Teerende. Nach 500 m geradeaus Richtung Wegweiser
»Höhlmühle«. Nach 100 m am Wegedreieck analog dem Wegweiser
»Höhlmühle« rechts ab. Nach 900 m an einem großen Wegedreieck vor
einem tief eingeschnittenen Quertal rechts steil bergab (200 m 7% ↘).
Nach 700 m am folgenden Wegedreieck geradeaus der Wegweisung
»Höhlmühle« folgen (12% ↘).

30,5 / 705 Beim Forsthaus Höhlmühle nach links ab in die Teerstraße. Nach 200 m
nach rechts der Wegweisung »Aidling, 3,5 km« folgen (900 m 9% ✔).

33,4 / 756 Am Ortsrand von Aidling links und nach 500 m am Dorfende rechts. Das
Feuerwehrhaus rechts liegen lassen und in die Mesnerhauserstraße ein-

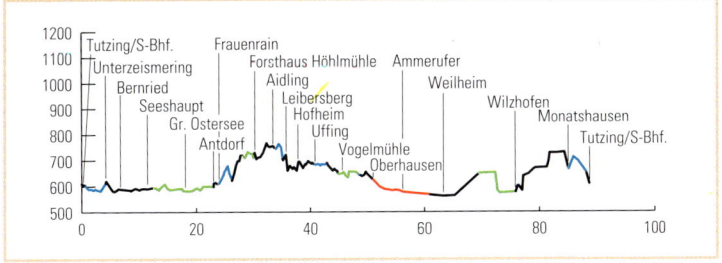

Ein letzter Abglanz vom Licht des verlöschenden Tages spielt m

fahren, hier geht es leicht bergauf. Nach 900 m zwischen den Häusern des bäuerlichen Anwesens hindurch. Dann links auf dem Berggrat mit der Kapelle zuhalten und steil auf dem Grat bergab (ca. 19 % ↘). Nach 300 m nach rechts in die Teerstraße und nach weiteren 100 m nochmals rechts in die Anliegerstraße Richtung Wegweiser »Leibersberg«. Nach 500 m an der Kreuzung in Leibersberg geradeaus bergab.

35,7 / 675 Nach links in die Vorfahrtsstraße, 150 m weiter nach rechts Richtung Wegweiser »Obersöchering« und nach 80 m nach links in den Traktorweg abbiegen, der über Wiesen durch die Senke mit dem Waldstreifen und dem Schuppen verläuft. Nach 500 m nach rechts einmünden und nach 500 m am Wegkreuz geradeaus. Am folgenden Wegkreuz neben dem Marterl geradeaus in die Teerstraße.

37,3 / 660 Am Wegedreieck nach der Überlandleitung nach links Richtung Alpenkette fahren. Nach 600 m am Ortsrand von Hofheim geradeaus und nach 200 m am Wegkreuz rechts und leicht bergauf Richtung Waltersberg.

39,2 / 683 Die B 2 geradeaus nach Waltersberg queren. Den Ort auf der langen Links-, dann Rechtskurve durchfahren. Es geht bergab in Richtung »Riedern 2 km«.

40,8 / 682 Vor dem Bahnübergang rechts in Richtung Wegweiser »Zur HWW-Kiesgrube«. Nach 400 m Teerende. Nach 300 m am Wegkreuz neben dem Bahnübergang weiterhin östlich der Bahntrasse bleiben. Dem umgekehrt zur Fahrtrichtung stehenden Wegweiser »Rundweg 1 nach Uffing« folgen; kurze Wurzelpassage (I+).

42,5 / 683 Nach links die Bahn überqueren und anschließend rechts in die Teer-

en parallelen Wasserwellen im Starnberger See ...

straße Richtung Wegweiser »Staffelsee-Rundweg 1«. Nach 400 m den Ortsrand von Uffing geradeaus passieren. Nach 200 m Abfahrt nach rechts in die Vorfahrtsstraße abbiegen. Nach 800 m im Ortskern am Rathaus rechts Richtung »Weilheim, Spatzenhausen« und nach 300 m am Maibaum nach links in die Hechenrainerstraße. Nach 70 m geradeaus und 30 m weiter am Straßendreieck geradeaus in die Mühlstraße (offiziell Sackgasse). Der Wegweiser Richtung »Vogelmühle« ist vom Verkehrsschild verdeckt. Von den drei Ästen, in die sich die Straße teilt, den mittleren nehmen.

44,7/658 Ende der Teerstraße; nach 100 m vor dem Wochenendhaus links am Ufer der Uffinger Ache entlang. Den Linksabzweig über den Steg ignorieren und nach dem Haus rechts in den aufgelassenen Karrenweg fahren.

45,6/648 An der Vogelmühle nach rechts die Teerstraße hinauf und nach 100 m links abbiegen. Nach 500 m an dem Straßendreieck mit Buschinsel kurz vor der Brücke über die Uffinger Ache rechts und dann die Gebäude links liegen lassen, nach 300 m die Uffinger Ache überqueren und geradeaus in den Hochwald hinauf. Nun fortwährend geradeaus auf der breiten, gekiesten Forststraße.

48,5/642 Den Einödhof Heimgarten geradeaus auf der Teerstraße passieren. Nach 300 m nach rechts abbiegen und nach 200 m im Ansatz der Gefällstrecke ins Tal der Uffinger Ache links ab in den anfangs gut gekiesten Weg hoch zum Waldrand und nach dem Stadl in den Wald hinein. Nach 400 m an einer Verzweigung am Jungwald links bergauf. Nach 330 m nach rechts in den besseren Weg abbiegen und an allen weiteren Linksabzweigern

Frisches Grün und Blüten an den Bäumen lenken den Blick von der Ilkahöhe über den Karpfenwinkel des Starnberger Sees zur langgestreckten Alpenkette.

rechts. Es handelt sich um eine gut 500 m lange Waldpassage, die Schwierigkeiten bei der Orientierung bereiten kann; es gibt keinen Wegweiser. Wenn an einer dünnen Wegverzweigung der Wald abschüssig wird, den rechten Weg nehmen. Er ist streckenweise mit grobem Flußkies bestreut und führt in weitem Bogen um eine bewaldete Hügelkuppe. Bei beschleunigtem Tempo lassen sich diese etwas schwierigeren Passagen (I+) gut meistern. Nach 200 m auf dem nun gut erkennbaren Traktorweg aus dem Wald heraus, dann über die Wiese auf den Einödhof zufahren. Rechts oder links die Weidezaunlücke passieren und nach links in die Hofzufahrt einmünden. Das Areal des Hofes durchqueren.

51,0/648 Nach rechts in die Teerstraße einfahren und nach 900 m nach links in die Teerstraße Richtung Oberhausen.

53,0/587 Am Ortsende von Obermaxlried vor der Brücke über die Uffinger Ache am Briefkasten links in die Achstraße abbiegen. Nach 1,4 km nach rechts Richtung Oberhausen und die Uffinger Ache überqueren.

54,9/584 In Oberhausen nach dem Straßenkilometer »6,0« vor dem Straßenspiegel und dem mit der Giebelseite zur Straße stehenden Stadl links. Nach 700 m an der Kreuzung geradeaus bergab in den Wald und die Ammeraue.

56,2/576 Einmündung in den Ammertrail rechts der Fußgängerbrücke über die Uffinger Ache. Hier nach rechts in den die Ammer begleitenden Singletrail und nach 40 m geradeaus in die Fahrspur einmünden.

58,4/571 Die Straße (B 472) neben der Ammerbrücke geradeaus überqueren.

Nach 1,6 km links und nochmals links in die gekieste Straße.

61,0/566 Nach links unter der Straßenbrücke hindurch.

63,3/561 Nach der Eisenbahnbogenbrücke links und nach 1,3 km zur Ammerbrückenauffahrt in Weilheim. Nach rechts abbiegen und auf den spitzen Kirchturm zufahren. Unter der Bahnunterführung hindurch und links in Richtung »München«. Nach 800 m links Richtung »Bahnhof«. Diesen links liegen lassen. Am Kiosk rechts und die Bahnhofsallee hoch.

65,7/561 Nach links in die Münchner Straße abbiegen. Nach 40 m rechts Richtung »Seeshaupt«. Nach 220 m die B 2 an der Ampel

Am Ammerufer windet sich ein Fangotrail entlang – noch ist das Bike sauber ...

überqueren und in der Kaltenmooserstraße weiterfahren. Mit der Kurve der Vorfahrtsstraße nach rechts in die Römerstraße. Nach 470 m nach links in die Hartkapellenstraße. Nach 600 m die Narbonnestraße queren. Die folgende Straße heißt »Im Hardt«.

71,0/648 Nach dem Weiler Steinberg (rechter Hand) im Wald in der engeren Rechtskurve links in den breiten, hartgewalzten Forstweg (gesperrt für Pkw/Krad). Nach 50 m am Wegedreieck rechts. Am Stadl und der Überlandleitung vorbei. Nach 1,2 km den Rechtsabzweig ignorieren. Nach 230 m linker Hand Einödbauer »Moosschwaige« mit angeblicher Selbstschußanlage im Vorgarten. Nach 480 m rechts Aloisiuskapelle. Nach 20 m an der Kreuzung links. Nach 400 m nach rechts in die Teerstraße.

75,2/590 Die Bahnstrecke an der Schranke kreuzen. Nach 80 m am Wegedreieck in Wilzhofen rechts. Nach 350 m am Wegedreieck beim Sägewerk links am Bach entlang. Nach 40 m rechts über den Sagbach bergauf. Dann nach rechts in die Vorfahrtsstraße. Nach 410 m nach dem Dorfende in Sichtweite der Überlandleitung und ca. 150 m vor der B 2 rechts in den Teerweg. Nach 300 m den Rechtsabzweiger eines Privatwegs ignorieren. Nach 80 m, noch vor der Bahnunterführung, die Vorfahrtsstraße in den Wiesenweg queren. Nach 720 m nach dem großen Betonbildstock links in die Teerstraße (rechts oben Landgut Rösslberg). Nach 70 m Abfahrt nach der Bachbrücke rechts. Die Straßensperrkette überheben. Nach 90 m am Straßendreieck links. Nach 840 m an dem Wegedreieck mit dem Bildstock in der Mitte links. Nach 130 m die Linkseinmündung ignorieren.

Nach 200 m an den beiden aufeinanderfolgenden Wegedreiecken beide Male links.

79,6/642 Rechts an der Straßensperrkette vorbei. Nach 30 m nach links in die Teerstraße.

80,9/666 Nach dem Bauernhof im spitzen Winkel nach rechts. Nach 700 m die B 2 queren.

81,1/672 An der Straßenverzweigung rechts Richtung »Gut Kerschlach«.

83,0/695 Bei Wegedreieck mit Insel und Wegweisermast rechts Richtung »Königl. Bayer. Radlweg«. Nach 320 m das Gut Kerschlach geradeaus Richtung »Tutzing« passieren. Nach 120 m am Wegedreieck rechts über den Bach.

Wie von Flügeln getragen rollt das Bike den endlich nicht mehr geteerten Traktorweg zum Ammerufer hinunter.

84,4/728 Die B 2 kreuzen, dann weiter auf dem Kiesweg. Nach 250 m die Überlandleitung unterfahren. Nach 550 m nach rechts in die Teerstraße Richtung »Tutzing«. Nach 230 m den Linksabzweig in den Kreisradwanderweg ignorieren und geradeaus nach Monatshausen (15 % Gefälle!). Nach 400 m in Monatshausen nach links in Richtung »Diemendorf«. Nach 160 m bei der Sitzbank links Richtung »Ilkahöhe«.

86,7/664 Den Linksabzweig beim Teerstraßenende ignorieren und auf den Stadl am Waldrand zufahren (Markierung Weißes X an den Bäumen). Nach 270 m am Wegedreieck vor dem nächsten Stadl rechts in den Wald. Dann durch die Furt. Nach 100 m den Rechtsabzweig ignorieren. Nach 400 m links die Forststraße bergauf. Nach 60 m am Wegedreieck rechts. Den anschließend nach rechts abzweigenden Grasweg ignorieren.

88,2/711 Vor dem Weiher links. Nach 20 m rechts, nach 70 m am Wegedreieck mit Bauminsel geradeaus Richtung »Wanderwege Tutzing, 2,5 km«. Nach 500 m an der Kreuzung links in die Lindenallee. Nach 700 m rechts in die Teerstraße. Nach 190 m links in die Forststraße entsprechend dem gelben Pfeil auf dem Asphalt links nahe am Straßenrand. Nach 160 m auf dem Trimmpfad rechts ab entsprechend dem weißen X am Baum (6%↘). Nach 800 m nach rechts in die Teerstraße, nach links, dann rechts durch die Eisenbahnunterführung. Rechts durch die Kurve zum S-Bahnhof Tutzing.

91,3/610 S-Bahnhof Tutzing.

Fahrstrecke: 0,0 Tutzing/S-Bahnhof – 6,0 Bernried – 11,4 Bahnhof Seeshaupt – 17,1 Osterseen – 23,0 Antdorf – 24,7 Frauenrain – 26,2 Dürnhausen – 30,5 Forsthaus Höhlmühle – 35,0 Leibersberg (686 Hm, 2 $^3/_4$ Std.) – 39,4 Waltersberg – 42,9 Uffing – 45,6 Vogelmühle – 48,5 Einödhof Heimgarten – 53,0 Obermaxlried – 56,2 Ammerauen (945 Hm, 3 $^3/_4$ Std.) – 65,7 Weilheim – 71,0 Steinberg –75,3 Wilzhofen – 83,3 Kerschlach – 86,0 Monatshausen – 91,3 Tutzing/S-Bahnhof.

Orientierung: Am Starnberger See entlang sehr gut, im Gebiet der Osterseen, am Königberg und auf der Hochterrasse der Uffinger Ache ist die Orientierung wegen der schlechten Beschilderung und des dichten Waldbewuchses teils schwierig.

Beginn der Tour: Tutzing/S-Bahnhof.

Autoanreise: Von München auf der A 95 bis Starnberg, weiter auf der B 2 bis Traubing. Dort links ab nach Tutzing.

Bahnanreise: Tutzing/S-Bahnhof.

Fahrt zum Startort: In Tutzing der Wegweisung zum Bahnhof folgen.

Alternative Startorte: Seeshaupt/Bahnhof, Sindelsdorf, Dürnhausen, Leibersberg, Weilheim/Bahnhof, Pähl.

Streckenprofil: 42,7 km Teerstraße, 35,4 km Piste, 11,3 km Karrenweg, 1,9 km Singletrail.

Landschaftsbild: 50 % Wald, 10 % Auenlandschaft, 30 % Wiesen, Weiden, Äcker, 10 % Ödland.

Achtung: Fußgänger im Bereich der Uferpromenaden am Starnberger See, im Gebiet der Osterseen und an der Ammer entlang.

Sturzgefahr: Dünner Riesel auf Asphalt, Wurzeln in den Waldpassagen und erodierte Abfahrten.

Rast: Zahlreiche Gasthäuser am Starnberger See und Seeshaupt; Forsthaus Höhlmühle zwischen Aidlinger Höhe und Königsberg.

Karten: Bayerisches Landesvermessungsamt, 1:50 000 »Bad Tölz – Lenggries« und »Pfaffenwinkel – Schongau und Umgebung«.

Variante: An der Ammer entlang über Pähl nach Kerschlach (Tour Nr. 4, km 12,4 Kerschlach).

Übernachten: Fremdenverkehrsamt Weilheim, Tel. 08 81 / 68 20.

Anschlußtouren: Nr. 4, 5, 6, 7a, 13, 17, 19, 20.

Sehenswertes: *Tutzing* – Schloß, Pfarrkirche St. Josef mit einem Altarbild von Giovanni Battista Tiepolo, bemerkenswerte Villen, z. B. Bahnhofstraße 1, Ringseishaus, Bahnhofstraße 14, Villa Thudicum, Haus Midgard in der Midgardstr 3 / 5 wurde 1882 im italienischen Landhausstil als Gästehaus erbaut, ist die älteste Villa von Tutzing und war ein beliebter Künstler- und Gelehrtentreff. *Bernried* – ehemaliges Augustinerchorherrenstift, 1120 gegründet, Pfarrkirche St Martin, mit Flügelaltar aus dem Jahr 1510, des weiteren die Kirchen von *Seeshaupt, Antdorf, Frauenrain, Dürnhausen, Oberhausen, Wilzhofen, Monatshausen* und *Pähl* sowie Kirche und Altstadt von *Weilheim.*

Loisachmoos

19

Von Bichl über Bad Heilbrunn, Faistenberg nach Penzberg und durch das Loisachmoos

Charakter: Leichte Tour; zuerst auf steigender und abfallender Piste nach Bad Heilbrunn. Weiter durchs Loisachmoos. Anschließend schöne Hügellandschaft um Faistenberg. Zum Schluß nochmals Moor.
Streckenschwierigkeit: 45,0 km l, 3,3 km l+, 600 m 5 %↗, 700 m 7%↗, 800 m 10%↗, 100 m 12%↗, 300 m 13%↗, 300 m 15%↗, 100 m 20%↗, 100 m 22%↗, 200 m 23%↗; 500 m 5%↘, 200 m 6%↘, 1,9 km 7%↘, 400 m 11%↘, 700 m 12%↘, 600 m 14%↘, 200 m 17%↘.
Streckenlänge: 48,4 km.
Höhenmeter: 607 Hm.
Fahrzeit: 2¼ Std.

Unterhalb von Faistenberg leitet ein Traktorweg hinüber zu den Hügeln von Promberg und Zist.

In den Nördlichen Kalkalpen endet die Vegetationszone des Hochwaldes bei ungefähr 1600 Metern Höhe. Weiter droben sind die Berghänge vielerorts mit einem dichten, dunkelgrünen Mantel aus Latschen überzogen. Da diese flach am Boden wachsende Föhrenart im tiefer gelegenen Mischwaldgürtel nur selten zu sehen ist, liegt die Vermutung nahe, diese Legföhren seien ausschließlich Pflanzen der Hochlagen. Doch ein Blick auf die Moore am Alpenrand widerlegt diese Annahme. Dickichte

von Krüppelkiefern und Zwergbirken verbindet undurchdringliches Lat-
schengeäst, in den Wuchslücken steht Heidekraut.
Am Rand und auch inmitten dieser von Wasserlachen und Rinnsalen
durchzogenen Flächen erheben sich fischrückenförmige Hügel, die alle-
samt in der gleichen Himmelsrichtung liegen. Auch sie sind Relikte aus
der Eiszeit und enthalten nichts als Gesteinsschutt, den die eiszeitlichen
Gletscher in ihren Spalten zusammengeschoben und nach ihrem Abtauen liegen gelassen haben. »Drumlins« nennen die Geologen diese
Erscheinungsform von Moränenschuttansammlungen. Der Bocksberg
bei Bad Heilbrunn ist zum Beispiel ein solcher Drumlin, wie auch der
Hügel von Karpfsee und der von Mooseurach, den die Bikeroute
berührt.
Sie führt zunächst als Umgehung der belebten Bundesstraße 472 in
erste Alpenhöhen, von denen der Blick gelegentlich auf die weitere
Fahrstrecke fällt. Nach der Schellenbachfurt geht es rapide bergab zur
Bundesstraße und in Bad Heilbrunn über den Lindenhügel mit seinem
uralten Baumbestand. Nach den Filzen fährt man auf die Moränenhügel
des Starnberger Sees zu, und von den Halden der alten Bergwerksstadt
Penzberg geht es zurück in die Feuchtgebiete der Loisach. Zuweilen hat
der Biker regelrechte Schwierigkeiten mit der Fortbewegung, da
manchmal im glitschigen Schlick der Traktorspuren der Hinterreifen
durchdreht, so daß er, ehe er es sich versieht, plötzlich mit nassen
Füßen dasteht.

Die Route

0,0/623 Vom Bahnhof in Bichl in die Bahnhofstraße Richtung Wegweiser »Stein-
bachtal«. Nach 110 m rechts einmünden. Nach 60 m entgegen der Weg-
weisung zum Steinbachtal links. Nach 180 m nach rechts in die B 11 (hier
Penzberger Straße). Nach 20 m links in die Alte Tölzer Straße und auf das
Feuerwehrhaus zufahren. Nach 330 m am Wegedreick rechts (Teerende)
Nach 100 m links in die breite Kiesstraße.

1,4/654 An der T-Einmündung rechts. Nach 390 m am Trafohaus links in die Teer-
straße und über die Steinbachbrücke (Wegweiser »Obersteinbach«).
Nach 180 m nach dem den Bach begleitenden Waldstreifen und vor dem
Ortsschild von Obersteinbach, gegenüber einer Kapelle, rechts in den
Kiesweg Richtung Wegweiser »Bad Heilbrunn, Wanderweg«. Nach
190 m den Rechtsabzweiger liegen lassen und geradeaus durch die
Forstwegschranke (500 m 10%, 100 m 12 %, 300 m 13%↗).

4,3/837 Am Wegedreieck mit Marterl (»Voglherd«) links Richtung Wegweiser
»Heilbrunn«. Nach 300 m kommt der erste gefährliche Weiderost mit Mit-
telschlitz und nach weiteren 100 m der zweite (400 m 7%, 600 m 5% ↗).

5,7/886 Wildfütterung (200 m 5%↘).

7,1/850 *Achtung:* Nach einer starken Gefällstrecke kommt eine Bachfurt, die man
vorsichtig auf dem Bike passieren muß, da die Steine, mit denen die
Rinne ausgemauert ist, schlüpfrig sind (am besten in der linken, nicht so

stark seitlich geneigten Fahrspur); der Steg neben der Furt ist im Verfall begriffen (200 m 17%, 700 m 12% und 600 m 14% ✎). 40 m nach der Furt an der Forststraßenkreuzung nach links in steilen Kehren bergab. Vorsicht, nach 900 m Schranke, anschließend Teerstraße. Nach 200 m links in den gekiesten Fußweg (Achtung auf Fußgänger, unbedingt langsam fahren!), Wegweiser »Bad Heilbrunn über Lindenhügel«. Vorsicht, der Weg hat aufgewölbte Querrinnen und mündet nach 400 m abrupt in die B 472! Die B 472 (hier Tölzer und Kocheler Straße) und die folgende Anliegerstraße (Achtung auf Querverkehr) geradeaus kreuzen und in den schmalen, ungeteerten Durchgang zwischen den Häusern einfahren, Wegweiser »Lindenhügel, Bad Heilbrunn« rechts am Mast. Nach 100 m ist der Weg (Parkanlage!) geteert. An der folgenden Kreuzung rechts und gleich danach am Wegedreieck geradeaus. Die Kapelle links liegen lassen und vor dem »Haus Bergblick« rechts abbiegen.

9,0 / 692 An der Kreuzung mit der Birkenallee gegenüber vom Landhaus Roseneck links Richtung Wegweiser »Ramsau, 2,0 km«, fortwährend auf dem geteerten Weg bleiben. Nach 1,2 km am Geigerhof geradeaus entspre-

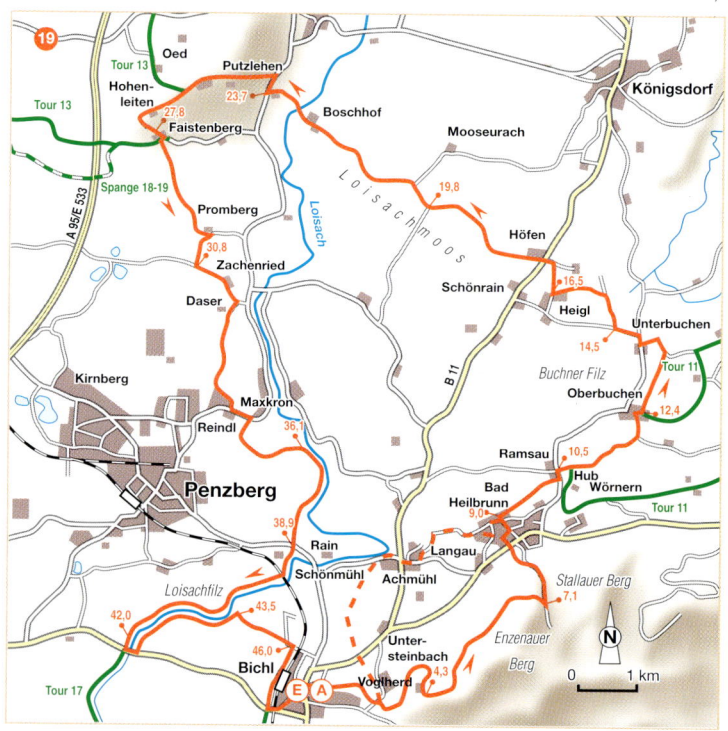

**Im Frühjahr liegen noch zahlreiche Schneereste in den Runsen und Karen der Bene-
diktenwand, an den Birken im Loisachmoos runden sich die Knospen der Blätter**

chend der Wegweisung »TK 6«. Nach 80 m nach der Bachbrücke links in
die Vorfahrtsstraße.

10,5/637 Am Straßendreieck in Ramsau rechts Richtung Wegweiser »Oberbuchen
1,5 km«. Nach 90 m rechts Richtung Wegweiser »Hammerl/Fußweg nach
Linden«. Immer geradeaus die Waldschlucht hinauf. Nach 660 m nach
links Richtung »Fußweg nach Linden« bergab in den Karrenweg (I+).
Nach 950 m nach dem Bach links in die Teerstraße und durch die Talsenke nach Oberbuchen.

12,1/647 In Oberbuchen vor dem quer zur Straße stehenden Bauernhof (den Wegweiser nach Linden und Bad Tölz ignorieren) rechts. Nach 60 m nach
dem Hof mit den grün-weiß gestrichenen Fensterläden im rechten Winkel nach links in Richtung auf die Überlandleitung. Nach 320 m den
Rechtsabzweig liegen lassen. Nach 440 m scheint der Traktorweg an
einer Wiese aufzuhören. Der hier in der Karte verzeichnete, nach links
Richtung Unterbuchen abzweigende Weg existiert nicht. Auf die drei
Stauden schräg rechts zuhalten; ab hier wird die Wegqualität wieder
besser.

13,3/639 Nach links in die Teerstraße einfahren. Nach 500 m in Unterbuchen durch
die Rechtskurve in Richtung »Königsdorf 4,5 km«. Nach 220 m links Richtung »Schönrain 2,5 km«.

14,5/630 Wenn im Wald rechter Hand ein großer Schuppen erscheint, rechts ab
auf den erdbraunen Karrenweg und an der gleich darauffolgenden Wegverzweigung links. Nach 920 m nach einem Holzlagerplatz weiterhin auf
dem breiten Weg bleiben und durch den Wald fahren (I+). Nach 450 m vor

**Nur einen kurzen Moment lang erglüht die Benediktenwand im Glanz des Abend-
lichts, dann verschmelzen ihre Wandabbrüche mit dem Dunkelgrün des Waldes**

der Wiese links am Waldrand die schlecht erkennbaren Traktorspuren
hinauf (100 m 22%↗); oben ist der Weg wieder klar erkennbar. Nach
280 m in einer leichten Linkskurve rechts in den schmalen Fußweg, der
vom Abzweigungspunkt aus sichtbar ein Sumpfrinnsal mit Hilfe eines
Stahlstegs überbrückt. Folgt man diesem Pfad, so wandelt er sich nach
dem Bachübergang in eine breite, glitschige, ansteigende Traktorspur
(II+), die bis zur Siedlung Heigl über steile Wiesenhügel führt
(200 m 23 %↗), nach 280 m Teerstraße (II–III). Den Weiler auf leicht abfallender Straße durchfahren (100 m 5%↘).

16,5/669 Nach rechts in die Vorfahrtsstraße und auf die Überlandleitung zuhalten.
Nach 900 m den Rechtsabzweiger nach Pföderl liegen lassen und durch
die Linkskurve fahren. Nach 180 m die B 11 geradeaus in Richtung Wegweiser »Höfen« kreuzen (1,5 km 7%↘).

17,6/655 An der Straßenverzweigung links, nach 360 m Teerende. Immer auf dem

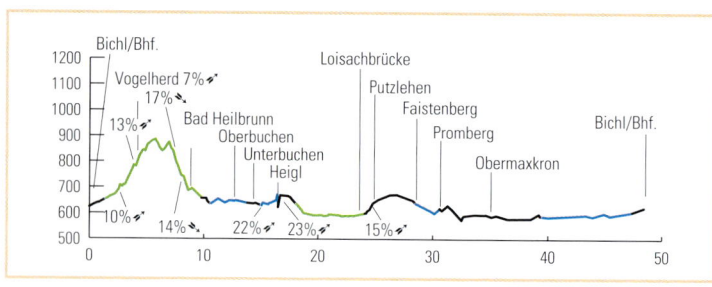

breiten Weg bleiben und durch die Rechts- und Linkskurve bergab fahren. Nach 200 m in der Links-kurve geradeaus ins Hoferfilz.

19,8/593 Am Wegkreuz rechts Rich-tung »Beuerberg 5,5 km« und über den Bach. Nach 830 m am Wegedreieck mit der Bauminsel nach links durch die Kurve (den mit einer Schranke ge-sperrten Rechtsabzweiger ignorieren). Nach 370 m die Siedlung Mooseurach geradeaus passieren. Nach 100 m an der Straßenkreuzung links Richtung »Beuerberg 5,0 km«.

Natur pur trifft man (noch) an manchen Stellen im Bichler Loisachmoos

21,7/590 An der Straßenverzweigung links auf dem Hauptweg bleiben. Nach 900 m den Boschhof geradeaus zur Loisachbrücke Richtung Wegweiser »Bierbichl 1 km« passieren. Nach 430 m die Loisach überqueren.

23,7/608 Nach rechts in die Verbindungsstraße Penzberg – Wolfratshausen abbie-gen. Nach 280 m links steil (250 m 15% ↗) den Berg Richtung »Hohen-leiten 2 km« hinauf. Nach 270 m den Weiler Putzlehen und nach 500 m den Maierwaldhof geradeaus passieren.

26,2/671 Den Rechtsabzweiger der Kiesstraße nach Oed ignorieren.

27,8/649 In Faistenberg am Straßendreieck nach rechts Richtung »St. Heinrich« abbiegen. Nach 200 m links zwischen den beiden hölzernen Tennen ana-log dem kleinen, leicht zu übersehenden Wegweiser »Fußweg nach Promberg 2 km und Gasthof Hoislbräu« (200 m 6% ↘). Über den gekiesten Vorplatz des Hofes geradeaus auf eine mit Holzgeländer eingefaßte Betonrutsche. Geradeaus und die kleine Kapelle rechts liegen lassen. Achtung, im Weg sind zwei starke und vorher nicht kenntliche Boden-wellen, nicht zu schnell abfahren!

29,5/604 Nach rechts in den Teerweg einmünden. Nach 780 m in Promberg in spit-zem Winkel nach rechts um das Wohnhaus. Dann das Gasthaus Hoisl-bräu rechts liegen lassend durch die Senke und nach Penzberg/Oberhof hinauf.

30,8/630 In Penzberg/Oberhof vor dem Bauernhof links und nach 700 m Nantes-buch passieren.

31,9/579 In einer Linkskurve, gegenüber eines gelben Wohnhauses im Stil der 30er Jahre mit rotem Ziegeldach und Garteneinfriedung, rechts dem klei-nen, leicht zu übersehenden Wegweiser »Stadtmitte« folgen, den brei-ten, gekiesten Karrenweg bergab und entweder über die Brücke oder durch die Bachfurt und dann kurz steil bergauf (I – II). Nach 200 m nach rechts in die Teerstraße einmünden. Nach weiteren 200 m geradeaus auf der Teerstraße weiterfahren.

33,5/593 Ortsrand von Penzberg-Daserweg. Nach 500 m nach links in die Unterfeldstraße. Nach 400 m an der Straßenkreuzung nach rechts abzweigen und nach 100 m links in die Vorfahrtsstraße (Achtung, starker Kfz-Verkehr!) einbiegen.

34,6/587 In Untermaxkron rechts Richtung »Wanderweg 15, Rund um Penzberg; 13 Rundweg Mitte«. Nach 440 m im spitzen Winkel links in die breite Teerstraße und nach 370 m Obermaxkron geradeaus passieren.

36,1/579 Vor der Loisach nach rechts einmünden Richtung »Radweg R 1 rund um Penzberg«.

38,9/598 Nach kurzer Auffahrt nach links in die stark befahrene Vorfahrtsstraße einbiegen und gleich darauf nach rechts in den für Kraftfahrzeuge gesperrten Weg. Nach 100 m an der Kapelle rechts und nach 200 m das Wirtshaus Schönmühl rechts liegen lassen. Links am Holzlager vorbei auf den Loisachdamm und auf die Eisenbahnbrücke zuhalten. Nach 500 m darunter hindurch in die Loisachauen.

42,0/595 An dem Rechtsabzweig geradeaus vorbei zur Loisachbrücke der B 472. Nach der Rechtskurve des Karrenweges links, die B 472 auf deren rechter Seite überqueren und über die Loisach fahren. Nach 600 m links zur Schranke und weiter zur Loisach zurück.

43,5/591 Nach der (meist offenen) Schranke rechts dem kleinen Hinweislogo »Prälatenweg« folgen und am Bach entlang. Nach 500 m an der Rechtsabzweigung geradeaus und nach 800 m auf den Betonformsteinen nochmals geradeaus weiter auf den Kirchturm von Bichl zu.

46,0/607 Vor dem Gleiskörper rechts und nach 300 m über den Bahnübergang. Nach der Kirche rechts, dann links und auf der Bahnhofstraße zurück zum Bahnhof Bichl.

48,4/623 Bahnhof Bichl.

Variante: Bichl – Bad Heilbrunn via Langau

0,0/623 Vom Bahnhof in Bichl in die Bahnhofstraße Richtung Wegweiser »Steinbachtal«. Nach 110 m rechts einmünden, nach 60 m entgegen der Wegweisung zum Steinbachtal links. Nach 180 m nach rechts in die B 11 (hier Penzberger Straße). Nach 20 m links in die Alte Tölzer Straße und auf das Feuerwehrhaus zufahren. Nach 330 m am Wegedreick rechts (Teerende). Nach 100 m links in die breite Kiesstraße.

1,4/654 An der T-Einmündung rechts. Nach 390 m am Trafohaus links in die Teerstraße und über die Steinbachbrücke (Wegweiser »Obersteinbach«). Nach 150 m links in den Traktorweg und zunächst den Holzlagerplatz durchqueren. Nach der Furt durch den kleinen Bach links, anschließend die B 472 überqueren und immer auf dem Traktorweg bleiben.

3,8/622 Auf dem Damm in der Feuchtwiese (linker Hand steht ein Hochsitz am Rain) von der gut gekiesten Linkskurve nach rechts auf die Traktorspuren in der Wiese und immer am Graben entlangfahren. Später die weiß markierten, dünnen Stahlrohrpfosten anvisieren, um die Spur zu halten (II–). Links vom Weiher bleiben. Näher an den Häusern von Achmühl auf eine einzelne Fichte zufahren, dann durch den kleinen Bach, anschließend wird der Weg besser.

4,9 / 605 Den großen Stadl links liegen lassen und nach rechts in die geteerte Vorfahrtsstraße abbiegen. Nach 400 m die B 11 nach Langau kreuzen. Nach 200 m links analog Wegweiser »Langau«. Nach 700 m nach rechts in die teilgeteerte Waldstraße Richtung Wegweiser »Bad Heilbrunn/Waldrast« abbiegen. Den Berg hinauf. Nach 590 m das Café Waldrast rechts liegen lassen und durch die Senke nach Bad Heilbrunn hinauf.

6,6 / 675 Am Wegedreieck rechts. Nach 150 m links zur Kirche von Bad Heilbrunn hinauf. Neben der Friedhofsmauer links und durch das Zentrum des Orts.

7,5 / 692 Kreuzung mit der Birkenallee gegenüber vom »Landhaus Roseneck«.

Fahrstrecke: 0,0 Bichl/Bahnhof – 1,9 Obersteinbach – 9,0 Bad Heilbrunn ($^3/_4$ Std.) – 12,1 Oberbuchen – 16,3 Heigl – 27,8 Faistenberg (2 Std.) – 30,8 Penzberg/Uberhof – 34,6 Untermaxkron – 48,4 Bichl.

Orientierung: Oftmals schwierig.

Beginn der Tour in: Bichl/Bahnhof.

Autoanreise: Entweder von München auf der B 11 bis Bichl oder Autobahn A 95 bis Ausfahrt »Sindelsdorf, Bichl«. Weiter Richtung Bichl und nach links in die B 11 einbiegen.

Bahnanreise: Bahnhof Bichl, Regionalzug.

Fahrt zum Startort: Von der B 11 in die Bahnhofstraße abbiegen und zum Bahnhof.

Alternative Startorte: Seeshaupt/Bahnhof, Bad Heilbrunn, Penzberg/Bahnhof.

Streckenprofil: 21,9 km Teerstraße, 15,8 km Piste, 7,5 km Karrenweg, 1,7 km Singletrail, 1,5 km Trial.

Landschaftsbild: 15 % Wald und Bergwald, 15 % Bauernland, 75 % Feuchtgebiete.

Achtung: Forstfahrzeuge, im Ortsbereich von Bad Heilbrunn Kurgäste.

Sturzgefahr: Loser Riesel auf teilgeteerten Wegen, Sumpflöcher, Wasserlachen, glitschige Wurzeln und Steine in Furten sowie Abfälle von der Holzverarbeitung im Wald.

Achtung: Auf der Strecke über den Vogelherd haben zwei Weideroste einen höllischen Längsschlitz, man fahre dort unbedingt an einer der Straßenseiten, damit man keinen Katapultstart ins Unterholz vollführt!

Rast: In Bad Heilbrunn, Wirtshaus Hoislbräu in Promberg, Wirtshaus Schönmühl an der Loisach.

Karten: Bayerisches Landesvermessungsamt, 1:50 000 »Bad Tölz – Lenggries und Umgebung«.

Übernachten: Fremdenverkehrsverein Benediktbeuern, Tel. 0 88 57 / 2 48.

Anschlußtouren: Nr. 11, 13, 18, 20; Spange 18 – 19.

Sehenswertes: In Bichl die Pfarrkirche St. Georg.

Königsberg

20

Von Sindelsdorf über den Königsberg

Charakter: Überraschend strapaziöses Auf und Ab in kühlem Bergwald, landschaftlich abwechslungsreich, häufig wechselnde Streckenbeschaffenheit.

Streckenschwierigkeit: 13,0 km I, 1 km II – III; 200 m 6% ⬈, 500 m 8% ⬈, 300 m 30% ⬈; 1 km 6% ⬊, 100 m 13% ⬊ , 700 m 17% ⬊.

Streckenlänge: 14,0 km.

Höhenmeter: 385 Hm.

Fahrzeit: 1 Std.

Herbst am Königsberg; am rechten Bildrand die Häuser von Sindelsdorf, links im Hintergrund schaut die bereits tief verschneite Zugspitze heraus.

Im Urmeer Tethys brach nördlich der Alpenkette, die damals gerade aufgefaltet wurde, ein tiefer Trog ein, der sich nach und nach mit abgeschwemmten Sedimenten füllte. Diese unter ihrem eigenen Druck zu Gestein verpreßten Sedimente werden von den Geologen als Molasse bezeichnet und der Trog, in dem sie lagert, als Molassetrog. Während der folgenden Alpenauffaltung wurden auch die Molasseschichten angehoben. In den oberbayerischen Voralpen entstand eine Reihe von Molasseerhebungen, zu denen der Hohenpeißenberg sowie Königsberg, Buchberg und Taubenberg zählen.

Im Umland sind auch heute noch manche Bauernhäuser aus dem hier heimischen Tuffstein erbaut. Er entstand als Ablagerung stark kalkhaltiger Quellen unter Beteiligung organischer Substanzen, die nach ihrer Zersetzung die typischen Poren hinterließen. Der Tuffstein wurde hier einstmals in einem Steinbruch an der Nordseite des Königsbergs unter Tage abgebaut. Das Mundloch dieses Steinbruchs ist noch sichtbar und – Taucher haben es erforscht – über 40 Meter tief mit Grundwasser vollgelaufen: Ein unheimliches Loch in gewachsenem Fels tut sich da auf.

Der Königsberg zeigt an manchen tief eingegrabenen Taleinschnitten fast alpine Strukturen. Wildbäche stürzen in steinernen Rinnen über Stufen talwärts. Steile Waldflanken erheben sich aus diesen Tälern. Leider hat der Forst auch dieses kleine Randgebirge voll im Griff. An den unteren Rändern des Bergrückens ziehen sich die in Reih und Glied stehenden Fichten-Monokulturen hin. Es gibt so gut wie kein Unterholz. Öde und mit braunen, abgestorbenen Nadeln ist der Wuchsboden dieser unnatürlichen Wälder bedeckt. Die Südseite des Berges dagegen bietet waldfreien Wiesen Raum. Der Forstweg verläuft parallel zu einer Bergschulter und bietet eine grandiose Alpenschau, die leider einen großen Makel hat: Die mächtigen Masten einer Hochspannungsleitung zerstören jede Fotografie.

Die Route

0,0/609 Vom Parkplatz bei Sindelsdorf nach der Autobahnbrücke auf der Teerstraße leicht bergauf durch die Rechtskurve (500 m 8% ↗). Nach 600 m den Rechtsabzweiger zum Bauernhof ignorieren. Nach 360 m am Wegedreieck links dem roten Dreieckspfeil folgen und nach 100 m an der Wegverzweigung rechts Richtung »M-Bike«.

2,3/669 Am Wegedreieck rechts Richtung »M-Bike« und dem roten Dreieckspfeil folgen.

3,6/681 Am nächsten Wegedreieck rechts Richtung »Höhlmühle Rundweg« und nach 170 m am Wegedreieck mit der großen Bauminsel links, dann über die Bachbrücke.

5,0/783 Am Wegedreieck (geradeaus) rechts Richtung »Höhlmühle Rundweg«. Nach 270 m (30% ↗) an

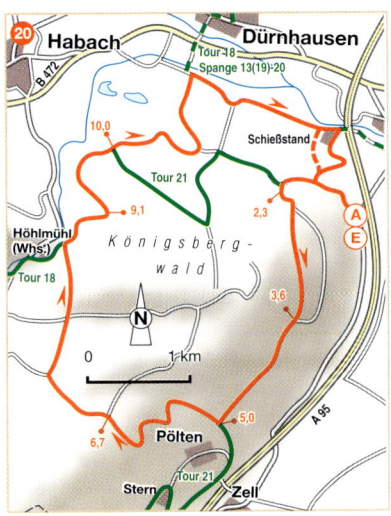

der ersten Wegverzweigung rechts (700 m 17% ↘.), an der zweiten Wegverzweigung mit Bauminsel links. Nach 790 m nach rechts in die Abzweigung. Das erste Gatter rechts, nach 200 m das zweite Gatter links überheben.

6,7 / 713 Die Kreuzung geradeaus Richtung »Höhlmühle, Nr. 8« passieren. Nach 140 m den nach links abzweigenden Fußweg zur Höhlmühle ignorieren (Naturschutz!). Geradeaus die Kiesstraße hinauffahren und nach 600 m links Richtung »Höhlmühle« einmünden (rechts geht es nach Sindelsdorf).

Unterwegs auf einem der zahlreichen Forstwege am Königsberg.

7,9 / 697 An der dreifachen Wegverzweigung den mittleren breiten Kiesweg hinunterfahren. Nach 270 m am großen Wegedreieck nach der Steigungsstrecke entgegen der Wegweisung zum Wirtshaus links. Nach 430 m den Rechtsabzweiger ignorieren.

9,1 / 694 Am Wegedreieck neben dem kleinen Moorsee links, dann geradeaus (teils geteert) bergab (6% ↘). Nach 900 m den Holzschuppen mit Ziegeldach rechts liegen lassen.

10,7 / 632 An der Kreuzung geradeaus. Nach 300 m an der Kreuzung rechts ab und an den beiden folgenden Wegedreiecken links.

12,7 / 604 Nach dem Schießsportzentrum Sindelsdorf rechts einmünden. Nach 400 m (6% ↗) den Bauernhof links liegenlassen und rechts in den Feldweg einfahren. Nach 100 m bei der Sitzbank rechts in den Wald und dann

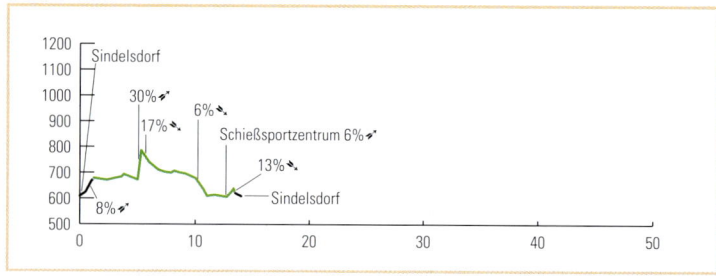

146

gleich am Zaun entlang bergab. Nach 200 m (13% ⬎.) links in die Forststraße abbiegen. Nach 100 m den Weiher links liegen lassen.

14,0 / 609 Startplatz bei Sindelsdorf.

Fahrstrecke: 0,0 Sindeldorf – 5,0 »Höhlmühle Rundweg« – 9,1 Moorsee –
14,0 Sindelsdorf.

Orientierung: Wegen der undurchsichtigen Wälder und lückenhaften Weg-
markierung ausnehmend schwierig.

Beginn der Tour: Sindelsdorf, Parkplatz nach der Autobahnbrücke.

Autoanreise: Autobahn A 95 Richtung Garmisch bis Ausfahrt Sindelsdorf.

Bahnanreise: Bahnhof Bichl oder Benediktbeuern.

Fahrt zum Startort: Von der Autobahn auf der B 472 Richtung Bichl. Nach der
Autobahnauffahrt Richtung München rechts nach Sindelsdorf einfahren. Im
Dorfkern rechts Richtung Schlehdorf und Kochel. Nach der Autobahnbrücke
rechts auf den ausgewiesenen und in den Landkarten verzeichneten Parkplatz fahren.

Streckenprofil: 3,0 km Teerstraße, 10,7 km Piste, 0,3 km Singletrail.

Landschaftsbild: 90 % Bergwald, 10 % Wiesen, Ödland, Moor.

Achtung: Forstfahrzeuge, Bikerkollegen, Wanderer, Weidevieh.

Sturzgefahr: Weicher Untergrund, loser Riesel auf hartem Boden, Längs- und
Querrinnen, Abfälle der Forstwirtschaft wie Rinden, Äste, Sägemehl.

Rast: Etwas abseits der Route »Wirtshaus Forsthaus Höhlmühle«.

Karten: Bayerisches Landesvermessungsamt, 1:50 000 »Bad Tölz – Lenggries
und Umgebung«.

Variante: Bei km 12,7 / 604: Vor der Autobahnbrücke und nach dem Bach
rechts und nochmals rechts am Vereinshaus des Schießsportzentrums vorbei
auf den Kiesberg zu. Den Kiesplatz queren und durch den Wald den Berg-
rücken zum Weiher hin überqueren. Nach 800 m am Weiher links einmünden
und weiter zum Startplatz bei Sindelsdorf.

Übernachten: Fremdenverkehrsamt Benediktbeuern, Tel. 0 88 57 / 2 48.

Anschlußtouren: 18, 19.

Riegsee

21

Von Zell über den Riegsee, die Aidlinger Höhe und den Königsberg

---

Charakter: Leichte Runde mit Trialoptionen; breite, teils erodierte Forstwege. Lange Waldpassagen, eine steile Auffahrt kann auf der Teerstraße nach Aidling umfahren werden.
Streckenschwierigkeit: 22,7 km I, 0,3 km II – III; 500 m 5% ↗, 1,8 km 6% ↗, 300 m 7% ↗', 100 m 26% ↗'; 500 m 5% ↘, 1,0 km 10% ↘, 500 m 11% ↘.
Streckenlänge: 23,0 km.
Höhenmeter: 590 Hm.
Fahrzeit: 2 Std.

Hinter den Hügeln von Murnau ragt als Blickfang das imposante Wettersteinmassiv auf; Föhnwolken und der erste Herbstschnee leuchten in der Morgensonne.

Das Zentrum dieser Rundtour ist der Sattel zwischen Aidlinger Höhe und Königsberg. Um diesen kleinen Paßübergang scheinen sich sämtliche Wege zu drehen, die in diesen unübersichtlichen Forsten zu einem Wegelabyrinth verwoben sind. Daneben tauchen immer wieder unvermutet Wegweiser und Tafeln auf, die zu einer merkwürdigen Stätte führen: »Höhlmühle« steht dort geschrieben, einmal mit weißer Farbe von Hand gemalt, einmal vornehm gedruckt auf grüner Aluplatte, dann wieder verwaschen und kaum zu entziffern. Wundersam auch die selten nachvollziehbare Logik der Wegweisung. Sie scheint sich im Kreise zu drehen, manchmal endet sie gar. Ein schlechtes Omen, denn bald darauf versickert die gerade noch bestens ausgebaute und gekieste Forststraße zwischen Farnen, losen Ästen und Felsbrocken. Man kehrt um, schwenkt in eine andere Abzweigung, und schon ist er wieder da, der Wegweiser zur Höhlmühle! Wer Glück hat und den Mut der Verzweiflung, der trifft zu einer besonderen Stunde auf jene Hauptstraße, die in kühnem Bogen den Sattel zwischen unseren beiden Bergen erklimmt. Dort steht am Giebel eines Wirtshauses der Name »Forsthaus Höhlmühle« – das Rätsel ist gelöst!

Im Jahr 1500 war der Bergsattel, auf dem heute das Gasthaus Höhlmühle steht, noch unbebaut. Aber gut 500 m nördlich gab es eine Ölmühle, die ein Wasserhammer antrieb, und mit welchem Pflanzenöl kalt geschlagen wurde. 1850 gewann der Besitzer dieser Ölmühle den ersten Preis in einer Lotterie. Mit dem gewonnenen Geld erbaute er das Forsthaus Höhlmühle. In den Wirtschaftsgebäuden betrieb er eine Getreidemühle, ein Sägewerk und eine Schankwirtschaft; so ist es in der Chronik zu lesen. Sei es nun ein Wunder der Lautverschiebung, sei es Spielart süddeutschen Sprachgebrauchs – über die Jahrhunderte wurde aus der Ölmühle eine »Höhlmühle«.

Die Route

0,0/623 Von der Autobahnbrücke in Zell nach links die Teerstraße hoch Richtung »Stern/Gröben/Guglhör« (1,8 km 6% ↗). Nach 840 m am Wegedreieck am Bauernhof Stern nach links Richtung »Gröben«. Am Bauernhof Gröben vorbei. Nach 500 m mit der Linkskurve in den Wald. Nach 400 m geradeaus steil bergab. Nach 300 m rechts. Nach den beiden Gattern in die zweite Teerstraße rechts einmünden. Dann nach 100 m links in den Traktorweg einfahren. Die Linksabzweigung nach 330 m liegen lassen und nach 40 m geradeaus fahren (1,0 km 10% ↘).

5,0/701 Nach dem Bach links. Nach 280 m in die breite Teerstraße einfahren. Nach 120 m die Rechtsabzweigung ignorieren und nach weiteren 120 m rechts in die Vorfahrtsstraße Richtung Riegsee (Dorf) abbiegen. In Riegsee rechts Richtung »Aidling«. Nach 340 m nach links Richtung »A 1« in die Hofheimerstraße und nach 90 m geradeaus weiterfahren. An der Kreuzung geradeaus und nach 290 m an der Verzweigung links.

9,5/686 An der Kreuzung rechts in die Vorfahrtsstraße Richtung »Aidling« und nach 70 m links ab auf den Wiesenweg Richtung »A1« steil zur Kapelle hinaufschieben (ca. 100 m 26% ↗). Nach 320 m den Bauernhof passieren und nach 130 m in die geteerte Zufahrt einmünden.

10,8/720 In Aidling nach links in die Vorfahrtsstraße einbiegen. Nach 290 m die Aidlinger Kirche rechts liegen lassen. Nach 200 m rechts Richtung »Habach/Höhlmühle«.

12,9/728 An der Wegverzweigung links Richtung »Höhlmühle«. Nach 1,5 km am Wegedreieck nochmals links. Nach 210 m rechter Hand das Wirtshaus Höhlmühle.

Von der Aidlinger Höhe blickt man zwischen Jochberg (links) und Herzogstand über den Kesselberg ins Karwendelgebirge – natürlich nur bei Föhn.

14,1 / 685 *(Kilometerangabe der Normalroute)* Vom Wirtshaus Höhlmühle nach Biergarten und Schuppen rechts die anfangs geteerte Forststraße zum Königsberg hinauf. Am Wegedreieck links (nach rechts geht ein Abkürzer

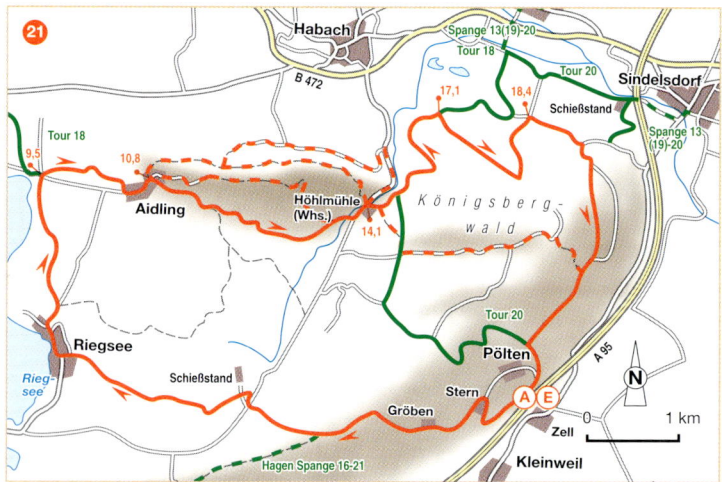

Blick von der Aidlinger Höhe gegen den Jochberg, den Rabenkopf und die Benediktenwand (ganz hinten).

in ¼ Std. Fahrzeit über Pölten nach Zell zurück). Nach 300 m an der Kreuzung geradeaus. Am großen Wegedreieck und den beiden folgenden Wegverzweigungen links und an einem Marterl rechts.

17,1 / 680 An einem großen, braunen Holzstadl mit rotem Ziegeldach (rechter Hand etwas zurückgesetzt) rechts auf dem Karrenweg abbiegen. Nach 300 m »Fangotrail« (7% ✦) scharf nach links in den erodierten, abfallenden Karrenweg (500 m 11% ✦, 500 m 5% ✦) und an den Bachkaskaden talwärts.

18,4 / 845 Nach der Abfahrt und dem Verwaltungshäuschen des aufgelassenen Tuffbergwerkes am geteerten Wegedreieck im Wald rechts in Richtung des Loipenwegweisers. An der folgenden Wegverzweigung links, anschließend rechts in Richtung des roten Dreieckpfeils. Nach 300 m

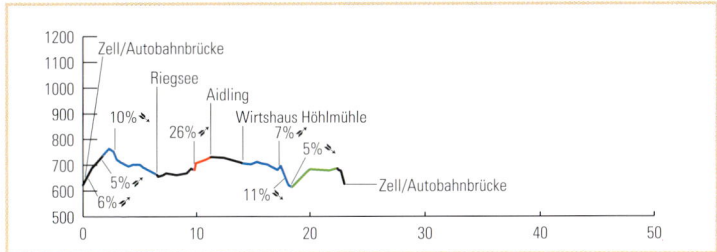

151

rechts Richtung »M-Bike« hinauf. Am Wegedreieck nach der Überlandleitung nach rechts dem Wegweiser »M-Bike« nachfahren. Nach 700 m nach links einmünden und anschließend zweimal nach links und zur Autobahnbrücke von Zell hinunter.

23,0 / 623 Zell/Parkbucht an der Autobahnbrücke.

Der Himmel brennt, Wolkenbänke lodern und fallen in Fetzen auf das Land. Doch beruhigt uns ein lila Schimmer am Himmel, ein Wink des nahenden Sonnenuntergangs.

Fahrstrecke: Zell/Autobahnbrücke – 0,8 Stern – 1,8 Gröben – 6,5 Riegsee – 11,0 Aidling (1 Std.) – 14,1 Wirtshaus Höhlmühle – 15,5 Königsbergwald – 23,0 Zell/Autobahnbrücke.
Orientierung: Im Bereich des Königsbergwalds schwierig.
Beginn der Tour: Zell.
Autoanreise: Auf der Autobahn A 95 zur Ausfahrt Sindelsdorf. Kurz weiter Richtung Wegweisung »Bichl«. Nach der Autobahnunterführung rechts ab nach Sindelsdorf. An der Kreuzung in der Ortsmitte rechts Richtung »Kochelsee, Schlehdorf«. Auf dieser Straße bis Zell fahren.
Bahnanreise: Bahnhof Bichl, Interregio.
Fahrt zum Startort: In Zell rechts in die Pöltenerstraße. Nach der Autobahnbrücke rechts, Parkplatz bei der Autobahnbrücke.
Alternative Startorte: Riegsee, Aidling.
Streckenprofil: 8,9 km Teer, 13,8 km Piste, 0,3 km Trial.
Landschaftsbild: 80 % Bergwald, 15 % Wiesen, 5 % Hochmoor, Steppe.
Achtung: Autos, Forstfahrzeuge, Bikerkollegen und Fußgänger.
Sturzgefahr: Wurzeln, Schutt, Wildholz, Nässe.
Rast: Wirtshaus Forsthaus Höhlmühle, Wirtshäuser in Aidling und Riegsee.
Karte: Bayerisches Landesvermessungsamt, 1:50 000 »Pfaffenwinkel, Staffelsee und Umgebung« und »Bad Tölz – Lenggries und Umgebung«.
Varianten: *1. Unter der Aidlinger Höhe entlang:* In Aidling nach links in die Lichteneggstraße Richtung »Aidlinger Höhe«. Nach 140 m Auffahrt an der Wegverzweigung rechts Richtung »Höhlmühle/Habach« auf die gut gekieste Almwirtschaftsstraße. Am Wegedreieck im Waldgraben rechts Richtung »Höhlmühle«. Romantische Waldfahrt, kurze Einlagen mit nicht allzu grobem

Schutt; meist unschwierig. *2. Aidlinger Höhenweg:* In Aidling am Wegedreieck links in die Lichteneggstraße Richtung »Aidlinger Höhe«. Auf dem Berg-
rücken links am Bauernhof vorbei und gleich rechts Richtung »Höhenweg«.
50 m weiter links auf den Wiesengrat und durch die Drehschleusen hindurch
zum Gipfelkreuz. Hinter dem Kreuz auf wildem Wurzelparcours weiter. Den
Weidezaun überheben. Weiterhin über holperige Wurzeläcker, dann steil abwärts. Am Stadl nach links in den Traktorweg. Am Wegedreieck rechts durch
die Weideschleuse Richtung »Höhlmühle«. Nach 380 m den Linksabzweig liegen lassen und nach rechts in den Wald fahren. Ein Wegkreuz geradeaus
passieren und einen Kilometer weiter nach links einmünden. Auf dem Grat
verzweigt sich der Trail. Der Gratweg endet 130 m weiter im Gehölz. Nach
rechts steil bergab und links in den Forstweg. Bevor diese Forststraße erneut
auf den Berggrat stößt, nach rechts in die etwas verwachsene und von En-
duro-Reifen malträtierte Kehre einfahren. An der nächsten Verzweigung kurz
nach links auf den Grat zu, dann anfangs mäßig, später extrem steil bergab,
ein Trail für gute Bremsen und starke Nerven. Nach 280 m Abfahrt nach
rechts in die Teerstraße (Autoverkehr!) abbiegen und nach 100 m zum Wirtshaus Höhlmühle fahren; dort Anschluß an die Normalroute.
Übernachten: Fremdenverkehrsverein Benediktbeuern, Tel. 0 88 57 / 2 48.
Anschlußtouren: Nr. 18, 20, Spange 16 – 21.
Sehenswertes: Mundloch des ehemaligen Untertageabbaus von Tuffstein an
der Nordseite des Königsbergs. Nach Untersuchungen des voll Grundwasser
gelaufenen Bergwerks befindet sich unter dem Felsen eine weit mehr als
40 Meter tiefe, ausgesprengte Halle. Ferner die Kirchen von Riegsee und
Aidling.

Staffelsee

*Vom Ramsachkircherl (Murnau) über
Bad Kohlgrub zum Staffelsee*

Charakter: Leichte Tour; bis über Bad Kohlgrub hinaus breite Kiespisten, am
Staffelsee-Südufer teilweise holprige Karrenwege, zum Schluß eine bissige
Singletrail-Abfahrt ins Murnaumoos.
Streckenschwierigkeit: 25,3 km I, 1 km I+, 0,2 km Singletrailabfahrt II – III;
600 m 5%✦, 1,0 km 7%✦, 600 m 8%✦, 300 m 10%✦; 700 m 10%✦, 200 m 14%✦,
ca. 70 m 18%✦.
Streckenlänge: 26,5 km.
Höhenmeter: 370 Hm.
Fahrzeit: 1³/₄ Std.

**Das uralte Ramsachkircherl, im Volksmund Ähndlkirch´ genannt; im Sommer ver-
steckt sich die Kapelle hinter dichtem Blätterwerk.**

Am Nordrand des Murnauer Loisachmooses thront seit alters auf nie-
derer Erhebung das Ramsachkircherl. Der Volksmund hat die Kapelle
»Ähndlkirch´« getauft, und der Legende nach soll der heilige Magnus
die Kapelle als Taufkirche gegründet haben; der kleine Saalbau ruht
tatsächlich auf romanischen Fundamenten. Ab 1739 wurde der Bau

dem Stil der Zeit entsprechend mit barocken Stilelementen versehen. Der Murnauer Maler Augustin Bernhardt hat die Kirchendecke »al freso« bemalt und mit Stukkaturen verziert. Besonderes Augenmerk, so meint der Kunstführer, verdienten die beiden mickrigen Glaslüster, die im 18. Jahrhundert in der Werkstatt von Aschau mundgeblasen wurden. Ausgefallen ist daneben die bemalte Holzkanzel an der linken Mauer der Kapelle. Die Beleuchtung der Kapelle erfolgt bis auf den heutigen Tag mit Kerzenlicht.

Bei der Bikefahrt hält sich der Staffelsee bis Bad Kohlgrub hinter dem Waldgürtel des Molasseriegels verborgen. Hinter dem Murnauer Moos erhebt sich das Ammergebirge. Auffällig sind vor allem der Felszahn des Ettaler Mandls und der tiefe Einschnitt des Loisachtals zwischen Ester- und Ammergebirge, das Tor ins Werdenfelser Land. Nach Überfahren des Molasserückens geht es teilweise rasant hinunter auf schattigem, teils erodiertem Karrenweg zum Staffelseeufer. Nach längerer Auffahrt bringt ein steiler, mit losem Gesteinsschutt übersäter Trialpfad hinab zum Murnauer Moos den Biker gar schnell ins Schwitzen, bis er an der idyllischen »Einkehr am Ähndl« ausrollt.

Die Route

0,0/621 Vom Beginn des Parkplatzes vor dem Ramsachkircherl unterhalb von Murnau auf der Teerstraße in Richtung Westen fahren. Nach 500 m links Richtung »Moosrundweg Nr.5«.

4,1/621 Den hier rechts abzweigenden »Moosweg Nr. 5« meiden und geradeaus weiterfahren.

6,5/628 Die beiden aufeinanderfolgenden Linksabzweiger ignorieren (300 m 10%↗*).

8,1/640 Nach links in die Teerstraße und nach 100 m nochmals links. Nach 120 m am Sportplatz und nach 590 m rechts Richtung »Bad Kohlgrub« (1,0 km 7%↗*).

9,8/678 Die beiden aufeinanderfolgenden Linksabzweiger ignorieren und weiter in Richtung »Bad Kohlgrub« fahren.

Bei der Fahrt auf der Spange 16 – 21 überraschen immer wieder beeindruckende Ausblicke zu den Gipfeln des Wetterstein-, Ammer- und Estergebirges.

11,7/715 An der Brücke nach dem Gatter links.

12,7/747 Den Rechtsabzweiger liegen lassen und nach 900 m links in die Murnauer Straße. Nach 150 m rechts Richtung»Sprittelsberg«. Nach 200 m an der Wegverzweigung rechts Richtung »Sprittelsberg 2 km«.

14,5/834 Links Richtung »Grub, Sprittelsberg«. Nach 100 m an der Kreuzung geradeaus. Nach 650 m (10%↘) die beiden aufeinanderfolgenden Linksabzweiger liegen lassen.

18,6/678 Links ab Richtung »Staffelsee« (600 m 8%↗ und anschließend 200 m 14%↘).

20,5/654 Nach rechts einmünden und nach 60 m den Rechtsabzweiger vernachlässigen.

22,7/652 Am Staffelseeufer rechts bergauf in Richtung »Gaststätte Berggeist« (5%↗). Nach 110 m den Rechtsabzweiger liegen lassen. Nach 590 m nach links in die geteerte Anliegerstraße abbiegen und nach 100 m die Vorfahrtsstraße (Murnau – Kohlgrub) an der kleinen Straßenkilometer-

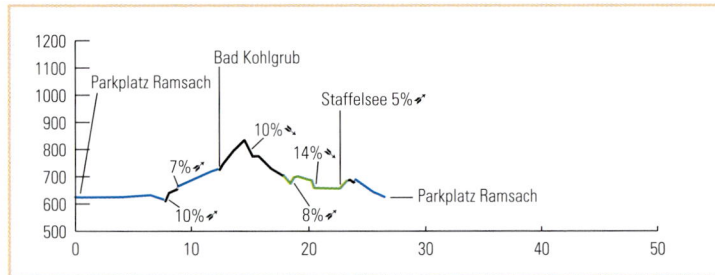

tafel »3,4 m« geradeaus queren. Auf das Gasthaus zufahren, dann die Eisenbahngleise überqueren. Anschließend auf der breiten Forststraße parallel mit der Bahnlinie bergauf fahren und fortan diese breite Forststraße nicht verlassen.

24,0 / 685 Nach links Richtung Wegweisung »Ramsachkircherl« abbiegen (70 m 18%, II+). Nach 30 m links.

26,5 / 621 Parkplatz.

Nach dem Überheben mehrerer Weideschleusen muß man auf der Spange 16–21 eine feuchte Senke queren.

Fahrstrecke: 0,0 Parkplatz Ramsachkircherl – 12,7 Bad Kohlgrub – 22,7 Staffelsee – 26,5 Parkplatz.

Orientierung: Gut, die Beschilderung ist verständlich und nachvollziehbar.

Beginn der Tour: Parkplatz unterhalb Murnau beim Ramsachkircherl.

Autoanreise: Autobahn A 95 bis Ausfahrt Weilheim. Ab Weilheim Richtung Murnau. Oder Autobahn A 95 bis Ausfahrt Starnberg und weiter auf der B 2 über Weilheim nach Murnau.

Bahnanreise: Bahnhof Murnau, Fernverkehr und Interregio.

Fahrt zum Startort: In Murnau auf der B 2 Richtung Garmisch weiterfahren. Nach der Bahn rechter Hand dem Wegweiser zum Parkplatz Ramsach folgen.

Alternativer Startort: Bad Kohlgrub.

Streckenprofil: 1,9 km Teerstraße, 22,3 km Piste, 2,1 km Karrenweg, 0,2 km Downhilltrial.

Landschaftsbild: 75 % Hochmoor- und Auenlandschaft, 25 % Bergwald.

Achtung: Wanderer, Hunde und Weidevieh, am Staffelsee Badegäste.

Sturzgefahr: Loser Schotter, bei der kurzen, scharfen Downhillpassage durch eventuelle Fahrfehler.

Rast: In Bad Kohlgrub und im Gasthaus an der Ramsachkapelle.

Karten: Bayerisches Landesvermessungsamt, 1:50 000 »Pfaffenwinkel, Staffelsee und Umgebung«.

Übernachten: Fremdenverkehrsverein Murnau, Tel. 0 88 24 / 82 28.

Anschlußtouren: Nr. 16 und Spange 16 – 21.

Sehenswertes: Ramsachkircherl, Altstadt von Murnau.

Empfehlenswert: Ein Bad im warmen Staffelsee.

Glentleiten

23

*Von Eschenlohe über Schlehdorf und
Großweil zum Freilichtmuseum Glentleiten*

Charakter: Anstrengende Alpenrandtour, längere Trial- und Schiebeeinlagen, felsige Durchbrüche am Kaltwasserfall, weitreichende Aussicht über das Fünfseenland.

Streckenschwierigkeit: 34,5 km I, 0,4 km II, 0,8 km III, feuchte, lehmige, steile Bergwiese, es sind mehrere Weidezäune zu überheben. Die Variante am Karpfsee entlang zur Teerstraßenauffahrt ab Großweil ist leicht (1,2 km I).
200 m 5%↗, 600 m 6%↗, 700 m 7%↗, 900 m 8%↗, 200 m 9%↗, 1,6 km 10%↗, 1,3 km 11%↗, 300 m 12%↗, 700 m 15%↗, 500 m 16%↗, 400 m 17%↗, 100 m 20%↗, 300 m 29%↗, 100 m 31%↗; 1,2 km 7%↘, 700 m 9%↘, 1,6 km 11% ↘, 1.1 km 19%↘, 500 m 26%↘.

Streckenlänge: 35,7 km.

Höhenmeter: 1104 Hm.

Fahrzeit: 3 Std.

Während der Biker sich auf den Heimweg macht, taucht das letzte Tageslicht Aufacker und Kohlgruber Hörnle in einen rotgoldenen Schimmer.

»Sight seeing by bike« – so könnte der Untertitel dieses Giros in die Ausläufer von Herzogstand und Heimgarten auch heißen. Denn es wird den Radler nicht nur aus fahrtechnischen Gründen, sondern auch als kulturinteressierten Menschen stellenweise vom Sattel zwingen: um zu schauen, zurückzuschauen in vergangene Zeiten. Rückzuschauen auf das Leben der Menschen am Rand der Alpen, mit seinen heute besonders für Städter nicht mehr nachfühlbaren Härten. Das Freilichtmuseum Glentleiten zeigt nicht, wie sich früher Adel und Fürstbischöfe das Leben versüßten, sondern es erzählt von der Lebens- und Überlebenskunst jener Menschen, die von Land und Boden lebten. Vor allem aber bewahrt das Museum Glentleiten das Wissen um archaisches Leben in einer oftmals lebensfeindlichen Umwelt. Leider wird nicht oder zu wenig gezeigt, wie das Leben und Arbeiten in diesen alten Bauernhäusern tatsächlich vor sich ging, das Zusammenleben unter den Zwängen einer Fronwirtschaft und dererlei Umstände mehr. Das Thema des Museums ist scharf umrissen und beschränkt sich auf die Demonstration bäuerlicher Wohnkultur aus fünf Jahrhunderten. Allenfalls kommt der Betrachter mit der bis heute allgegenwärtigen Volksfrömmigkeit in Berührung. Diese zeigt sich auch in den prachtvollen Dorfkirchen von Eschenlohe und Ohlstadt, die unter Mitwirkung der beiden bekannten Barockbaumeister Joseph Schmuzer und Johann Michael Fischer entstanden sind.

Die Route

0,0/636   Vom Bahnhof Eschenlohe gleich nach rechts in die Anliegerstraße zwischen dem Gasthaus Werdenfels und dem Gleiskörper. Nach 400 m am Straßendreieck geradeaus auf die Kirche zu. Nach 40 m geradeaus über die Kreuzung (Achtung, die Querstraße ist oft stark befahren, da Autobahnzubringer) in die Michael-Fischer-Straße. Die Kirche rechts liegen lassen. Nach 90 m zwischen Feuerwehr und Kriegerdenkmal links Richtung »Siebenquellen/Walchensee«. Nach 200 m über die Loisachbrücke. Nach 60 m der Wegweisung »Ohlstadt über Oberen Heuweg/Asamklamm« folgen.

1,5/657   Rechts die Teerstraße hinauf Richtung »Ohlstadt über Oberen Heuweg/Asamklamm«. Nach 400 m (6%, 8%, 9% und 15%↗) am Parkplatz links Richtung »Heldenkreuz, Ohlstadt über Oberen Heuweg«. Nach 400 m an der Linksabzweigung geradeaus Richtung »Wegnr. 3 Ohlstadt«. Nach 300 m geradeaus Richtung »Ohlstadt Wegnr. 3«.

6,4/669   Am Sportplatz rechts hinauf Richtung »Kriegerdenkmal, Wegnummer. 2«. Nach 400 m von der gekiesten Almstraße nach links ab in den ebenfalls gekiesten Wanderweg (8% und 15%↗). Ohne Wegweisung an der Sitz-

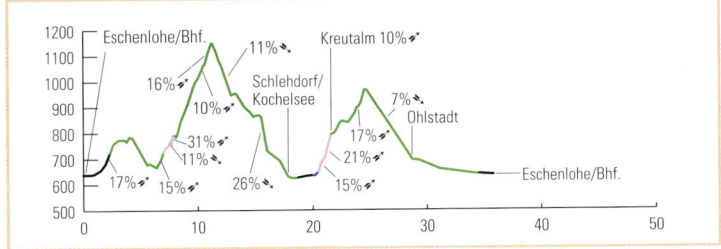

Schnuckelig, aber nicht besonders schwierig ist der Singletrail zwischen dem Ramsach-Kriegerdenkmal und der Schiebestrecke zum Kaltwasserfall.

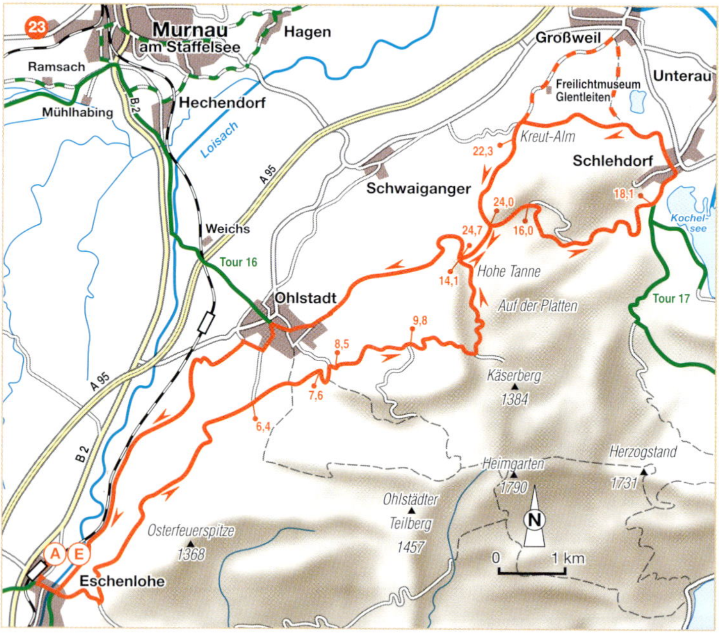

Pause vor der Abfahrt von der Hohentanne nach Ohlstadt; nur ein starkes Blitzgerät vermag den Bikern im Vordergrund Farbe zu verleihen.

bank vorbei auf kurzem Wurzeltrail zum Bachsteg. Weiter auf ansteigendem Trail mit einer kleinen, schwierigen Wurzelstufe bergan. Nach 200 m die Querstraße geradeaus kreuzen Richtung »Kaltwasserfälle, Rahm Kriegerdenkmal«. Nach 300 m linker Hand unten das Kriegerdenkmal.

7,6 / 700 Die überdachte Bank rechts, die Gipfelstation des Schlepplifts links liegen lassen und die Weideschleuse passieren. 40 m (11%↘) die Stufen hinunterschieben. Unten rechts ab und die Stufen sowie die bei Regen glitschigen Holzstege (mit Geländer, bei Nässe gut passierbar) bergauf schieben und etwa 20 m tragen. Nach 160 m (31%↗) an dem überhängenden Felsen mit der Ruhebank links über den Steg. 100 m weiter gut befahrbare Forststraße Richtung »Ohlstadt«. Nach 200 m rechts ab Richtung »Feste (Veste) und Heimgarten« (7%, 17% und 11%↗). Nach 50 m rechts ab in die breite Forststraße und nach 40 m links in die Linkskurve. Richtung »Röthelstein«.

8,5 / 846 Die Abzweigung rechts liegen lassen. Nach 900 m an der Kreuzung geradeaus.

9,8 / 1002 An der Rechtsabzweigung geradeaus Richtung »Käseralm, Rötelstein, Heimgarten« (6%, 8%, 10%, 12% und 16%↗). Nach 200 m den Rechtsabzweiger und anschließend die beiden nach links abzweigenden Straßen ignorieren. Nach 700 m an beiden aufeinanderfolgenden Abzweigern geradeaus Richtung »Käseralm, Rötelstein, Heimgarten«.

11,3 / 1150 Nach links durch die Bachfurt. Nach 40 m links hinunter Richtung »Schlehdorf, ...« (1,5 km 11%↘). Die drei folgenden Abzweigungen rechts liegen lassen und nach 2 km die Schranke passieren. 100 m weiter nach rechts Richtung »Freilichtmuseum« einmünden.

14,1 / 900 Am Wegedreieck rechts Richtung »Schlehdorf, Kochelsee«. An den beiden aufeinanderfolgenden Abzweigungen (erste nach links, zweite nach rechts) geradeaus (200 m 7%, 500 m 26%, 1,1 km 9% und 700 m 9%↘).

16,0 / 815 Nach rechts einmünden.

18,1 / 627 Nach der Schranke und den beiden Weidegattern bei Schlehdorf am Kochelsee nach links in die Teerstraße abbiegen. Nach 600 m links in die breite Teerstraße abbiegen in Richtung »Taverne Saloniki«. Geradeaus aus dem Ort hinaus Richtung »Großweil«.

Bei Nässe sind Holzstege gefährlich; trocken sind die Aufstiegshilfen zum Kaltwasserfall ein lustiges Intermezzo.

19,4 / 632 An der Verzweigung links Richtung »Großweil, Fußweg zur Kreut-Alm und Freilichtmuseum«. Nach 700 m nach links Richtung »Großweil, Fußweg zur Kreut-Alm und Freilichtmuseum«. 100 m weiter gleich nach der Überlandleitung rechts auf die Traktorspur Richtung »Kreut-Alm« und die Wiese zum Stadl am Waldrand queren. Nach 300 m am Stadl rechts über den Bach und kurz die Stufen hinauf Richtung »Kreut-Alm« (15%↗). Nach 200 m Richtung »Nr. 3 W« in die weite Kurve (10%↗).

21,1 / 709 Schieben, kurz nacheinander mehrere Weidezäune überheben (300 m 29%↗, III). Nach 500 m Wiesenanstieg nach rechts in die Bauernstraße und nach weiteren 400 m links in die Teerstraße (20%↗, zuletzt 10%↗). Nach 200 m das Wirtshaus Kreut-Alm links liegen lassen und an der Kreuzung geradeaus fahren (200 m 10%↗).

22,3 / 837 Schranke und Ende der Teerdecke (200 m 5%↗).

24,0 / 905 Am großen Wegedreieck an beiden von links kommenden Straßeneinmündungen geradeaus Richtung »Ohlstadt, Heimgarten« (8%↗). Nach 200 m die Abzweigung links liegen lassen (16%↗, dann 1,0 km mit 10%↘). Nach 500 m rechts ab Richtung »Ohlstadt« an der Schranke vorbei.

28,7 / 697 In Ohlstadt auf die Kirche zuhalten. Nach 600 m weiter Richtung »Solarfreibad, Eschenlohe über Heuberg«. Fortan dieser Wegweisung folgen.

29,7 / 643 Am Solarfreibad auf der Teerstraße nach links über die Bachbrücke und nach 600 m links Richtung »Eschenlohe«. Nach 40 m rechts Richtung »Eschenlohe« in den Buchenweg. Dann nach 170 m links weiter Richtung »Eschenlohe«.

31,1 / 622 An der Verzweigung rechts auf die Kiespiste.

35,1/624 In Eschenlohe nach rechts über die Loisachbrücke. Anschließend geradeaus auf das Kriegerdenkmal zuhalten. Dann rechts ab.

35,7/636 Bahnhof Eschenlohe.

Fahrstrecke: 0,0 Eschenlohe/Bhf. – 18,1 Schlehdorf – 22,2 Wirtshaus Kreut-Alm (Freilichtmuseum Glentleiten) – 28,7 Ohlstadt – 35,7 Eschenlohe/Bhf.

Orientierung: Trotz Beschilderung nicht überall gut.

Beginn der Tour: Eschenlohe/Bahnhof.

Autoanreise: Autobahn A 95 bis Ausfahrt Eschenlohe.

Bahnanreise: Bahnhof Eschenlohe, Interregio und Fernverkehr.

Fahrt zum Startort: In Eschenlohe zum Bahnhof fahren.

Alternative Startorte: Schlehdorf, Ohlstadt.

Streckenprofil: 7,3 km Teerstraße, 23,2 km Piste, 4,0 km Karrenweg, 0,4 km Singletrail, 0,8 km Trial/Schieben.

Landschaftsbild: 80 % Bergwald, 15 % Ufer- und Flußauen, 5 % Almen.

Achtung: Kraftfahrzeuge, Forstarbeiten, Wanderer, Hunde und Weidevieh.

Sturzgefahr: Zu schnelles Fahren auf losem Riesel, Schlaglöcher.

Rast: Klosterbräu Schlehdorf, Wirtshaus Kreut-Alm, Wirtshäuser in Ohlstadt.

Karten: Bayerisches Landesvermessungsamt, 1:50 000 »Werdenfelser Land und Karwendelgebirge«.

Variante: Schlehdorf – Großweil – Teerstraße – Freilichtmuseum Glentleiten (leichtere Route ohne Bergaufschieben).

19,4/603 An der Verzweigung links Richtung »Großweil, Fußweg zur Kreut-Alm und Freilichtmuseum«. Nach 700 m nach links Richtung »Großweil, Fußweg zur Kreut-Alm und Freilichtmuseum«. 50 m weiter unter der Oberleitung rechts auf die gekieste Straße (kein Wegweiser). Nach 200 m rechts in den gekiesten Trail über die Wiese Richtung Wegweiser »Großweil«. **20,6/618** In Großweil (Beginn der Teerstraße) nach 400 m links analog der großen Wegweisertafel zur Glentleiten hinauf. **22,4/755** Am Maibaum des Freilichtmuseums Glentleiten geradeaus. **23,3/785** Kreutalm, hier Anschluß an die Normalroute bei km **22,3/837**.

Übernachten: Fremdenverkehrsverein Murnau, Tel 0 88 24 / 82 28, und Kochel am See, Tel. 0 88 51 / 3 38.

Anschlußtouren: Nr. 16, 17.

Sehenswertes: Freilichtmuseum Glentleiten (Montags geschlossen), Kloster und Klosterkirche in Schlehdorf. In Ohlstadt die Pfarrkirche, 1730 von dem Wessobrunner Baumeister Joseph Schmuzer erbaut, das ehemalige Beinhaus an der Friedhofsmauer, die teils noch in Blockbauweise errichteten Bauernhäuser in der Heimgarten- und Toni-Pensberger-Straße mit Fassadenmalereien, das Atelier Friedrich August Kaulbachs in der Kaulbachstraße 22. In Eschenlohe die Pfarrkirche, erbaut von Michael Fischer, die Asamklamm der Eschenlaine.

Tip: Bikeschloß mitnehmen, da man nicht nur in die Natur, sondern auch zu Besichtigungen aufbricht.

Drachental

24

*Von Wörnsmühl durch das Drachental
zum Schliersee*

Charakter: Auf weite Strecken leichte Route. Anfangs Teerstraße, am Rohnbach entlang anregende Trials und Furtpassagen, an der Leitzach größtenteils glatte Forststraße, eine Furt, dann schöne Moorquerung und Fahrt am Westufer des Schliersees.
Streckenschwierigkeit: 21,9 km I, 3 km I +, 2,8 km bis II; 100 m 6%↗,
300 m 7%↗, 400 m 9%↗; 700 m 5% ↘, 500 m 6%↘, 500 m 8%↘.
Streckenlänge: 27,7 km.
Höhenmeter: 255 Hm.
Fahrzeit: 2 Std.

Das letzte Sonnenlicht fällt auf den Ort von Schliersee am gleichnamigen See, bevor der nächste Frühlingsschauer den Himmel verdunkelt

Wer sich anschickt, bei Wörnsmühl ins Drachental einzufahren, der rollt über geschichtsträchtigen Boden. Napoleons Soldaten suchten einst an der Bäckenalm den leichten Paßübergang ins Inntal. Eine Schwadron blieb nach dem Requirieren von Pferden und Stehlen von Heu bei Elbach mit dem Diebesgut im Sumpf stecken. Sie ließen die Pferde zurück und gerieten an dem noch heute »Streitwiese« genannten Flurstück zwischen Marbach und Elbach in einen Hinterhalt. Noch Jahre da-

nach fanden Bauern beim Pflügen Waffen und metallenes Gerät. Im
Dreißigjährigen Krieg hatte die Pest das Leitzachtal fast menschenleer
gefegt. 1634, im schlimmsten Pestjahr, lebten nur noch im obersten
Leitzachtal, in Gschwendt, zwei Bauern, die aus Furcht vor Ansteckung
mit Lichtzeichen Kontakt zueinander hielten. Da man annahm, daß die
Seuche bei Leichenexhumierungen erneut ausbrechen könnte, begrub
man in Elbach die Pesttoten auf einem separaten Friedhof, der bis
heute erhalten ist.

Nach dem Drachental folgt die Route der Aurach hinauf zum Auracher
Moos. Eine Sage berichtet, daß hier einst eine Stadt versunken sei. Vor
langer Zeit habe man noch in manchem Moortümpel steinerne Fundamente und Treppenstufen heraufschimmern sehen. Anderen Berichten
zufolge hausen im Moor Sirenen, die mit ihren wunderschönen Gesän-
gen schon manchen vom festen Weg gelockt hätten. Die Sage erzählt
auch von einem jungen Bauern, der immer wieder ins Moor gegangen
sei, um den beglückenden Melodien der Wasserjungfrauen zu lauschen. So lange, bis er endlich in deren Reich Heimat fand. Wer sich danach sehnen sollte, in die nasse Welt der Najaden überzusiedeln, sollte
sich besser ein stilleres Moos suchen, denn hier vermischt sich Undi-
nes Lied mit dem des Ottomotors auf der nahen B 307. Vielleicht miß-
deutet man sogar den Klagelaut einer Nymphe über zuviel Gülle im
Wasser als Autohupen.

Die Route

0,0 / 790 Vom Bahnhof Schliersee nach rechts. An der Laterne auf der Kreuzungs-
insel links aufwärts. Nach 100 m die Rathausstraße geradeaus queren zu
dem offenen Platz zwischen den Häusern. Nach 40 m links in die Karl-
Haider-Straße Richtung »W 1, …«. Nach 150 m geradeaus weiter auf der
Karl-Haider-Straße. Nach 420 m an der Kreuzung geradeaus Richtung
»Sprenger Hof, Kalkgraben«. An allen Abzweigungen auf der Teerstraße
bleiben.

1,4 / 800 An der Kreuzung geradeaus Richtung »Stadlberg« (300 m 7% ↗) Nach
700 m in Attenberg rechts bergab (300 m 5% ↘) entsprechend der Grünpunktmarkierung auf weißem, rundem Feld am Telegraphenmast

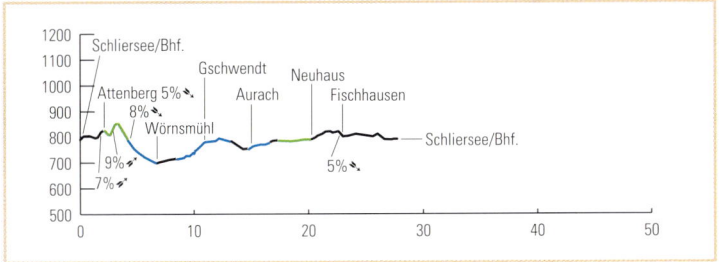

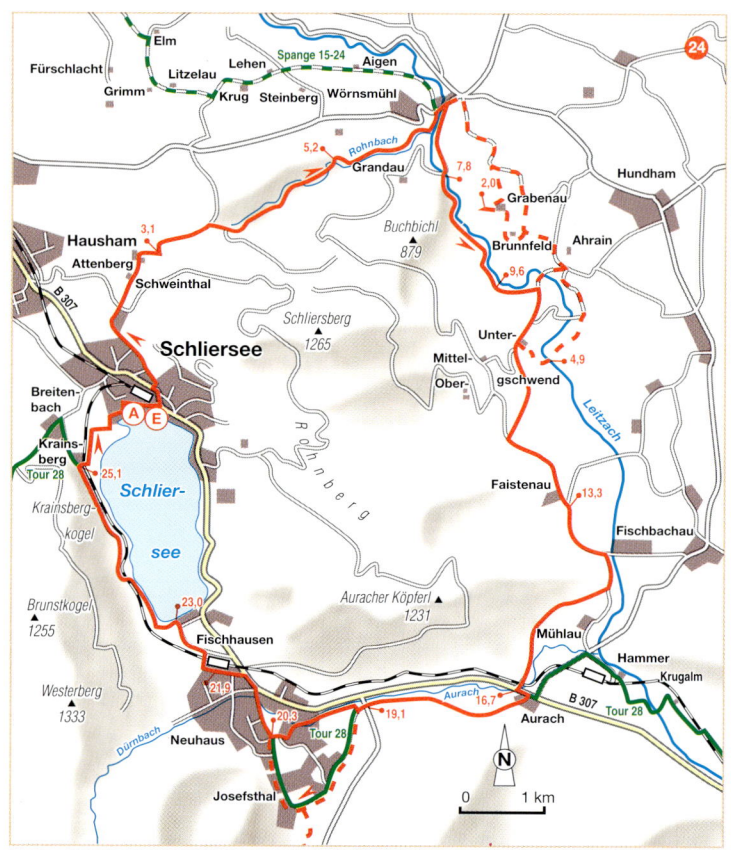

(rechts). Nach 300 m an der Verzweigung rechts leicht bergab (rechts eingezäunter Bach; 400 m 9% ✗, 100 m 6% ✗).

3,1 / 853 An der Straßenverzweigung mit der Bank rechts ab (die Grünpunktmarkierung ignorieren!). Nach 60 m nach rechts einmünden und in die Rechtskurve bergab. Nach 100 m die stark verwachsene Linksabzweigung liegen lassen und die Schranke passieren (500 m 8% ✖ und 500 m 6% ✖.) Nach 240 m an dem Wegedreieck vor der Steigungsstrecke links bergab. Nach 900 m am Rohnbach bergab. Innerhalb der nächsten 900 m dreimal den Rohnbach in Furten durchqueren. Vor der dritten Furt geradeaus und danach links an einem Schutthaufen vorbei; 200 m Fangotrial (bis III). Das Eisengatter passieren.

5,2 / 738 Die Wiese auf den Bikespuren queren. Nach 260 m die lange Wiese im leichten Linksbogen zum Zaun am gegenüberliegenden Waldrand que-

Oberhalb des Leitzachtales führt ein Traktorweg über das alte Dorf Gschwend hinunter ins Aurachtal.

ren. Nach 130 m nach links in die Forststraße einfahren. Nach 900 m am Fußwegabzweig Richtung »Grandau« geradeaus vorbei und auf das Sägewerk im Leitzachtal zu. Nach 300 m in Wörnsmühl, gegenüber dem Gasthaus »Metzgerei«, rechts in die Teerstraße einbiegen. Nach der Leitzachbrücke rechts Richtung: »Drachental, Grandau, Fischbachau«.

7,8/711 Nach der Leitzachbrücke hart links ab in die Forststraße an der Schranke vorbei Richtung »Drachental, W 2a, Fischbachau«. Nach 740 m zwischen Leitzachbrücke und Wildgehege geradeaus in den Fußweg.

9,6/728 Den Nebenbach auf dem Steg oder daneben durch die Furt queren und an der Leitzachbrücke geradeaus vorbeifahren (hier Wegweiser Richtung »Brunnfeld« ignorieren). Nach 500 m die Schranke links umfahren. Am Wegedreieck rechts Richtung »Untergschwend, Fischbachau«. Nach 100 m rechts in die Kiesstraße einmünden und leicht über Wiesen bergauf. Nach 400 m die Abzweigung nach Elbach liegen lassen. Nach 200 m nach links und auf den Bauernhof Untergschwend zu. Nach 100 m Gschwend passieren.

11,0/782 An der Verzweigung links Richtung »Faistenau, …« hinunter. Nach 1,2 km links in die Teerstraße einmünden Richtung »Faistenau, …« bergab.

13,3/782 In Faistenau nach 140 m am Trafohäuschen rechts einmünden. Dann leicht bergab. Nach 1,0 km vor der Leitzachbrücke von Fischbachau rechts. Das Dorf Trach durchfahren. Nach 500 m nach dem letzten Haus rechts ab durch die Schranke Richtung »Märchenwald, Aurach, …«. Nach 500 m an der Kreuzung geradeaus auf der breiten Forststraße weiterfahren.

15,4/768 Am Wegedreieck links Richtung »Hammer, Aurach, W 6«. Nach 800 m geradeaus durch Aurach hindurch (Fischeralmstraße) Richtung Wegweiser

16,7 / 780 »Wanderweg Schliersee, Fischbachau« (linker Hand, entgegengesetzt zur Fahrtrichtung).

16,7 / 780 Nach dem Jugendgäste-haus und dem unbe-schrankten (!) Bahnüber-gang links in den Rad-/ Fußweg an der B 307 Rich-tung »Bayrischzell«. Nach 200 m in Aurach die B 307 nach rechts zum Gasthaus Aurach hin queren. An der Giebelseite vorbei, dann nach rechts entsprechend Radfahrerlogo Richtung »Wanderweg Schliersee – Fischbachau«. Den Cam-pingplatz rechts liegen lassen und über die Bach-brücke.

19,1 / 775 Die Spitzingseestraße kreuzen. Kurz nach rechts und 12 m weiter nach links auf den gekiesten Fußweg am Hackelbach entlang. Nach 590 m am ersten Haus von Neuhaus rechts über die Hackelbach-brücke Richtung »Filzen-weg, Dürnbachweg, Neuhaus«.

Im Drachental fließt die Leitzach noch ungebändigt und nicht von Menschen-hand gezähmt.

20,3 / 790 Nach dem mit Latschen bewachsenen Hochmoor links über die Brücke zur Teerstraße. Nach 40 m links. Kurz vor der B 307 nach links in die Wohnstraße oder rechts ab und dann nach links in die B 307. Wer den Straßenverkehr scheut, biegt nach links ab und nach 100 m rechts in die Schönfeldstraße. Am Bachbett entlang zuerst auf Kies, dann wieder auf Teer im weiten Bogen bergauf. Nach 200 m am Zaun links zum Fußweg auf dem Bachbettdamm (den Fußgängersteg ignorieren!). Nach 360 m nach links über den Steg auf die Kirche zu. Nach 40 m an der Haupt-straße rechts bergauf. Nach 340 m nach der Brücke links auf den Fuß-/ Radweg kurz an der B 307 entlang. Vor der Bahnschranke links Richtung »Miesbach, Holzkirchen«.

21,9 / 820 Den Bahnhof Fischhausen/Neuhaus rechts liegen lassen. Nach 240 m am Straßendreieck rechts ab und unter der Bahn hindurch Richtung »Fisch-hausen, Schliersee« in die Fischhausener Straße (400 m 5 % ↘).

23,0 / 801 Am Seeufer links Richtung Radlerlogo und »Rund um den Schliersee, K 1«. An den beiden folgenden Linksabzweigern am Seeufer bleiben.

25,6 / 776   Nach der Bachbrücke scharf rechts Richtung »Schliersee«. An der Bahn
entlang. Nach 400 m links steil in Kehren bergauf Richtung »Rund um den
Schliersee«. Oben geradeaus auf abfallendem Teerweg Richtung
»Schliersee – Ortsmitte«. Nach 30 m scharf nach rechts wieder Richtung
»Schliersee – Ortsmitte«. Nach 570 m rechts ab über die Schlierach-
brücke. Vor dem Kurpark links. Anschließend nach rechts in die Perfall-
straße. Nach 600 m am Hallenbad links bergauf, dann rechts auf die
gelbe Kirche zu. Bei der Post links und nach 40 m nochmals links zum
27,7 / 790   Bahnhof Schliersee.

Fahrstrecke: 0,0 Bahnhof Schliersee – 7,8 Leitzachbrücke bei Wörnsmühl
($^1/_2$ Std.) – 13,3 Faistenau (1 Std.) – 16,9 Aurach – 21,9 Bahnhof
Fischhausen/Neuhaus (1$^1/_2$ Std.) – 27,7 Bahnhof Schliersee.
Orientierung: Durchweg gut.
Beginn der Tour: Bahnhof Schliersee.
Autoanreise: Auf der A 8 bis Ausfahrt Weyarn. Weiter über Miesbach nach
Schliersee.
Bahnanreise: Bahnhof Schliersee, Interregio.
Fahrt zum Startort: In Schliersee der Wegweisung zum Bahnhof folgen.
Alternativer Startort: Miesbach Bhf; via Spange 15 – 24 nach Wörnsmühl.
Streckenprofil: 15,2 km Teer, 5,7 km Piste, 2,9 km Karrenweg, 3,9 km Trial.
Landschaftsbild: 40 % Berg- und Auwald, 50 % Wiesen und Weiden,
10 % Moore.
Achtung: Kraftfahrzeuge, Fußgänger, Biker, Weidetiere, Hofhunde.
Sturzgefahr: Feuchte Wurzeln.
Rast: Gasthaus Aurach sowie Gasthäuser in Neuhaus, Schliersee, Wörns-
mühl
Karten: Bayerisches Landesvermessungsamt, 1:50 000 »Mangfallgebirge«.
Übernachten: Fremdenverkehrsverein Miesbach, Tel. 0 80 25 / 2 83 21.
Anschlußtouren: Nr. 28, Spange 15 – 24.
Sehenswertes: Fischhausen am Schliersee: Wallfahrtskirche St. Leonhard;
Schliersee-Ostufer: Ruine Hohenwaldeck, erbaut um 1200, 1568 durch einen
Bergsturz zerstört.

Landkreis Miesbach

Schwarzentennalm

Von Tegernsee durch das Weißachtal zur Schwarzen Tenn und zum Bauern in der Au

Charakter: Leichter Mountainbike-»Klassiker« mitten in den Tegernseer Bergen; gepflegte Forststraßen und Karrenwege. Reizvolle Ausblicke auf Roß-, Buch- und Leonhardstein.
Streckenschwierigkeit: 38,7 km I; 300 m 6%↗, 3,8 km 7%↗; 700 m 6%↘, 1,4 km 8%↘, 500 m 10%↘, 200 m 12%↘.
Streckenlänge: 38,7 km.
Höhenmeter: 573 Hm.
Fahrzeit: 2¹/₂ Std.

Die Schwarzentennalm ist eines der beliebtesten Bikerziele in den Tegernseer Bergen; im Hintergrund die Ausläufer des Kampen.

Diese Route von Tegernsee über die Schwarzentennalm zählt zu den herausragenden Bike-Klassikern im Tegernseer Tal. Dort waren schon vor gut 15 Jahren die ersten Mountainbiker unterwegs.
Heute beginnen die Biker ihre Runde im Weißachtal, wo sie spielend an Höhe gewinnen, und wo die Wildwasserfreaks die Möglichkeit haben, von der Brücke oberhalb der Weißachklamm herrlichsten Träumen nachzuhängen – eine wirklich weiße Weißach!
Die Fahrtroute erreicht im Taleinschnitt der Felsenweißach einsame Bergwinkel am Fuße der wilden Blauberge. Dieses Grenzgebirge zu

Tirol war im vorigen Jahrhundert bevorzugtes Revier der legendären und von der Jägerschaft gehaßten Wildschützen. Einer von ihnen – Georg Jennerwein – wurde im November 1877 aus dem Hinterhalt erschossen. Georg Jennerwein, zu Lebzeiten Girgl genannt, wurde zum Volkshelden und im Moritatengesang weit über die Grenzen seiner weiß-blauen Heimat bekannt: »Es war ein Schütz´ in seinen besten Jahren, der wurd´ hinweggeputzt von dieser Erd´, von hinten ward er angeschossen, beim Tegernsee am Peißenberg.« Manche bringen noch heute dann und wann ein Blumensträußlein an Jennerweins Grabkreuz im Friedhof zu Westenhofen bei Schliersee (wo er gar nicht begraben liegt). Ein Brauch, dem man sich als bei der Jägerschaft ebenfalls unbeliebter Biker wohl anschließen sollte – auf daß der selige Wildschütz Jennerwein eines fernen Tages vielleicht Schutzpatron der Mountainbiker werde.

Die Route

0,0/770	Vom Bahnhof in Tegernsee rechts leicht bergab. Die Bahnhofsuhr rechts liegen lassen. Nach 120 m am Abzweig der Karl-Theodor-Straße und an der Ampel geradeaus. Nach 580 m links in die B 307 Richtung Achensee (6%↘).
2,5/731	An der Bushaltestelle Eybhof rechts auf den geteerten Seeuferweg. Nach 500 m den Rottachsteg passieren und am Schwimmbad links über den Rottachsteg. Dann nach rechts in die B 307. Nach 200 m an der Ampel rechts Richtung Radwegweiser »Bad Wiessee«. Fortan dieser Wegweisung folgen.
5,2/729	Vor der Weißachbrücke links in die Weißach-

klammstraße abbiegen. Nach 700 m neben der nächsten Brücke geradeaus weiter auf dem gekiesten Dammweg (Achtung auf Fußgänger und Hunde; langsam fahren!). Nach 300 m die B 307 unterfahren, dazu rechts auf die Uferbefestigung des Weißachbachbetts hinunter.

Dieser einzigartige Aussichtsplatz hoch über dem Tegernsee heißt – richtungweisend für den Landschaftsfotografen – »Am Schuß«.

7,4/735   Dem Radwegweiser Richtung »Kreuth« folgen. Nach 300 m an der nächsten Brücke weiterhin Richtung »Kreuth« geradeaus unter der Straße hindurch.

8,6/743   An der Kreuzung geradeaus.

10,2/757   Die Teerstraße neben der Brücke geradeaus kreuzen und an der Weißach entlang.

11,7/767   In Kreuth nach rechts auf das Straßendreieck vor der Weißachbrücke zu. Dort links Richtung »Wallberg, Risserkogel«. Nach 600 m geradeaus in die für Verkehr bis drei Tonnen Gesamtgewicht zugelassene Kiesstraße (Verkehrsschild).

13,9/793   Am Wegedreieck mit Zufahrt zur Schwaigeralm nach rechts über den Weißachzubringer. Nach 300 m den Linksabzweig nach Wildbad Kreuth ignorieren und zwischen Mauthäuschen und Weißachbrücke geradeaus auf den Dammweg Richtung »Glashütte« (weiterhin rücksichtsvoll an

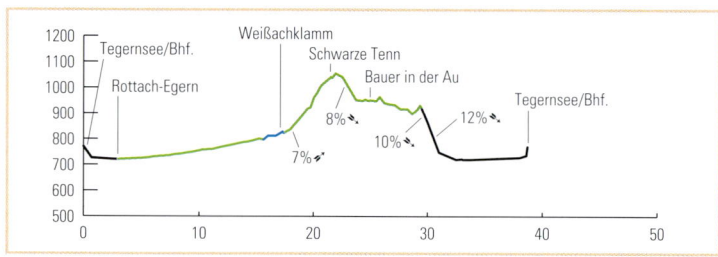

Die bewirtschaftete Hütte der Schwarzentennalm wird im Hintergrund vom schroffen, doch überraschend leicht ersteigbaren Leonhardstein überragt.

Fußgängern vorbeifahren, rechtzeitig klingeln oder sich auf andere Weise beizeiten bemerkbar machen).

15,2/810 Nach rechts einmünden. Vor den Fischteichen nach rechts über die Brücke der Felsenweißach in Richtung der Wegweisung »Schildenstein, Halserspitz«. Nach 400 m vor der Weißachbrücke links Richtung »Klamm«. Nach 400 m an der Wegverzweigung im Wald rechts entsprechend dem Wegweiser ohne Aufschrift.

17,3/828 Nach der Gefällstrecke oberhalb der Weißachklamm nach rechts über die Weißachbrücke geradeaus zur B 307. Nach 100 m diese Straße Richtung »Schwarzentenn« überqueren. Nach 800 m entsprechend dem Radwegweiser geradeaus auf der Forststraße bergauf (3,6 km 7% ➶).

20,3/1020 Hier geradeaus in Richtung der Wegweisung »Schwarze Tenn«.

21,5/1040 Schwarze Tenn (1,2 km 8% ➴).

23,7/954 An der Straßenverzweigung im Auslauf der langen, steilen Gefällstrecke rechts und auf die Giebelseite der Almhütte zusteuern. Ab hier der Wegweisung »Bauer in der Au« folgen.

24,8/948 Am Wegdreieck geradeaus (300 m 6% ➶).

26,2/955 An der Kreuzung mit Bachbrücke geradeaus und nach 900 m an der Kreuzung am Forsthaus nochmals geradeaus.

27,6/916 Das Wirtshaus »Bauer in der Au« links liegen lassen. Dem in Schlangenlinien über die Wiesen in Richtung Wald verlaufenden Forstweg folgen (200 m 7% ➶).

29,3/930 Am Skilift links auf den Teerweg (Panoramablick über den Tegernsee; Vorsicht, die steile Teerstraßenabfahrt ist uneben und mit rutschigem Riesel bestreut! 200 m 8% ➴, 500 m 10% ➴ und 200 m 12% ➴).

173

31,0 / 748 In Bad Wiessee nach rechts in die Vorfahrtsstraße Richtung Achenpaß abbiegen (starker Kraftfahrzeugverkehr!). Auf den linker Hand verlaufenden Fuß-/Radweg wechseln.

32,5 / 720 Scharf nach links abbiegen Richtung Wegweiser »Rottach-Egern«. Auf dem Steg den Altwasserteich queren und rechts weiter entsprechend der Wegweisung »Rottach-Egern«. Nach 500 m nach links über den Weißachsteg. Nach 100 m geradeaus zum Ufer des Tegernsees auf den gekiesten Weg. Nach 600 m nach links in die Teerstraße Richtung Radwegweiser »Tegernsee-Ortsmitte« einmünden.

34,5 / 725 An der Ampel nach links in die B 307 Richtung »München, Tegernsee«.

38,0 / 732 Gegenüber des Klosters Tegernsee rechts ab Richtung »Bahnhof« und dieser Wegweisung auch weiterhin folgen. Nach 600 m bei der Post im rechten Winkel links ab.

38,7 / 770 Bahnhof Tegernsee.

Fahrstrecke: 0,0 Bahnhof Tegernsee – 5,2 Weißachbrücke ($^1/_4$ Std.) – 11,7 Kreuth – 17,3 Weißachklamm – 21,5 Schwarze Tenn ($1^1/_2$ Std.) – 27,6 Wirtshaus »Bauer in der Au« ($1^3/_4$ Std.) – 31,0 Bad Wiessee – 34,5 Rottach-Egern – 38,7 Bahnhof Tegernsee.
Orientierung: Wegen des Verlaufs durch Täler sehr gut.
Beginn der Tour: Tegernsee/Bahnhof.
Autoanreise: Autobahn A 8 Richtung Salzburg bis Ausfahrt Holzkirchen/Tegernsee. Der Wegweisung nach Tegernsee folgen. In Gmund an der Ampel nach der Gefällstrecke ins Tegernseer Tal geradeaus.
Bahnanreise: Bahnhof Tegernsee, Interregio.
Fahrt zum Startort: Der Wegweisung zum Bahnhof folgen.
Alternativer Startort: Rottach-Egern.
Streckenprofil: 14,6 km Teerstraße, 13,6 km Piste, 10,5 km Karrenweg.
Landschaftsbild: 90 % Wälder, 5 % Ortsdurchfahrten, 5 % Seeufer.
Achtung: Forstfahrzeuge, Biker, Wanderer, Hunde und Weidevieh.
Sturzgefahr: Loser Riesel, Schlaglöcher und Holzabfälle.
Rast: Schwaigeralm, Schwarzentennalm, Bauer in der Au sowie zahlreiche Gasthöfe in Rottach-Egern. Last, not least – und besonders zu empfehlen – das Drei-Sterne-Lokal »Bräustüberl« im Kloster Tegernsee.
Variante: Bei **23,7/954:** An der Verzweigung im Auslauf der langen Gefällstrecke links auf dem breiten Söllbachtalweg weiterfahren. Ca. **km 30,0** in Abwinkel (Bad Wiessee) nach rechts über die Söllbachbrücke. Nach 50 m Anschluß an die Normalroute bei **km 31,0** (schneller, aber nicht so schön!).
Karte: Bayerisches Landesvermessungsamt, 1:50 000 »Mangfallgebirge«.
Übernachten: Kuramt Tegernsee, Tel. 0 80 22 / 18 01 40.
Anschlußtouren: Nr. 28 und 30.
Sehenswertes: Weißachklamm, Klosterkirche in Tegernsee.

Grober Schutt und eine beträchtliche Steigung setzen bei der kurzen Auffahrt zum Eingang der Weißachklamm eine gewisse »Sattelfestigkeit« voraus.

Katzental

26

Von Eschenlohe über Höllenstein und Oberau in die Loisachauen

Charakter: Leichte Tour, langgezogene Steigungs- und Gefällstrecke auf glatten Forst- und Karrenwegen, Bademöglichkeit im Naturfreibad Oberau.
Streckenschwierigkeit: 16,9 km I; 400 m 6%↗, 300 m 5%↘, 1,0 km 7%↘, 200 m 8%↘, 600 m 14%↘.
Streckenlänge: 16,9 km.
Höhenmeter: 186 Hm.
Fahrzeit: 1¼ Std.

Zwischen Oberau und Eschenlohe begleiten Moorflächen den Lauf der Loisach; im Hintergrund scheint die Zugspitze den Talschluß zu bilden.

Noch bevor man zur Fahrt durch das Katzental aufbricht, empfiehlt sich ein Blick in die Eschenloher Pfarrkirche St. Clemens. Sie ist ein Spätwerk des bekannten Barockbaumeisters Johann Michael Fischer; besondere Beachtung verdient das außerordentlich schmuck gearbeitete Chorgestühl. Später, bei der Auffahrt ins versteckte Katzental, kommt man am Einödhof Höllenstein vorbei. Er liegt unter einer mutmaßlich vom fließenden Wasser geformten Felswand. Es hat den Anschein, daß hier während der Alpenauffaltung und Landhebung ein Fluß diese Felswand geformt hat. Die erdgeschichtliche Loisach floß von ihrem Ursprung, dem einstigen Ehrwaldsee, zum Inn, bis ein gigantischer Felssturz den Schutthaufen des Fernpasses hinterließ und den Seeabfluß, die Loisach, nach Norden umlenkte.

Im stillen Katzental begleitet der Forstweg waldumsäumte, flache Moore, allerdings – die Katzen fehlten! Oder heißt die Gemarkung Katzental, weil man hier früher die überzähligen Viecherl ertränkte? Die Abfahrt nach Oberau führt am Naturfreibad Oberau vorbei. Das große, an einem Berghang gelegene und von einem Wildbach gespeiste Bad kostet keinen Eintritt und ist ein Relikt aus der Nachkriegszeit – ganz im Stil der damaligen Moderne gehalten. Vermutlich wurde es seit der Einweihung niemals renoviert, und eisiges Bergwasser bietet sich für den, der's mag, zum Schwimmen an.

Natürlich muß auch der Ferienort Oberau seinen Golfplatz haben. Und wo plant man diesen? Natürlich in die nutzlosen Öd- und Moorgebiete, wo die weidenden Kühe so tief in den Boden einsinken würden, daß man sie nicht mehr melken könnte. Also hat man die schönen, stillen Flächen, auf denen einst Riedgräser und im Frühjahr Enzian und Knabenkraut blühten, mit Kies überschüttet und Einheitsrasen gesät, damit die Golfer das Geld im Land lassen – bravo!

Die ursprüngliche Schönheit der Loisachauen zwischen Farchant und Eschenlohe läßt sich aber noch bei den Siebenquellen, einem glasklaren, eiskalten Hangwasserbach, in aller Stille erleben.

Die Route

0,0/636 Vom Bahnhof Eschenlohe gleich nach rechts in die Anliegerstraße zwischen dem Gasthaus Werdenfels und dem Gleiskörper. Nach 400 m am Straßendreieck geradeaus auf die Kirche zu. Nach 40 m geradeaus über die Kreuzung (Achtung, die Querstraße ist oft stark befahren, da Autobahnzubringer) in die Michael-Fischer-Straße. Die Kirche rechts liegen lassen. Nach 90 m zwischen Feuerwehr und Kriegerdenkmal nach rechts in die Höllensteinstraße. Nach 300 m geradeaus durch die Unterführung. Nach 70 m geradeaus auf der Teerstraße weiter.

1,2/640 An der Kreuzung geradeaus in die Autobahnunterführung. Nach 290 m auf der Teerstraße in das Höllensteintal.

3,0/638 Den Einödhof Höllenstein rechts liegen lassen. Nach 700 m Teerende. Geradeaus bergauf (400 m 6% ⬈). Nach 1,1 km an der Forstwegverzweigung im Wald links. Ab hier Richtung »Oberau, Wegnr. 2«. Nach 100 m am Wegedreieck nach der Bachbrücke links . Nach 80 m die Abzweigung links liegen lassen und geradeaus am Bach entlang talaufwärts. Nach 900 m am Forstwegedreieck rechts (geradeaus). Nach 40 m den Rechtsabzweig ignorieren und ins Katzental einfahren (200 m 8% ⬊ und 600 m 14% ⬊).

6,2/750 Die Linksabzweigung liegen lassen und geradeaus weiterfahren. Nach 1,2 km in der Linkskehre mit dem Wegweisermast (Beschriftung »W 1«) und der Sitzbank rechts ab, durch den Bach oder etwas unterhalb über

Bei der Abfahrt vom Katzental nach Oberau; von hier zeigt sich der Jubiläumsgrat von der Zugspitze (rechts) zur Alpspitze (links) in seiner ganzen Länge.

den Steg. Anschließend links und am Zaun entlang bergab (1,0 km 7% ↘). Nach 300 m geradeaus über den Bach und an der folgenden Kreuzung geradeaus nach Oberau in die Mühlstraße.

8,1 / 672 Nach links in die Hauptstraße einmünden. Nach 150 m die Münchner Straße kreuzen. Am Gasthaus Post vorbei auf den Bahnhof zuhalten. Nach 40 m vor dem Bahnhofsgebäude rechts. Dann am Gleiskörper entlang bis zum Bahnübergang. Nach ca. 200 m über die Bahn. Die Straße »An der Loisachbrücke« nach schräg links queren und zum ausgewiesenen Fuß-/Radweg auf dem Loisachdamm fahren. Loisachaufwärts zur Brücke fahren. Nach 500 m nach Querung der Loisach Richtung »Eschenlohe« (Variante am rechten Loisachdamm nach links ab) geradeaus. Nach 700 m den Golfplatz rechts liegen lassen und weiter in Richtung »Eschenlohe«. Nach 50 m links Richtung »Sieben Quellen«.

11,8 / 650 Die beiden im Abstand von 600 m aufeinanderfolgenden Rechtsabzweiger ignorieren.

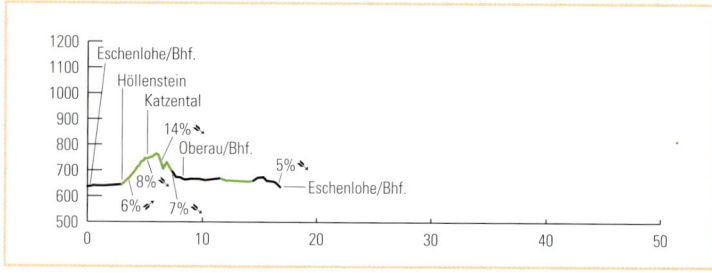

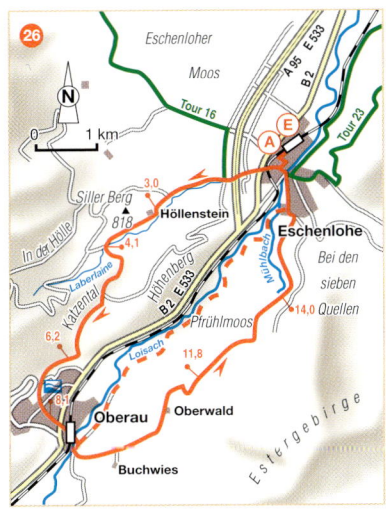

14,0 / 658 An den »Sieben Quellen« vorbei und nach 1,3 km zum Ortsanfang von Eschenlohe. Geradeaus hinunter (300 m 5% ↘). Nach 300 m rechts einmünden. Nach 60 m an der Kreuzung geradeaus. Nach 500 m links über die Loisach Richtung »Radweg Murnau« und geradeaus auf die Kirche zu. Nach 200 m am Kriegerdenkmal rechts. Nach 400 m links zum Bahnhof abbiegen.

16,9 / 636 Bahnhof Eschenlohe

Fahrstrecke: 0,0 Bahnhof Eschenlohe – 1,5 Höllensteintal – 7,7 Oberau/Mühlstraße (¹/₂ Std.) – 14,0 An den Sieben Quellen (1 Std.) – 16,9 Bahnhof Eschenlohe.

Orientierung: Ausgezeichnet.

Beginn der Tour: Eschenlohe/Bahnhof.

Autoanreise: Auf der Autobahn A 95 bis zur Autobahnausfahrt Eschenlohe.

Bahnanreise: Bahnhof Eschenlohe, Interregio und Fernverkehr.

Fahrt zum Startort: Im Zentrum von Eschenlohe nach links der Wegweisung zum Bahnhof folgen.

Alternativer Startort: Oberau/Bahnhof.

Streckenprofil: 9,3 km Teerstraße, 7,3 km Piste, 0,3 km Singletrail.

Landschaftsbild: 60% Bergwald, 40 % Flußauen- und Moorlandschaft.

Achtung: Wanderer und Kraftfahrzeuge.

Sturzgefahr: Kleinkörniger Riesel auf manchen Teerstrecken, Schlaglöcher, Wildholz.

Rast: In Oberau.

Karten: Bayerisches Landesvermessungsamt, 1:50 000 »Werdenfelser Land und Karwendelgebirge«.

Übernachten: Fremdenverkehrsverband Murnau, Tel. 0 88 24 / 82 28.

Anschlußtouren: Nr. 16, 23.

Tip: Im Sommer das originelle Naturfreibad Oberau besuchen!

Sehenswertes: In Eschenlohe die Kirche von Michael Fischer sowie die Asam- und die Gachentodklamm.

Isarwinkel

27

*Von Mittenwald durch das Isartal
nach Vorderriß*

Charakter: Leichte, ausgedehnte Talfahrt, eine kurze Trialstrecke mit Furt und grobem Schutt; ständig herrliche Ausblicke auf das Karwendel- und Wetter- steingebirge.
Streckenschwierigkeit: 46,7 km I, 2 km bis II, eine Furt III; 200 m 5%↗, 200 m 8% ↗, 400 m 16%↗; 2,2 km 7%↘, 100 m 8%↘, 100 m 14%↘.
Streckenlänge: 48,7 km.
Höhenmeter: 569 Hm.
Fahrzeit: 2 ³/₄ Std.

Bei der flotten Fahrt über den Golfplatz in Wallgau sind die felsigen Gipfel der Soierngruppe, einer Gebirgskette im Vorkarwendel, eindrucksvoller Hintergrund.

Isarwinkel heißt das Isartal zwischen Lenggries und Wallgau und hat doch mit einem Winkel gar nichts zu tun. Eine bessere Beschreibung der Landschaft wäre »Graben« oder »Furche«, selbst »Isarrinne« wäre noch anschaulicher als dieser seltsame »Winkel«, der gar nicht verwin- kelt, sondern langgestreckt, übersichtlich und zwischen zwei langgezo- genen Bergflanken eingebettet ist.
Seit 1956 der Isarstausee bei Fall geflutet wurde, ist es mit der Isar vor- bei. Ein zusätzlich bei Krün eingebautes Auffangbecken mit Ableitung zum Walchensee macht dem einst so mächtigen Alpenfluß den Garaus,

geblieben ist eine Flußleiche. Hatte die ungebändigte Isar dereinst Jahr für Jahr bei Frühlings- und Sommerhochwassern mit ihrem gewaltigen Geschiebefluß auch feine Sedimente und Samenkapseln zahlloser Alpenpflanzen über ihre Kiesfächer geschwemmt und den Grundwasserspiegel aufgefrischt, so finden sich dort heute nur noch öde, vertrocknende Schwemmländer und Auen, die, an absinkenden Grundwasserspiegel leidend, allmählich versteppen. Krüppelkiefern, Fichten, Birken, Weiden und Erlengehölze haben sich von Hochwassern ungestört hier einen paradiesischen Lebensraum geschaffen. Dabei von einer Naturlandschaft oder gar einem Vogelparadies zu sprechen, das ist der blanke Hohn – »Landschaft aus zweiter Hand« könnte dieses Isartal jetzt heißen, das ruiniert wurde, damit der Strom aus der Steckdose fließe.
Ist es nicht merkwürdig, daß sich jene Gemeinden im Isartal, die einst vor den Hochwassern am meisten zittern mußten, gegen eine Ableitung des Isarzuflusses Rißbach – ebenfalls in den Walchensee – sträubten und 1958 sogar zum Protestieren auf die Straße gingen? Ganz abgesehen von den Bewohnern Falls, die ihr natürlich gewachsenes, altes Dorf räumen und auf einen Waldbuckel neben dem Isartal in neue, häßliche Häuschen umziehen mußten. Wer nach dem Winter über die Sylvensteinseebrücke fährt, wenn der Stausee Niederwasser hat, kann Glück haben und die Grundmauerreste des alten Fall aus dem Wasser ragen sehen...

Die Route

0,0/912 Vom Bahnhof Mittenwald rechts Richtung »Karwendelbahn«. Nach 120 m rechts Richtung »Innsbruck/München« in die Dammkarstraße. Nach 30 m über den Bahnübergang. Nach 120 m links. Nach 80 m in die Linkskurve und 110 m weiter nach rechts in die Rehbergstraße. Dann nach rechts über den Kanal und die Isarbrücke. Nach 90 m links Richtung »Krün« (Radlerlogo). Nach 350 m auf dem Isardamm nach links in den Fuß-/Radweg.

2,0/906 Nach links in die Teerstraße einmünden. Nach 100 m vor der Kurve links einfahren. Nach 200 m an der Straßenverzweigung vor der Kaserne rechts . Nach 500 m unter der B 11 hindurch und weiter in Richtung »Krün«. 100 m weiter vor Einfahrtsmöglichkeit in die B 11 rechts ab. Nach

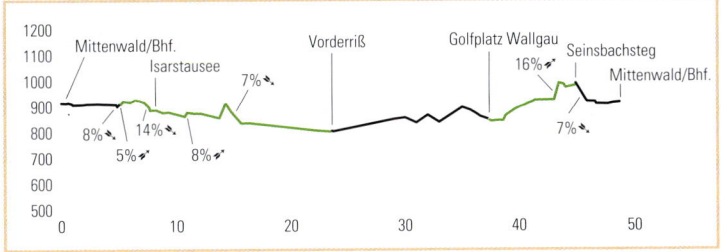

Ob der Marchgraben viel oder wenig Wasser führt – ohne Fahrtechnik und Mut zum Risiko kommt man nicht durch den Kies des Bachbettes.

200 m links weiter Richtung »Krün« (100 m 8% ↘). Den Seinsbach überqueren. Die Rechtsabzweigung nach der Seinsbachbrücke ignorieren (dieser Weg endet!) und der Teerstraße durch die Rechtskurve hinauf folgen.

5,2/911 Rechts ab auf die Forststraße Richtung »Krün« (200 m 5% ↗). Nach 280 m am Wegedreieck im Wald nach links hinunter Richtung »Krün«. Nach 560 m an den drei aufeinanderfolgenden Rechtsabzweigungen geradeaus.

7,6/900 An drei aufeinanderfolgenden Linksabzweigern, am Wegkreuz und an der anschließenden Abzweigung nach rechts (100 m 14% ↘).

9,3/879 An der Wegverzweigung links Richtung »Isarsteg, Auhütte, Wallgau«. Nach 1,1 km entweder weiter im Trockental der Isar oder geradeaus auf breiter Forststraße flach ansteigend. Bei der Fahrt im Trockental nach 300 m rechts einmünden und bergauf, nach 200 m nach links in die Forststraße abbiegen (8% ↗). Ab hier der Wegweisung Richtung »Vorderriß« folgen.

11,5/860 An der ersten Verzweigung links. Nach 130 m an der zweiten rechts auf der Forststraße bleiben und nach weiteren 470 m an der Kreuzung am Bachbett geradeaus.

13,7/856 Geradeaus die Forststraßensteigung hinauf. Nach 500 m am Wegedreieck links. Nach 100 m links abzweigen, dann durch die Bachfurt. Anschließend 400 m Trial (I+). An der Kreuzung geradeaus. Nach 2 km nach links einmünden (1,3 km 7% ↘).

22,3/818 Die Rechtsabzweigung Richtung »Soiernweg« ignorieren. Anschließend nach links über die Isar und nach rechts in die Teerstraße nach Vorderriß einmünden. Nach 1,3 km nach dem Mauthäuschen die Isar zum Gasthaus Post in Vorderriß queren; hier zurück über die Isarbrücke Richtung »Mittenwald 22 km«.

35,7/887 Nach dem Mauthäuschen links Richtung »Wiesenweg nach Wallgau«. Durch das Tor auf den Golfplatz fahren. Nach 500 m rechts. Nach 400 m am Ortsrand von Wallgau links in die Kalkbrennerstraße abbiegen.

37,4/851 Nach links in die Kiesstraße einmünden und zum Isarsteig. Am Gegenufer rechts Richtung »Mittenwald«. Nach 400 m an der Verzweigung rechts an der Erlen- und Weidenreihe weiter flußauf. Nach 640 m an der Verzweigung den linken, breiteren Weg nehmen. Nach 160 m an der überdachten Holzbank rechts in den Hinfahrtsweg (nach Vorderriß) einmünden.

39,7/863 Die Rechtsabzweigung zur Krüner Isarbrücke ignorieren und nach 1,7 km unter der Hochspannungsleitung geradeaus.

43,0/924 Nach links bergauf (400 m 16 %↗) Richtung »Fereinalm, Mittenwald« (wenn man nach rechts einmündet, bewegt man sich vollends auf dem Anfahrtsweg zurück). Nach 300 m rechts ab Richtung »Isartalrundweg

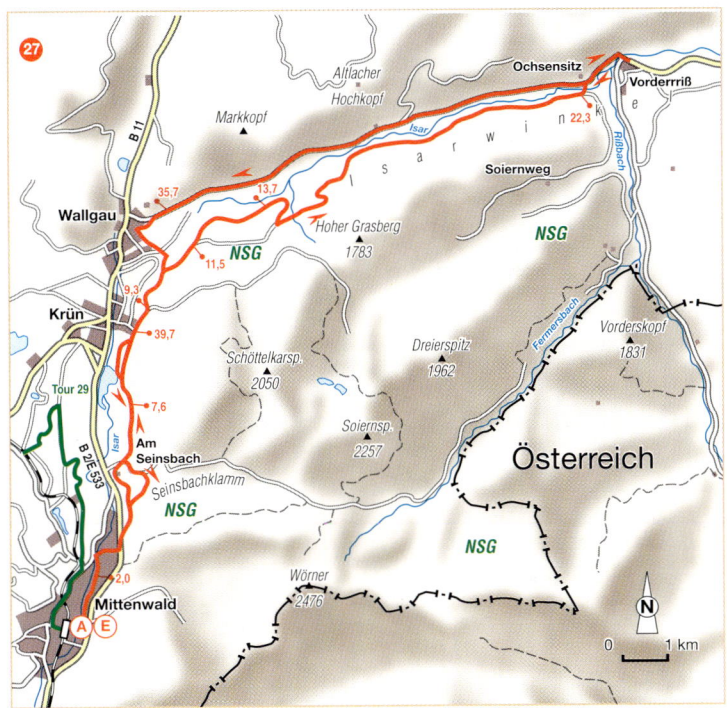

Wegnr. A 1«. Nach 460 m bei der Verzweigung im Wald rechts bergab (900 m 7% ↘). Nach 180 m den Seinsbach auf dem Steg queren und am Gegenufer steil oder in Kehren flach bergauf. Nach 300 m an der Kapelle nach rechts bergab in die Forststraße.

45,8/920 Nach links in die Teerstraße. Die B 11 unterqueren. Nach 700 m rechts ab Richtung »Offiziersheim«. Nach 280 m nach rechts in den Fuß-/Radweg.

48,2/910 Nach rechts über die Isarbrücke. Dann nach links in die Vorfahrtsstraße. Nach 100 m in die Dammkarstraße, die Bahnlinie queren und links zum Bahnhof Mittenwald abzweigen.

48,7/912 Mittenwald/Bahnhof.

Fahrstrecke: 0,0 Mittenwald/Bahnhof – 10,4 Isar-Trockental ($\frac{1}{2}$ Std.) – 23,6 Vorderriß/Gasthaus Post (1$\frac{1}{4}$ Std.) – 36,6 Wallgau – 39,7 Krüner Isar-brücke – 48,7 Mittenwald/Bahnhof.
Orientierung: Ausgezeichnet, da der Flußlauf die Richtung vorgibt.
Beginn der Tour: Mittenwald/Bahnhof.
Autoanreise: Auf der A 95 und über Garmisch nach Mittenwald.
Bahnanreise: Bahnhof Mittenwald, Interregio und DB-Fernverkehr.
Fahrt zum Startort: Der Wegweisung zum Bahnhof folgen.
Alternative Startorte: Vorderriß, Wallgau.
Streckenprofil: 13,2 km Teerstraße, 33,5 km Piste I, 2,0 km Trial I und II+.
Landschaftsbild: 30 % Bergwald, 50 % Auwälder der Niederterrasse, 20 % Almen- und Wiesen.
Achtung: Fußgänger, Kraftfahrzeuge, Hunde und Weidevieh.
Sturzgefahr: Loser Kies, Schlaglöcher, Wurzeln, Fahrfehler bei der Fahrt durch die Furt.
Rast: Gasthaus Post in Vorderriß und und Gasthäuser in Wallgau.
Karten: Bayerisches Landesvermessungsamt, 1:50 000 »Werdenfelser Land und Karwendelgebirge«.
Übernachten: Fremdenverkehrsverein Mittenwald, Tel. 0 88 23/3 39 81.
Anschlußtour: Nr. 29.
Sehenswertes: In Wallgau die Bürgerhäuser mit Schindeldächern und Lüftlmalerei, z. B. Dorfplatz 5 und 6 aus den Jahren 1681 und 1763 und die spätgotische Pfarrkirche St. Jakob; in Vorderriß die von König Ludwig II. er-baute neugotische Kapelle am Rand der Moränenschüttung; in Mittenwald die Pfarrkirche St. Peter und Paul, vom Wessobrunner Baumeister Josef Schmuzer 1738 – 1740 erbaut, das Spital zum Hl. Geist am Obermarkt, Bürger-häuser mit Lüftlmalerei aus dem 18. Jahrhundert und das Geigenbauer- und Heimatmuseum in der Ballenhausgasse 3.

Elendsattel

Von Tegernsee über das Forsthaus Valepp und den Elendsattel ins Leitzachtal

Charakter: Lange, stellenweise schwierige Bergfahrt, makellose Bergland-schaft im ursprünglich erhaltenen Kloo-Ascher-Tal; herrliche Fahrt an reißenden Wildbächen entlang.

Streckenschwierigkeit: Mehrere Steilabsätze bei der 3,4 km langen Auffahrt zum Suttengebiet, Abfahrt vom Elendsattel (II+) in den Elendgraben und von der Kühzaglalm ins Rottachtal auf je ca. 600 m stark abschüssig und schutt-übersät (II– und II – III), sonst I. 900 m 5%, 3 km 6%↗, 1,2 km 7%↗, 400 m 8%↗, 3,5 km 10%↗, 1,5 km 12%↗, 100 m 24%↗; 1,7 km 6%↘, 1,2 km 7%↘, 4,5 km 12%↘, 100 m 14%↘, 100 m 18%↘.

Streckenlänge: 70,1 km.

Höhenmeter: 1282 Hm.

Fahrzeit: 4 ³/₄ Std.

In manchen Jahren liegt auf dem Bergsattel an der Elendalm noch bis weit in den Frühling hinein der Schnee

Gleich im Rottachtal beginnt für den Biker mit bissiger Forststraßennei-gung die erste Herausforderung! Die Hand mit dem frottee-besetzten Bikerhandschuh tastet zittrig über die heiße Stirn, um den Schweiß daran zu hindern, in die Augen zu rinnen. Zudem stülpt sich im steilen, engen Taleinschnitt dem Fremden, dem Flachlandtiroler die alpine Um-rahmung wie ein zu großer Hut über Helm und Kopf, während unten im

Landkreis Miesbach

Der höchst seltene Alpine Beißwurm *(Tubustubus Alpinensis).*

Felsenschlund die Rottachfälle gurgeln und irgendwo hoch oben über dichtem Waldmantel Windböen um eisige Grate heulen.

Sehr fern der liebgewonnenen Zivilisation und noch viel wildwüchsiger sind dann Elendsattel und Elendgraben – letztes Refugium des gefährlichen, nachtaktiven Alpinen Beißwurms *(Tubustubus Alpinensis)*, im Volksmund »Bergstutzen« genannt. Zu abendlicher Stunde ist man gut beraten, diese Gegend zu meiden! Armdick wird der schlangenartige Warmblüter mit seinen zwei, selten auch vier Füßen. Früher war dies Untier in den Alpen weit verbreitet.

Über den Beißwurm wird berichtet, daß er überaus schnell zubeißt, daß er einen tödlich giftigen Hauch besitzt und daß schon sein bloßer Blick zum Ableben führen könne. Wer diesem meterlangen Geschöpf je begegnen sollte, der bleibe auf dem Bike, schließe die Augen, löse die Bremsen, denn wer bremst, verliert! Wer gerade bergauf gondelt, kehre auf der Stelle um! Ein Tip noch: *Tubustubus Alpinensis* läßt sich, authentischen Berichten zufolge, wie der Grizzlybär, durch schrille Pfiffe verjagen – vermutlich tut´s auch die Bikeglocke!

Felsstufen und die Klippen des Elendgrabens begleiten den Abwärtslift vom Elendsattel und zur Almhütte Kloo-Ascher, in der in der Legende nach der Geist eines verstorbenen Sennen haust. Zwei Burschen aus Bayrischzell verbrachten einmal die Nacht auf dem Heuboden, um dem Geist aufzulauern. Zu ihrem Entsetzen wurde es mitten in der Nacht in der Hütte gleißend hell. Der Geist des Sennen trat ein, hantierte mit den Melkkübeln, als lebte er noch. Als er sich anschickte, in den Heuboden zu steigen, flohen die Burschen. Noch tagelang seien sie schreckensbleich gewesen, und erst viel später erzählten sie ihr schauerliches Erlebnis.

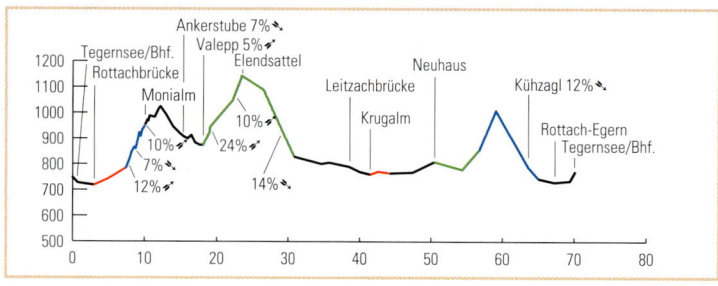

186

Die Route

0,0/770 Vom Bahnhof in Tegernsee rechts leicht bergab (600 m 6%↘). Nach 120 m am Abzweig der Karl-Theodor-Straße geradeaus vorbei auf der Vorfahrtsstraße. Die Ampel geradeaus passieren. Nach 580 m links in die B 307 Richtung Achensee.

3,0/730 In Rottach vor der Rottachbrücke links auf den geteerten Dammweg fahren.

5,0/784 Nach rechts über die Rottachbrücke, dann nach links auf den Dammweg Richtung »Suttengebiet«, dieser Wegweisung ab hier stets folgen.

7,3/787 An der nächsten Brücke links auf die Teerstraße. Nach 200 m den Parkplatz linker Hand nach schräg links überqueren und in den gekiesten Forstweg Richtung Wegweisung »Valepp, Erzherzog-Johann-Klause« einfahren (500 m 12%↗). Nach 1,0 km geradeaus (500 m 12%↗; dann rechts ginge es quer über die Mautstraße zu den Rottachfällen hinunter). Nach 200 m nach links in die Teerstraße einmünden und nach 100 m rechts zum Rottachufer. Nach 200 m den Rechtsabzweig über die Rottach liegen lassen und nach 100 m Auffahrt auf der Teerstraße geradeaus.

9,3/924 Oberhalb der riesigen, eingezäunten Wildfütterungsanlage rechts (200 m 7%↘). Nach 200 m am Wegedreieck nach der Gefällstrecke nach links aufwärts (12 %↗). Nach 500 m an der Wegverzweigung in Straßennähe links und nach 100 m geradeaus über das Wegkreuz. Nach 300 m schräg nach links den Parkplatz des Sessellifts überfahren, die Schranke passieren, anschließend neben dem Liftgebäude rechts auf die Teerstraße und nach 100 m links in die Mautstraße einbiegen (bis hierher 304 Hm.).

10,7/988 Das Gasthaus Monialm links liegen lassen. Nach 700 m geradeaus

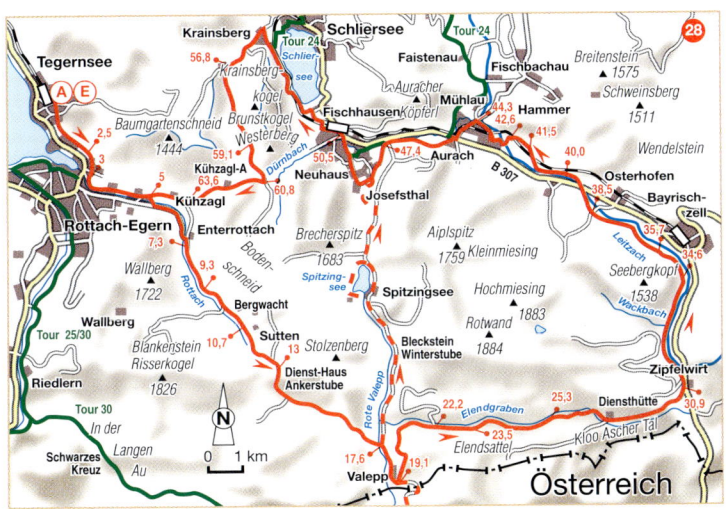

In aller Herrgottsfrüh starten im Frühjahr Snowboarder und Tourenskifahrer zu den letzten verbliebenden Firnfeldern, hier fahren sie zum Elendgraben hinauf.

weiter, und auf der Teerstraße im flachen Steigungswinkel bergauf (600 m 6% ↗).

13,0 / 1010 Die Ankerstube links liegen lassen (1,0 km 7% ↘ und 1,1 km 6% ↘).

17,6 / 878 Am Straßendreieck bei der Einmündung der Roten in die Weiße Valepp geradeaus Richtung »Valepp«. (Nach links ist hier eine Streckenabkürzung via Wurzhütte – Spitzingsee – Münchner Haus – Spitzingsattel – Josephstal – Neuhaus auf leichten Strecken möglich, ca. 15,0 km und 375 Hm.) Nach 500 m das Forsthaus Valepp links liegen lassen (900 m 5% ↗ und 100 m 24% ↗).

19,1 / 946 Am Wegedreieck links hinauf Richtung »Elendsattel, Kloascher«. Nach 600 m geradeaus Richtung »Elendsattel« (1,1 km 10% ↗).

22,2 / 1048 Am Wegedreieck geradeaus Richtung »Bayrischzell«. Nach 100 m den Rechtsabzweig ignorieren (1,2 km 7% ↗).

23,5 / 1143 Geradeaus über den breiten, langen Elendsattel. Es folgt eine fotogene Hochalm mit einer aus Holzblöcken erbauten Almhütte, linker Hand ein Wasserfall (100 m 14% ↘). Der Karrenweg erreicht den nächsten Geländeabsatz mit einem kurzen Steilstück, durch die beiden steilen Schuttkehren zum Elendgraben abfahren (100 m ca. 18% ↘, II+).

25,3 / 1016 Im Elendgraben nach 500 m mit Schwung durch die Furt (I+)!

30,9 / 828 Neben dem Gasthaus »Zipflwirt« nach dem Hydranten und noch vor der Garage links in den gekiesten Weg über die Wiesen zum Bergfuß. Nach 400 m zwischen Trafohäuschen und Linksabzweig zum Wasserfall geradeaus in den gekiesten Rad-/Fußweg. Nach 600 m erst die Leitzach, dann den Parkplatz überqueren. Nach 400 m auf die überdachte Holzbank zufahren.

34,6 / 801   Den Brückenabzweig zum Sägewerk ignorieren.

35,7 / 806   In Bayrischzell am Seeberg (Freizeitzentrum) die Leitzachbrücke rechts liegen lassen und geradeaus weiter Richtung »Radwanderweg Bayrischzell – Holzkirchen«. Nach 400 m entsprechend dem Radlogo nach rechts über die Leitzachbrücke. Anschließend gleich links und an der Leitzach entlang (Teerende). Nach 500 m wieder die Leitzach queren und anschließend dem Wegweiser »Geitau, Taubenstein« folgen. Nach 100 m an der Wegverzweigung rechts (die Wegweisung nach Geitau über die Seebergau ignorieren).

38,5 / 790   Nach links über die Leitzachbrücke, anschließend am Ufer entlang flußabwärts. Nach 500 m nach rechts über die Brücke und gleich nach links Richtung »Geitau«.

40,0 / 770   Auf der Straßenbrücke auf die rechte Straßenseite (B 307) auf den Rad-/ Fußweg wechseln. Nach 200 m gegenüber von Geitau (linker Hand im Talwinkel am Fuß von Hochmiesing und Aiplspitz) rechts ab über die Leitzachbrücke Richtung »Klooleithcn«. Nach 200 m am Wegedreieck geradeaus. Nach 500 m vor der Bahnunterführung an dem Holzbrunnen links zum Bahnhof hinauf. Den Bahnhof rechts liegen lassen.

41,5 / 760   Nach rechts über den Bahnkörper, dann links neben dem Gleis weiter. Nach 500 m wieder über den Gleiskörper auf die linke Seite zurück.

42,6 / 771   Kurz nach dem Wirtshaus Krugalm links auf den Wiesenweg Richtung Wegweiser »Hagnberg, Hammer«; die Stege über das Moos sind alle gut befahrbar. Nach 400 m nach der Leitzachbrücke nach rechts auf den Dammweg und gleich nach links hinunter auf die Teerstraße und durch den Ort. Nach weiteren 400 m auf der Teerstraße am Wegedreieck rechts Richtung Wegweisung »Hammer, Aurach/Bahnhof«. Dann über die Bahnlinie und den Gasthof Hammer links liegen lassend zur Vorfahrtsstraße fahren.

44,3 / 765   An der Vorfahrtsstraße nach links in den Rad-/Fußweg abbiegen. Nach 800 m kurz vor der Straßeneinmündung in die B 307 diesem Rad-/Fußweg auf die rechte Straßenseite hin folgen und nach rechts in die B 307 abbiegen. Nach 100 m links ab, und am Gasthaus Aurach vorbei Richtung Wegweiser »Schliersee« (Radlogo).

47,4 / 768   Die Spitzingseestraße geradeaus kreuzen und in die Teerstraße Richtung »Josephstal« einfahren, nach 300 m Ortsanfang von Neuhaus. Nach 800 m nach der Bachbrücke geradeaus Richtung »Neuhaus« in die Aurachstraße einfahren. Nach 500 m nach rechts in Richtung »Neuhaus« bergab einmünden.

50,5 / 810   In Neuhaus an der B 307 nach links in den Rad-/Fußweg abbiegen. Nach 300 m vor der Bahnschranke links in die Wendelsteinstraße Richtung »Radwanderweg Miesbach – Holzkirchen«. Nach 100 m den Bahnhof Fischhausen-Neuhaus rechts liegen lassen. Nach 200 m nach rechts unter der Bahnunterführung hindurch und danach links Richtung »Fischhausen, Schliersee«. Nach 700 m am Wegedreieck geradeaus zum Seeufer hinunter. Nach 100 m am Seeufer links.

Nach der steil abfallenden, steinigen Kehrenabfahrt wird der Biker von den Fluten der Elendgrabenfurt gekühlt.

54,4 / 780   Nach der Bachbrücke nach links durch die Siedlung Krainsberg. Nach 700 m nach links in die Breitenbachstraße Richtung Wegweiser »Prinzenweg, Tegernsee« abbiegen. Nach 100 m die Kreuzung nach der Bachbrücke geradeaus passieren Richtung Wegweiser »Westerberg-Höhenweg/W 10«. Nach 300 m an der Wegverzweigung rechts in die Hennererstraße. Den See rechts liegen lassen. Nach 400 m den Linksabzweig ignorieren und geradeaus über die Breitenbachbrücke Richtung »Prinzenweg, Tegernsee« fahren.

56,8 / 858   An der großen Holztafel (linker Hand mit Aufschrift) nach links ab und über den Bach Richtung Wegweiser »Tuftalm, Bodenschneidhaus« (2,3 km bis 10% ↗).

59,1 / 1010   Den Rechtsabzweiger zu den Unteren Krainsbergalmen liegen lassen. Nach 900 m geradeaus Richtung »Bodenschneidhaus«. Nach 400 m rechts ab Richtung »Über Kühzagl nach Enterrottach und Tegernsee«. Nach 200 m die Kiesgrube rechts liegen lassen.

60,8 / 1130   Rechts ab Richtung Wegweiser »Über Kühzagl nach Enterrottach und Tegernsee«. Nach 100 m beginnt die schwierige Karrenwegabfahrt (anfangs II–; 100 m 12% ↘, 100 m 18% ↘, nach der Kühzaglalm ca. 600 m II – III; 4,5 km um 12% ↘) nach Kühzagl.

63,6 / 790   In Kühzagl nach rechts in die Teerstraße abbiegen.

65,1 / 743   Vor der Rottachbrücke rechts auf den Dammweg.

67,2 / 730   In Rottach nach rechts in die B 307 einbiegen.

69,4 / 735   In Tegernsee am Kloster nach rechts bergauf der Wegweisung zum Bahnhof folgen. Die Ampel geradeaus passieren, den Berg hoch und nach 600 m (6% ↗) vor der Post im rechten Winkel nach links.

70,1 / 770   Tegernsee/Bahnhof.

Fahrstrecke: 0,0 Tegernsee-Bahnhof – 3,0 Rottach/Rottachbrücke – 10,7 Gasthaus Monialm – 17,6 Zusammenfluß der Roten mit der Weißen Valepp – 23,5 Elendsattel (1³/₄ Std.) – 25,3 Elendgraben – 30,9 Wirtshaus Zipflwirt (2 Std.) – 35,7 Bayrischzell/Am Seeberg – 40,0 Geitau – 42,6 Wirtshaus Krugalm – 47,4 Spitzingseestraße – 50,5 Neuhaus – 54,4 Krainsberg (3¹/₄ Std.) – 61,2 Kühzaglalm (4 Std.) – 63,6 Kühzagl – 67,2 Rottach – 70,1 Tegernsee/Bahnhof.

Orientierung: Sehr gut.
Beginn der Tour: Tegernsee/Bahnhof.
Autoanreise: Auf der A 8 Richtung Salzburg bis Ausfahrt Holzkirchen. Weiter Richtung Gmund, Tegernsee, Achenpaß. In Gmund an der Ampel nach der Gefällstrecke geradeaus nach Tegernsee.
Bahnanreise: Bahnhof Tegernsee, Interregio.
Fahrt zum Startort: In Tegernsee der Wegweisung zum Bahnhof folgen.
Alternative Startorte: Rottach-Egern, Bayrischzell (Bhf.), Neuhaus (Bhf.), Schliersee (Bhf.), Kühzagl.
Streckenprofil: 26,5 km Teerstraße, 20,9 km Piste, 15,0 km Karrenweg, 7,7 km Singletrail.
Landschaftsbild: 65 % Bergwald, 25 % Auen der Niederterrasse, 10 % Almen und Wiesen.
Achtung: Biker, Wanderer, Hunde, Weidetiere, Kraftfahrzeuge, Forstarbeiten und Steinschlag auf Straßen und Wegen.
Sturzgefahr: Loser Riesel auf Teerdecke, Splittstreuung, Längs- und Querrinnen, grober Gesteinsschutt sowie Selbstüberschätzung im Trialbereich.
Rast: Bräustüberl im Kloster Tegernsee, Monialm, Forsthaus Valepp, Zipfelwirt, Wirtshaus Krugalm, ferner Gasthäuser in Bayrischzell, Neuhaus, Schliersee.
Karten: Bayerisches Landesvermessungsamt, 1:50 000 »Mangfallgebirge«.
Abkürzung: Ab **17,6/878** sind es ca. 12,0 km über den Spitzingsee ins Josephstal und nach Neuhaus (Anschluß an die Normalroute).
Übernachten: Kuramt Tegernsee, Tel. 0 80 22 / 18 01 40.
Anschlußtouren: Nr. 24, 25 und 30.
Sehenswertes: In Tegernsee die Klosterkirche St. Quirinus mit ottonisch-romanischen Turmuntergeschossen und einer Krypta aus dem Jahr 1041 sowie das Kloster, der Rottachfall, die Pfarrkirche von Bayrischzell.

Ferchensee

29

Von Mittenwald über Elmau um den Hohen Kranzberg

Charakter: Leichte, wunderschöne Tour, kurze Steilpassagen auf guten Wegen zum Lauter- und Ferchensee, zur verschwiegenen Elmauer Alm. Traumhaft schöne Singletrail- und Karrenwegabfahrt und endlich die Fahrt über die göttlichen »Buckelwiesen«.

Streckenschwierigkeit: 27,2 km I, 0,9 km II – III, 800 m aufgelassener Traktorweg, nachgiebiger, weicher Boden, Schlamm, Gräben. 100 m 6%↗, 1,0 km 7%↗, 1,2 km 8%↗, 300 m 10%↗, 300 m 11%↗, 400 m 12%↗, 200 m 14%↗, 100 m 23 %↗; 2,9 km 5%↘, 2,1 km 8%↘, 200 m 17%↘, 100 m 23%↘.

Streckenlänge: 28,1 km.

Höhenmeter: 720 Hm.

Fahrzeit: 2 Std.

Bei der Fahrt zur Elmauer Alm kommt man am malerischen Lautersee vorbei; er wird, wie auch der nahe Ferchensee, von der Wettersteinwand überragt

Die Römersiedlung Scarnia lag an der Handelsstraße Verona – Augsburg, der sogenannten Rottstraße, die im Mittelalter Inn und Isar miteinander verband. Ein lebhafter Handelsposten also, gestützt von der Isarflößerei, reich, und seit 1087 urkundlich als »media silva« – »mitten im Wald« – urkundlich erwähnt.

Im Jahr 1680 geschah etwas Unerwartetes: Mathias Klotz brachte aus dem italienischen Süden das Wissen um den Geigenbau mit, und fortan küßte die Muse die blühende, alte Handelsstadt. Später im anbrechenden 18. Jahrhundert offenbarte sich dieser im kalten Nordgermanien ungewöhnliche Hang zur Leichtigkeit in der Lüftlmalerei an den Fronten der Bürgerhäuser. In der Mehrzahl sind die bunten Szenarien biblischen Inhalts, doch von überraschend glückhafter Beschwingtheit, wie es schon der Name dieser Kunstgattung suggeriert. Franz Kerner und Franz Seraph Zwinck waren es, die diesen Stil meisterhaft beherrschten. Zu schade, daß ein Großteil ihrer Werke bei den Dorfbränden von 1763, 1783 und 1914 ruiniert wurde. Vieles wurde aber rekonstruiert, so daß sich der Besuch von Mittenwald auf jeden Fall empfiehlt.

Die Bikefahrt durch die Ostflanke des Wettersteingebirges ist eine brillante Schönwetterrunde. Nur klare Sicht vermag die beherrschende Stellung der Felsenfestungen der Wettersteinwand zu entschlüsseln und die ferne Gipfelpyramide der Alpspitze ins richtige Bild zu rücken. Unmittelbar am Fuß der Wettersteinwand locken zwei Badeseen, der Lautersee und der Ferchensee, zum erfrischenden Bad. Nach der heftigen Abkühlung steigt die Route hinauf zum Wamberg, wo man es sich auf der Sonnenterrasse der Almwirtschaft Elmau bequem machen kann, bevor man durch die »Buckelwiesen« ins Isartal zurückfährt.

Die Route

0,0/910 Vom Bahnhof Mittenwald geradeaus Richtung Kranzbergbahn. Nach 300 m die Vorfahrtsstraße kreuzen und links der Parkanlage in die Sackstraße einfahren, dann durch die enge Gasse. Anschließend kurz rechts, dann links in die breite Geschäftsstraße. Hier geradeaus bis zu einem dreieckigen, begrünten Platz (»Im Gries«). Dort links Richtung Wegweiser »Laintal, Lautersee«. Nach 400 m an der Kreuzung in die Laintalstraße Richtung Wegweiser »Lautersee, Ferchensee, Elmau«. Nach 50 m an dem Wegedreieck rechts (die Abzweigung der Ludwig-Murr-Straße ignorieren).

1,1/964 Beim Wegedreieck am Lainbach nach links ab, Wegweiser Richtung »Lautersee« rechter Hand im Wegspitz fällt erst nach 5 m auf. Nach 40 m

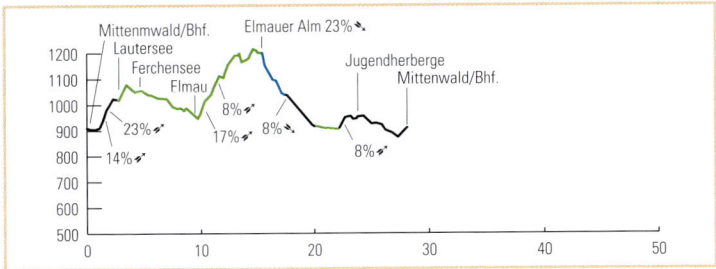

193

am nächsten Wegedreieck rechts bergauf in den für Kraftfahrzeuge gesperrten Lauterseeweg, Wegweiser »Lautersee, Ferchensee, Elmau«. Es folgen 300 m mit 10% bis 23 % Steigung. 200 m nach der Schranke an der Kreuzung mit der Teerstraße geradeaus, Wegweiser »Fahrweg Ederkanzel«. Nach 100 m nach kurzem Kieswegstück nach rechts in die Teerstraße abbiegen (Kraftfahrzeugverkehr!, 300 m 7% ⬀).

2,4 / 1022 Hier Rechtsabzweig zum Lautersee (liegt sichtbar unten in der Senke) möglich. Zum Ferchensee geradeaus weiter (700 m 7% ⬀).

5,4 / 1057 An der ersten Wegverzweigung links Richtung Wegweiser »Ferchensee«. An der gleich folgenden Wegverzweigung rechts Richtung Wegweiser »Elmau …«.

7,5 / 1002 An der dreifachen Wegverzweigung den mittleren Weg nehmen Richtung Wegweiser »Radler´s Einkehr, Elmau«. Nach 400 m an der Wegverzweigung links über die Bachbrücke.

8,4 / 1005 In Elmau entsprechend dem Radlerlogo rechts auf die Teerstraße abbiegen. Nach 100 m links über den Ferchenbach Richtung »Eckbauer, Wamberg« (200 m 12 % ⬀). Nach 200 m an der Forstwegverzweigung rechts Richtung Wegweiser »Partnachklamm, Hintergraseck«.

9,7 / 957 Über die Ferchenbachbrücke (bis hierher 279 Hm). Nach 200 m an der Forststraßenverzweigung rechts steil bergauf der Wegweisung »Gasthof Eckbauer, Almwirtschaft Graseck« folgen (400 m 13 % ⬀).

10,9 / 1043 An der Verzweigung rechts Richtung »Eckbauer« hinauf. (Variante: Links geht es über Hinter- und Vordergraseck, 2 km, ins Partnachtal und zum Skistadion von Garmisch; 6 km, 200 m 12% ⬀ und ca. 500 m bis 33 % ⬂!). Nach 600 m den Rechtsabzweig liegen lassen.

12,0 / 1107 Im Bachtal durch die Rechtskurve, dann auf der Forststraße unterhalb des Wambergrückens weiter bergauf (300 m 11% ⬀, 200 m 17% ⬂, 700 m 8% ⬀).

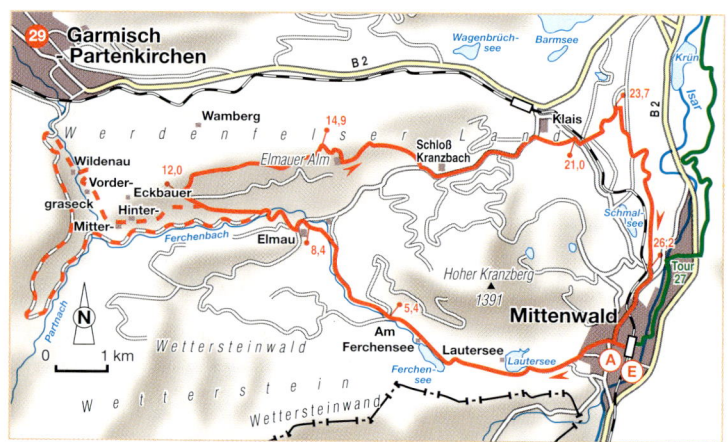

14,9 / 1222 Den Linksabzweiger nach Wamberg, Eckbauer ignorieren. Nach 100 m rechts abbiegen Richtung »Elmauer Alm, Elmau«. Nach 40 m an der Verzweigung links durch die Schranke Richtung Wegweisung »Elmauer Alm«.

15,4 / 1203 Bei der Elmauer Alm zwischen Brunnen und Almhütte geradeaus über die Terrasse. Die Stufen hinuntertragen und durch das Gatter. Anschließend Singletrail Richtung Wegweisung »Kranzbach« (II ı). Nach 100 m das zweite Gatter passieren und der Wegweisung nach Mittenwald folgen. Dann auf sehr steilem Karrenweg (100 m 23 %⬈, I–II). Nach 100 m am Weg-

Mit steilen Karrenwegpassagen endet die Abfahrt von der Elmauer Alm in der Nähe des Schlosses Kranzbach.

weisermasten links Richtung »Kranzbach, Klais« durch das Gatter mit dem Knüppeldamm hindurch. Auf der Traktorspur auf die beiden Almhütten zuhalten. Das folgende Gelände neigt zu Nässe und Weichheit, vorsichtig und vorausschauend die Quergräben durchfahren, sich an die Wegschneise in Wald und Wiese halten, damit kein Gelände leidet. Nach 500 m (100 m 8%⬈) auf die Eisenbahnschwellen auffahren (I–II).

16,3 / 1090 Beginn des Karrenweges (2 km 8 %⬈, I–II).

17,6 / 1030 Links bergab in die breite Teerstraße mit den seitlichen Begrenzungspfosten abbiegen (2,4 km 5%⬈).

20,0 / 940 An der Kreuzung mit den beiden gekiesten Forststraßen rechts abbiegen, Wegweiser »Mittenwald, Buckelwiesenrundgang« (die Wegweiseraufschrift ist genialerweise der Straße abgewandt!). Den Bach überqueren; die Forststraße ist mit dunkelgrauem Split bestreut.

21,0 / 935 Nach rechts in die stark frequentierte (!) Teerstraße abbiegen. Nach 100 m links über die Bahn der Wegweisung nach Mittenwald nachfahren. Nach der Bahnlinie am Wegedreieck rechts Richtung »Mittenwald« auf die Kiespiste. Nach 200 m geradeaus Richtung »Krün, Tennsee«.

22,2 / 940 An der Bank rechts Richtung »Hochstr., Tonihof, Mittenwald«. Nach 500 m (8%⬀) Beginn der Teerdecke. Nach 300 m am Bauernhof nach rechts einmünden Richtung »Mittenwald«. Nun fortwährend der Teerstraße folgen. Nach 200 m den Rechtsabzweig zum Hotel Tonihof liegen lassen und nach 100 m links Richtung »Bockweg, Mittenwald« (500 m 5%⬈).

23,7 / 960	Am Wegedreieck rechts Richtung »Mittenwald« (100 m 6% ✔).
26,2 / 935	Nach links (mit Vorsicht) in die unübersichtliche und verkehrsreiche Vorfahrtsstraße abbiegen. Nach 600 m Abfahrt, vor der Einmündung in die nächste Vorfahrtsstraße, am Ortsschild von Mittenwald rechts ab in die Goethestraße.
27,3 / 910	An der Straßenverzweigung mit der Garage im Spitz links. Gleich nach der Bachbrücke rechts in den Rad-/Fußweg Richtung »Ortsmitte« abbiegen. Nach 300 m geradeaus in die Vorfahrtsstraße einmünden. Weiter Richtung »Ortsmitte« und »Karwendelbahn«. Nach 300 m die Karwendelstraße kreuzen und geradeaus auf den Bahnhof zufahren.
28,1 / 910	Mittenwald/Bahnhof.

Fahrstrecke: 0,0 Mittenwald/Bahnhof – 2,4 Lautersee – 4,2 Ferchensee (^{1}/$_4$ Std.) – 8,4 Elmau (^{1}/$_2$ Std.) – 9,7 Ferchenbachbrücke – 15,4 Elmauer Alm (1^1/$_4$ Std.) – 17,6 Schloß Kranzbach – 22,2 Buckelwiesen – 28,1 Mittenwald/Bahnhof.
Orientierung: Ausgezeichnet.
Beginn der Tour: Mittenwald/Bahnhof.
Autoanreise: Autobahn A 95 bis Autobahnende bei Eschenlohe. Weiter auf der B 2 nach Garmisch. Dort entsprechend der Wegweisung »Mittenwald, Scharnitz, Brenner« weiterfahren. In die B 11 nach rechts einmünden.
Bahnanreise: Bahnhof Eschenlohe, Interregio- und Fernverkehr.
Fahrt zum Startort: In Mittenwald zum Bahnhof fahren.
Alternativer Startort: Klais/Bahnhof oder Elmau mit Pkw auf der Mautstraße erreichbar.
Streckenprofil: 10,1 km Teerstraße, 15,8 km Piste, 1,3 km Karrenweg, 0,9 km Singletrail.
Landschaftsbild: 45 % Bergwald, 55 % Almengelände.
Achtung: Forstarbeiten und Forstfahrzeuge, Biker, Autos, Wanderer.
Sturzgefahr: Loser Schutt, weiches Erdreich, Wurzeln, Quergräben.
Rast: Ferchensee, Radler's Einkehr in Elmau und Berggasthaus Elmau, Hotel Tonihof auf den Buckelwiesen.
Karten: Bayerisches Landesvermessungsamt, 1:50 000 »Werdenfelser Land und Karwendelgebirge«.
Übernachten: Fremdenverkehrsverein Mittenwald, Tel. 0 88 23 / 3 39 81.
Anschlußtour: Nr. 27.
Sehenswertes: Bei Mittenwald die Leutaschklamm mit Wasserfall, in der Innenstadt das Geigenbaumuseum in der Ballengasse 3, die stattliche Pfarrkirche St. Peter und Paul, die Bürgerhäuser in der Goethestraße 23, 28, 30, im Gries 18, Malerweg 3 (Hoglhaus), Obermarkt 1 (Gasthaus Alpenrose) und 24, Untermarkt 6, 8, 10 und Prof.-Schreyögg-Platz 6 und 8.

Bayrbachtal

30

*Von Tegernsee durch die Langenau in den
Talschluß des Bayrbaches*

Charakter: Durchweg leichte Stichtour vom schattigen Weißachtal durch die Langenau und das romantische Bayrbachtal bis an den Fuß der Halserspitze.
Streckenschwierigkeit: 51,2 km l; 3,1 km 5%↗, 700 m 6%↗, 2,0 km 9%↗, 500 m 20%↗; 3,1 km 5%↘, 700 m 6%↘, 2,0 km 9%↘, 500 m 20%↘.
Streckenlänge: 51,2 km.
Höhenmeter: 606 Hm.
Fahrzeit: 2 Std.

Die »Lange Au« macht ihrem Namen alle Ehre, doch erst nach der Langenaualm (im Bild) nimmt die Steigung zu, so daß hier erst einmal eine Verschnaufpause gut tut.

Das Vorspiel für diese Traumtour ist die Fahrt von Tegernsee an der Weißach entlang zur Schwaigeralm und weiter in die Langenau. In diesem langen Taleinschnitt zwischen Schinder und Halserspitz ist in der Landkarte neben einem »Steinernen Kreuz« noch ein »Schwarzes Kreuz« eingetragen. Letzteres ist Inhalt einer Legende: Einst war die Langenau Jagdrevier der Äbte des Klosters Tegernsee. Bei einer Jagd erschoß der Klostervorstand statt des Hirsches einen an der Jagd beteiligten Mönch, der sich hinter Büschen aufhielt. Gemäß dem damaligen Brauch ließ der Abt an der Stelle des Unfalls ein Kreuz aufstellen. Nach einem Jahr gingen Mönche des Klosters dorthin, um ihres Mitbruders zu gedenken. In dem Moment, als alle versammelt waren, schlug aus heiterem Himmel ein Blitz in das Kreuz, so daß es verkohlte. Das Kreuz ließ man stehen und nannte die Stelle fortan »Das Schwarze Kreuz«.

Die im Sommer bewirtschaftete Bayralm, weiter bayrbachabwärts und ein wenig von der Route entfernt, ist ein prima Brotzeitplatz in lauschiger Talsenke.

Während der Schneeschmelze ist das hintere Bayrbachtal ein Tal der Wasserfälle: gute drei Kilometer Urlandschaft, und man könnte glauben, in Kanada zu sein. Aus einer Kluft des nach Osten abfallenden Halserspitzkamms flutet der alleroberste Bayrbach die Felswand hinunter. Seine stürzenden Wassermassen brausen über den kantigen Fels. Doch nicht nur dieser eine Wasserfall läßt den steilen Hang gegenüber der Fahrtroute lebendig erscheinen. Es sind zahlreiche, weiß aufschäumende Gischtstreifen aus fallendem Wasser, die am Gegenhang von Wegkurve zu Wegkurve erscheinen. Am Ende der Auffahrt laden trockene, bucklige Wiesen zur Rast, und der Trail auf die Halserspitze ruft zur Wanderung, die eigentlich nach einer guten Stunde mit dem Gipfelsieg enden müßte.

Die Route

0,0/770   Vom Bahnhof in Tegernsee rechts leicht bergab. Nach 120 m (6%↘) am Abzweig der Karl-Theodor-Straße und an der Ampel geradeaus. Nach 580 m links in die B 307 Richtung Achensee.

2,5/731   An der Bushaltestelle Eybhof rechts auf den geteerten Seeuferweg. Nach 500 m den Rottachsteg passieren und am Schwimmbad links, dann rechts in die B 307. Nach 200 m an der Ampel rechts Richtung Radwegweiser »Bad Wiessee«. Fortan dieser Wegweisung folgen.

5,2/729   Vor der Weißachbrücke links in die Weißachklammstraße abbiegen. Nach 700 m neben der nächsten Brücke geradeaus weiter auf dem gekiesten Dammweg (Achtung auf Fußgänger und Hunde, langsam fahren!). Nach 300 m die Straßenbrücke der B 307 unterfahren, dazu rechts auf die Uferbefestigung des Weißachbachbetts hinunter.

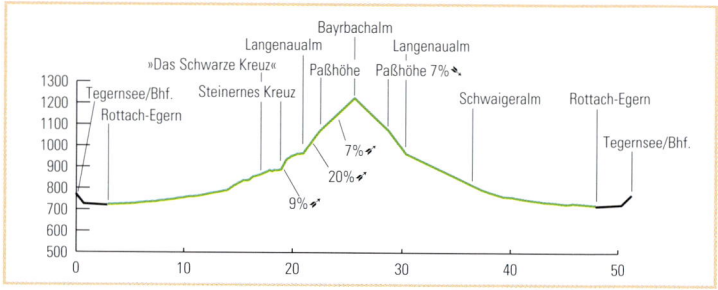

7,4/735 Dem Radwegweiser Richtung »Kreuth« folgen (Teer). Nach 300 m an der nächsten Brücke weiterhin Richtung »Kreuth« geradeaus unter der Straße hindurch. Nach 700 m Teerende.

8,6/743 An der Kreuzung geradeaus.

10,2/757 Die Teerstraße neben der Brücke geradeaus kreuzen und weiter an der Weißach entlang.

11,7/767 In Kreuth nach rechts auf das Straßendreieck vor der Weißachbrücke zu. Dort links Richtung »Wallberg, Risserkogel«. Nach 600 m geradeaus in die für Verkehr bis drei Tonnen Gesamtgewicht zugelassene Kiesstraße.

13,9/793 Am Wegedreieck vor der Bachbrücke nach links Richtung Wegweiser »Schwaigeralm« abbiegen; nach 200 m Teerende. Nach 700 m das Wirts-

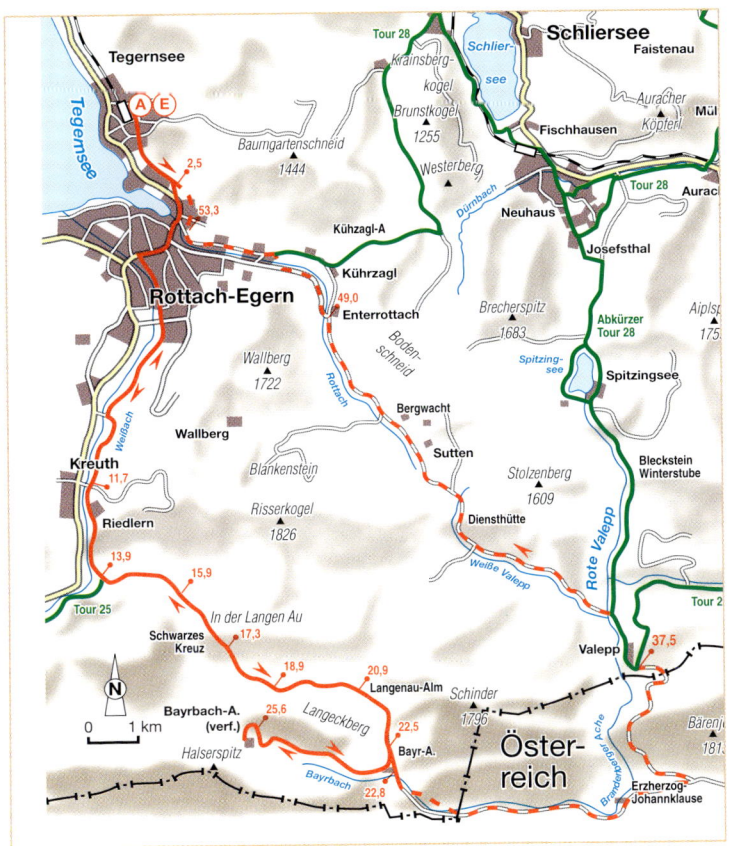

Immer wieder trifft man beim Biken Gleichgesinnte; ein kleiner Plausch an der Wegverzweigung ist stets willkommene Abwechslung auf Tour.

	haus Schwaigeralm links liegen lassen und geradeaus weiter Richtung Wegweiser »Ludwig-Aschenbrenner-Hütte«.
15,9/842	Geradeaus weiter Richtung Wegweiser »Gufferthütte, Schwarzes Kreuz«.
17,1/864	Am »Schwarzen Kreuz« geradeaus auf der gekiesten Forststraße bergauf (200 m 7%↗).
18,9/854	Am »Steinernen Kreuz« an der Forststraßenverzweigung geradeaus Richtung Wegweisung »Erzherzog-Johann-Klause, Bayralm, Schinder«. Nach 500 m das Blockhaus links liegen lassen (2,0 km 9%↗).
20,9/960	Zwischen den Hütten der Langenaualm weiter analog der Wegweisung »Schinder, Bayralm« (500 m 20%↗). Nach 1,4 km den Linksabzweiger nach der Bachbrücke ignorieren und geradeaus weiter Richtung »Schinder, Bayralm« (600 m 6%↗).
22,5/1071	Auf der Paßhöhe (Kuppe) rechts Richtung »Halserspitz«; links geht es zwischen den Almhütten hindurch zur bewirtschafteten Bayralm (3,1 km 5%↗).
25,6/1222	Ende der Forststraße (Wendeplatz) am Fuß der Halserspitze; Beginn des Fußwegs auf die Halserspitze (Rotpunktmarkierung).

Die Rückfahrt

0,0/1222	Am Wendeplatz der Forststraße zurückfahren.
3,1/1071	Nach links bergab fahren.
4,7/960	Langenaualm.

5,3 / 931	Wildfütterung.
10,9 / 812	Schwaigeralm.
11,6 / 802	Vor der Weißach am Wegedreieck rechts Richtung »Riedler Stub´n«.
13,5 / 793	Am Wegedreieck bei Kreuth rechts, nach ca. 100 m links. Der Weißach bis in die Weißachklammstraße in Rottach-Egern folgen.
20,0 / 729	Rechts abbiegen und zur Ampel an der B 307. Hier links Richtung »Tegernsee«.
25,6 / 770	Tegernsee/Bahnhof.

Fahrstrecke: 0,0 Tegernsee-Bahnhof – 5,2 Weißachbrücke ($^1/_4$ Std.) – 11,7 Kreuth – 20,9 Langenaualm – 22,5 Paßhöhe (1 Std.) – 25,6 Bayerbachalm ($1^1/_4$ Std.) – 28,6 Paßhöhe – 30,3 Langenaualm – 30,9 Wildfütterung – 36,5 Schwaigeralm – 37,2 Weißachufer ($1^3/_4$ Std.) – 39,1 Kreuth – 35,6 Rottach-Egern – 51,2 Tegernsee/Bahnhof.
Orientierung: Sehr gut.
Beginn der Tour: Tegernsee/Bahnhof.
Autoanreise: Auf der A 8 bis Ausfahrt Holzkirchen/Tegernsee. Weiter Richtung Tegernsee.
Bahnanreise: Bahnhof Tegernsee, Interregio.
Fahrt zum Startort: In Tegernsee der Wegweisung zum Bahnhof folgen.
Alternative Startorte: Rottach-Egern, Bad Wiessee, Großparkplatz beim Wirtshaus Schwaigeralm.
Streckenprofil: 12,8 km Teerstraße, 34,0 km Piste, 4,4 km Singletrail.
Landschaftsbild: 40 % Auwälder, 40 % Bergwald, 15 % Wiesen und Almen, 5 % bebautes Terrain.
Achtung: Kraftfahrzeugverkehr, Fußgänger und Biker.
Sturzgefahr: Schlaglöcher, Wildholz, Abfälle der Forstwirtschaft.
Rast: Gasthof Schwaigeralm, Bayralm.
Karten: Bayerisches Landesvermessungsamt, 1:50 000 »Mangfallgebirge«.
Übernachten: Kuramt Tegernsee, Tel. 0 80 22 / 18 01 40.
Variante: Anbindung an die Tour 28 bei **km 22,5 / 1071:** An der Paßhöhe geradeaus dem Bayrbach talabwärts folgen. Im Wald rechts in Kehren bergab schieben und den Bayrbach unten auf dem Steg queren. Nach der Brücke über die Brandenberger Ache links Richtung »Erzherzog-Johann-Klause, Valepp«. Nach dem Linksabzweig zur Erzherzog-Johann-Klause der markierten Radroute zum Forsthaus Valepp folgen. Anschluß bei **km 19,1** der Tour 28 und bei **km 37,5** dieser Variante. Ab hier weiter Richtung Forsthaus Valepp; ab dem Zusammenfluß der Roten mit der Weißen Valepp Richtung Enterrottach, Tegernsee (53,3 km, 917 Hm, 4 bis 5 Std., Ausweis mitnehmen, Grenzübertritt).
Anschlußtouren: Nr. 25, 28.
Sehenswertes: In Tegernsee die Klosterkirche St. Quirinus mit ottonisch-romanischen Turmuntergeschossen und einer Krypta aus dem Jahr 1041, die ehemalige Klosterkirche in Tegernsee; der Rottachfall im Rottachtal.

Anhang: Die Spangen

Die Spangenbezifferung ergibt sich aus den Tourennummern, die durch die jeweilige Spange miteinander verbunden werden. Die entgegengesetzte Fahrtrichtung wird mit kursiver Schrift beschrieben. Sie wird mit diesem Zeichen eröffnet, z. B. (♦ *12,4 …*). Ihre Kilometrierung erfolgt in umgekehrter Richtung. Diese Angaben sind fortlaufend von unten nach oben zu lesen.

Spange 1–9	Baierbrunn/S-Bhf. – Forsthaus Oberdill – Leutstetten – Mühltal/S-Bhf. und zurück
Spange 10 – 11	A) Tattenkofer Isarbrücke – Osterhofen (Königsdorf) B) Königsdorf (Osterhofen) via Geretsried zur Tattenkofer Isarbrücke
Spange 11 – 12	Bad Tölz/Hoheneck – Bad Tölz/Bhf.
Spange 10 – 4 / 13 / 18	Wolfratshausen/S-Bhf. – Gelting – Münsing – Ammerland – mit dem Schiff nach Tutzing/S-Bhf. und zurück
Spange 18 –19	Faistenberg – Schechen – Seeshaupt/Bhf. und zurück
Spange 15 – 24	A) Miesbach/Bhf. – Wörnsmühl/Leitzachtal und zurück B) Miesbach/Bhf. – Schloß Wallenberg und zurück
Spange 12 – 14 / 15	A) Kloster Reutberg – Piesenkam – Warngau/Bhf. und zurück B) Warngau/Bhf. – Rogersdorf – Otterfing/S-Bhf. und zurück C) Otterfing/S-Bhf. – Kreuzstraße/S-Bhf. und zurück
Spange 16 – 21	Zell – Guglhör – Murnau/Bhf. – Ramsachkircherl und zurück
Spange 13(19) – 20	Faistenberg – Seeshaupt – Osterseen – Sindelsdorf – Bichl

Spange 1 – 9: Baierbrunn / S-Bhf. – Mühltal / S-Bhf. und retour

Charakter: Leichte Waldfahrt durch den Forstenrieder Park
Streckenschwierigkeit: Insgesamt I.
Streckenlänge: 12,4 km.
Höhenmeter: 117 Hm.
Fahrzeit: ¹/₂ Std.

Die Route

0,0(♦ *12,4***)/620** Baierbrunn / S-Bhf., Park & Ride-Platz-Ostseite: Über den Bahnübergang in die Oberdillerstraße. Nach 600 m durch die Rechtskurve. **1,1 / 630** Durch das Gatter in den Forstenrieder Park (Gatter bitte schließen!). Nach 500 m an der Kreuzung mit dem Augustengeräumt geradeaus. (♦ *10,5 Kreuzung mit Augustengeräumt geradeaus. Nach 800 m Gatter des Forstenrieder Parks und nach 1,0 km den Bahnkörper passieren.)* **2,8 / 628** Carolinengeräumt: Links Richtung Wegweiser »Oberdill 1,8 km« (Wegweiser hängt rechts hinter der Eiche!). Nach 400 m an der Kreuzung rechts Richtung Wegweiser »Oberdill« in den Oberdiller Weg. (♦ *9,2 An der*

Forstwegkreuzung links in den breit ausgefahrenen Hauptweg. Nach 500 m am näch-
sten Straßenkreuz rechts Richtung Wegweiser »Baierbrunn« und entsprechend dem
mit Leuchtfarbe an den Baum gemalten Pfeil »R 8«.) **4,5 / 613** An dem Wegedreieck
mit dem Marterl geradeaus Richtung Wegweiser »Oberdill 0,8 km«. Nach 300 m den
Linksabzweiger in einer Lichtung liegen lassen und den Oberdiller Weg weiterfahren. Nach 400 m das Gatter passieren. (◀ *8,4 Am Wegedreieck mit dem Marterl in der*
Mitte links Richtung »Baierbrunn / Forstenried«. Nach 100 m an der Forstwegver-
zweigung links Richtung Wegweiser »Baierbrunn« in den Oberdiller Weg.) **5,4 / 616**
Am Forsthaus Oberdill – Polizeistation an der A 95 – rechts vorbei auf die Teerstraße,
dann links und unter der Autobahn hindurch. Achtung, die nächste Querstraße ist
häufig befahren und Vorfahrtsstraße! Diese geradeaus in den Wald queren.
(◀ *7,5 Forsthaus Oberdill (Polizeistation an der A 95) links zwischen den Gebäuden*
hindurch. Nach 200 m das Gatter des Forstenrieder Parks passieren. Nach 400 m den
Rechtsabzweiger ignorieren. Den Oberdiller Weg weiterfahren.) **6,1 / 604** An dem
geteerten Wegkreuz mit Marterl links in das Max-Josef-Geräumt. (◀ *6,3 Rechts in*
das Amaliengeräumt und auf die Autobahn zu. Nach 800 m die Vorfahrtsstraße que-
ren und unter der Autobahn A 95 hindurch. Anschließend rechts.) **7,5 / 621** Nach
rechts in die Teerstraße Richtung Wegweiser »Starnberger See, Leutstetten« abbiegen (nach 100 m Anschlußpunkt an Tour Nr. 1 bei Wegkreuz mit Karrenweg). (◀ *4,9 In*
einem Kahlschlag mit Neuaufforstung links Richtung Wegweiser »München«, Radl-
logo.) **10,7 / 598** An der Leutstettener Schloßgaststätte geradeaus vorbei und auf die
Schloßkapelle zu. Nach 400 m links über die Würmbrücke Richtung »Starnberg«.
Gleich nach der Brücke rechts ab Richtung »Mühltal 1km« in den gekiesten Karrenweg. (◀ *2,3 Geradeaus an der Schloßwirtschaft vorbei Richtung »Starnberg, Wild-*
moos«. Nach 400 m die Altostraße hinauf.) **11,9 / 593** Nach links in die Teerstraße
einmünden Richtung »S-Bahnhof Mühltal«. **12,4 / 612** S-Bahnhof Mühltal. (◀ *Nach*
500 m Abfahrt ins Würmtal rechts ab auf den gekiesten Karrenweg oberhalb der
Würm Richtung Wegweiser »Leutstetten 1 km, Starnberg 3,5 km«. Nach 200 m links
und nach der Würmbrücke rechts Richtung Wegweiser »Leutstetten«.)

Anschluß an das Isartal

Charakter: Leichte, anfangs 17 % steile, weiche, gekieste Abfahrt.
0,0 / 620 Vom Bahnhof Baierbrunn nach 30 m rechts ab in die Bahnhofstraße. Anschließend die Vorfahrtsstraße in die Anliegerstraße kreuzen. Auf die Kirche zuhalten. Neben der Kirche die B 11 in die Burgstraße kreuzen. Nun immer geradeaus und
in Kurven abwärts. **0,2 / 625** An der Wendestelle geradeaus und anfangs steil auf
dem Karrenweg zur Isar hinunter. Nach 600 m Anschluß an den Isarweg. Links Richtung Wegweiser »Buchenhain«. Rechts ohne Wegweisung Richtung Kloster Schäftlarn.

Anschluß an das Isartal für Anspruchsvolle

Charakter: Streckenweise sehr steiler, handtuchschmaler, schwieriger Trial.
0,0 / 620 Vom Bahnhof Baierbrunn nach 30 m rechts ab in die Bahnhofstraße. Anschließend die Vorfahrtsstraße in die Anliegerstraße kreuzen. Auf die Kirche zuhalten. Am Maibaum links in die Kirchenstraße. **0,6 / 616** Nach links in die B 11 und nach
100 m rechts in die Hermann Rothstraße abbiegen. **1,2 / 612** Die Schule links liegen
lassen und nach 300 m im spitzen Winkel rechts ab und den Weg ins Isartal hinunter.

Nach 300 m geht es links auf dem Trail zum Isarwehr Richtung München und rechts ebenfalls ohne Wegweisung auf schwieriger Trialstrecke Richtung Schäftlarn. **2,2 / 544** Anschluß an den Trialpfad im Isartal Richtung Kloster Schäftlarn etwa bei km 3,2 der Tour Nr. 9.

Spange 10 – 11: A) Tattenkofer Isarbrücke – Osterhofen

Charakter: Leichte Forstwege in vielseitigem Gelände.
Streckenschwierigkeit: 6,5 km I, 0,5 km I+.
Streckenlänge: 7,0 km.
Höhenmeter: 96 Hm.
Fahrzeit: eine gute ¹/₄ Std.

Die Route

0,0 / 605 Von der Tattenkofer Isarbrücke / Westseite (Geretsrieder Seite) gleich an der Brücke Richtung Wegweiser »Wanderweg nach Königsdorf 6 km«. Nach 120 m rechts ab. Nach 180 m den Linksabzweiger ignorieren. Nach 400 m links ab in die Jeschkenstraße. **1,5 / 611** Die Sudetenstraße liegen lassen und geradeaus weiter. Nach 70 m links ab in die Königsdorfer Straße Richtung »Königsdorf«. Nach 130 m links ab und den Parkplatz von »Tennisland« zum Wald hin queren. Nach 60 m geradeaus in den gekiesten Forstweg. **2,0 / 631** Am Wegedreieck links (geradeaus). Nach 200 m an der Wegverzweigung links. Nach 250 m geradeaus in den Fußweg und an der Lichtung vorbei. Nach 240 m in die nasse Traktorspur einmünden. Nach 80 m den Linksabzweiger liegen lassen. **3,2 / 665** An der Hangkante der Hochterrasse Richtung Süden. Nach 280 m die gelben Pfeile zum Wanderweg ignorieren und auf der Forststraße geradeaus fahren. Nach 400 m den Einödhof Schuß passieren. **4,6 / 632** Am Fischweiher geradeaus vorbeifahren. Nach 200 m am Stadl links in die Teerstraße. **5,2 / 653** Durch den Weiler Berg. Nach 400 m in Osterhofen rechts in die Dorfstraße. **6,4 / 636** In Osterhofen am Wegedreieck mit dem Marterl links auf der Osterhofener Straße weiterfahren. **7,0 / 634** In Königsdorf rechts auf den Kirchturm zu.

B) Von Königsdorf via Geretsried zur Tattenkofer Isarbrücke

0,0 / 634 Von der Kirche in Königsdorf die B 11 geradeaus Richtung »München / Geretsried«. **1,2 / 602** In der leichten Linkskurve der B 11 rechts ab in die Teerstraße Richtung »Mayer Schleiferei GmbH«. Nach 700 m analog dem Radwegweiser (gelbe Tafel) »Geretsried 3,0 km, Wolfratshausen 14,0 km«. **3,5 / 614** Ortsanfang von Geretsried, nach 300 m rechts in die Jeschkenstraße abbiegen. Nach 900 m rechts in den geteerten Radweg Richtung »Isarbrücke 0,5 km«. **5,2 / 608** Auf dem Isardamm nach links. Nach 100 m zur Tattenkofer Isarbrücke.

Spange 11 – 12: Bad Tölz / Hoheneck – Bad Tölz / Bahnhof

Charakter: Unterhaltsame Fahrt an der Isar und in die charmante Altstadt.
Fahrzeit: 1/4 Std.

Die Route

0,0 / 660 In Bad Tölz / Ortsteil Hoheneck den Alten Saumweg an der Schluchtbach-brücke links bergab. Nach 200 m gegenüber vom Telefonhäuschen nach rechts in die Vorfahrtsstraße einmünden. Nach 240 m nach dem Ortsschild und der Bachbrücke links zum Isarufer Richtung »Isarpromenade« (Biken ist ausdrücklich erlaubt). Nach 40 m rechts Richtung »Bad Tölz / Lenggries«. Nach 300 m nach rechts ab Richtung »Ellbach« über den Isarsteg. Nach 200 m nach der Brücke rechts ab Richtung »Ellbach, Sachsenkam«. Nach 100 m scharf rechts in den geteerten Fußweg Richtung »Nächster Weg zur Stadt, K 4«. **1,3 / 674** Vor der Stufenreihe erst links, dann rechts. Man kann hier eine Hilfskehre einlegen oder steil neben den Stufen auffahren und dem Weg mit dem Holzgeländer folgen. Nach 100 m und nach 200 m die Linksabzweiger ignorieren. **2,1 / 668** Die Vorfahrtsstraße nach links überqueren. Dann nach links in die Jägerstraße (Fußgängerzone) einmünden. Nach 200 m nach dem Denkmal links in die Hindenburgstraße. An beiden Ampeln geradeaus den Berg hinauf. **3,1 / 698** In die Rechtskurve. Nach 200 m neben der Fachoberschule links in die Sackgasse. Nach 100 m die Linkskehre der Straße queren Richtung Wegweiser »Bahnhof« in die Eisenbergerstraße. **3,9 / 700** Bad Tölz / Bhf.

Spange 10 – 4 / 13 / 18: Wolfratshausen / S-Bhf. nach Ammerland / Dampfersteg – (Tutzing) und zurück

Charakter: Leichte, landschaftlich reizvolle Strecke.
Streckenschwierigkeit: 11,2 km I.
Streckenlänge: 11,2 km.
Höhenmeter: 150 Hm.
Fahrzeit: 1/2 Std.
Tip: Den Fahrplan für die Schiffahrt am Starnberger See gibt es bei der Staatlichen Schiffahrt Starnberger See, Dampfschiffstraße 5, 82319 Starnberg, Tel. 0 81 51 / 80 61.

Die Route

0,0(◀ _11,2_) / 577 Am S-Bahnhof in Wolfratshausen links. An der Schranke rechts. Nach 600 m vor der Loisachbrücke links in die Königsdorferstraße Richtung »Geretsried« Nach 300 m nach der Tankstelle rechts ab in die Geltinger Straße. Dieser

Straße auf dem Loisachdamm entlang folgen. (◀ *10,3 / 584 Nach links in die Vor-fahrtsstraße. Nach 300 m an der Ampel rechts Richtung S-Bahnhof. Nach 100 m links in den Rad- / Fußweg Richtung S-Bahnhof. Nach 300 m den Hammerschmiedweg schräg nach links queren, und in den Rad- / Fußweg Richtung S-Bahnhof einfahren.)* **2,3 / 589** Vor der Brücke über den Loisachkanal rechts ab in die Straße »Am Kanal«. Nach 500 m rechts, dann geradeaus auf der blauen Fußgängerbrücke die Loisach überqueren. Nach 100 m durch die Linkskurve. (◀ *8,4 Nach links in die Straße »Am Kanal« abbiegen. Nach 500 m neben der Kanalbrücke nach links in die Vorfahrts-straße.)* **3,2 / 588** Die Vorfahrtsstraße Richtung Degerndorf bergauf kreuzen. Nach 600 m rechts ab und weiterhin Richtung Degerndorf. Nach 1,7 km gleich nach der Autobahnbrücke rechts ab in den ersten, teilgeteerten Abzweiger, der parallel neben der Autobahn verläuft. (◀ *6,4 Neben der Autobahnbrücke links ab in die Vorfahrts-straße, Vorsicht unübersichtlich! Nach 1,0 km links Richtung Wegweiser »Beuer-berg« abbiegen. Nach 500 m die Vorfahrtsstraße geradeaus kreuzen. Nach 300 m über die blaue Rad- / Fußwegbrücke der Loisach. 5,2 / 680 Hier geradeaus und durch den Wald auf die Autobahngeräusche zu. Dann parallel mit der Autobahn.)* **6,6 / 668** Am zweiten Wegedreieck links über die Bachbrücke. Am dritten Wegedrei-eck rechts und auf die Kirchturmspitze Maisings, die hinter dem Hügel hervorlugt, zufahren. Bis zur Vorfahrtsstraße (am Maibaum) geradeaus in der Grondlergasse weiterfahren. (◀ *4,0 Am Maibaum hart rechts in die Grondlergasse abbiegen. Nach 400 m den Rechtsabzweiger an der Bank ignorieren. Nach 200 m an dem ersten Wegedreieck nach links und über die Bachbrücke. Nach 100 m am zweiten Wege-dreieck rechts und nach weiteren 100 m an der Kiesstraßenverzweigung links Rich-tung Wegweiser: »Eckenkreuzkapelle«.)* **7,3 / 666** Im spitzen Winkel nach links in den Hauserweg abbiegen. Dieser Straße am Wegedreieck mit Marterl durch die leichte Rechtskurve folgen. Nach 400 m die Degerndorfer Straße (Vorfahrtsstraße!) kreuzen und auf der anderen Straßenseite wieder in den Hauserweg einfahren. Nach 200 m links ab in die Vorfahrtsstraße und 100 m weiter rechts in den Hartlweg Richtung Wegweisung »Wanderweg nach Ammerland«. Geradeaus durch die Siedlung und bergab in den Wald. (◀ *3,3 / 670 Nach Passieren der Siedlung links ab in die Vor-fahrtsstraße und nach 100 m vor dem Ortsschild »Münsing« rechts in den Hauser-weg abbiegen. Nach 200 m die Degerndorfer Straße – Vorfahrtsstraße – in den Hau-serweg kreuzen. Nach 100 m an dem Wegedreieck mit Marterl durch die leichte Linkskurve weiterhin auf dem Hauserweg bleiben, und auf den Maibaum in der Ferne zuhalten.)* **9,3 / 633** Am Wegedreieck mit den Buchen in der Mitte rechts durch die Kurve bergab auf dem breiteren und besser ausgebauten Traktorweg. (◀ *2,0 An dem Wegedreieck im Wald mit der Bucheninsel links bergauf in die Linkskurve.)* Nach 500 m am Wegedreieck am Waldrand links bergab (rechter Hand ist der spitze Kapellenkirchturm des Gutes Staudach sichtbar) und dem gut ausgebauten Weg fol-gen. Nach 300 m am Wegedreieck rechts. (◀ *1,2 Am Wegedreieck links Richtung Wegweiser »Münsing«. Nach 300 m am nächsten Wegedreieck rechts bergauf, lin-ker Hand die Gutskapelle Staudach.)* **10,6 / 604** Nach links in die Teerstraße einfah-ren. Nach 400 m am Ufer des Starnberger Sees rechts. Auf den Maibaum zufahren. **10,9 / 592** Dampferanlegesteg Ammerland. (◀ *0,0 Am Maibaum rechts in die Ufer-straße. Nach 300 m links ab Richtung »Münsing«. Nach 400 m in der Linkskurve der Teerstraße,an einem Wildgehege, rechts in den dritten Forstweg abbiegen, der sich zwischen einer feuchten Senke und dem Waldrand bergauf schlängelt.)*

Spange 18 – 19: Faistenberg – Schechen – Seeshaupt / Bahnhof und retour

Charakter: Reizvolle, vor Seeshaupt aussichtsreiche Strecke.
Streckenschwierigkeit: 9 km l.
Streckenlänge: 9,0 km.
Höhenmeter: 90 Hm.
Fahrzeit: 1/2 Std.

Die Route

0,0(◀ 9,0) / 649 Bei der Kreuzung in Faistenberg Richtung St. Heinrich bergab (0.5 km Teerende). Nach 700 m am Waldrand links in den Karrenweg hinunter. Nach 200 m am Wegedreieck geradeaus abwärts. **1,6 / 614** Den Linksabzweiger ignorieren und bergab fahren. Nach 300 m geradeaus unter der A 95 hindurch. Anschließend den Linksabzweiger liegen lassen. (◀ *6,8 / 600 Am Wegedreieck geradeaus auf die Autobahn zu und unter der Autobahn hindurch. Danach an der Verzweigung links bergauf. Nach 300 m den Rechtsabzweig ignorieren. Nach 700 m am Wegedreieck links, leicht aufwärts. 200 m weiter am Hügelkamm nach rechts einmünden, und auf die Häuser Faistenbergs zu.)* **3,3 / 598** Am Wegedreieck am Waldrand geradeaus in Richtung Schechen die Wiese queren. Nach 300 m nach rechts in die Teerstraße abbiegen und den Weiler Schechen durchfahren. (◀ *5,5 Nach der Reihe hoher Birken linker Hand und vor dem Wald nach links in den Forstweg abbiegen und auf den Hochsitz zufahren. Nach 300 m am Wegedreieck nach der meist offenen Schranke am Waldrand rechts.)* **4,2 / 595** Am Teerstraßendreieck links Richtung Seeshaupt. (◀ *4,4 Rechts und nach 600 m Schechen passieren.)* **6,1 / 590** An der Bachbrücke mit der Mönchsskulptur auf den Rad- / Fußweg an der linken Straßenseite fahren. Nach 400 m links in den gekiesten Sonnenweg lenken. (◀ *2,5 An der Vorfahrtsstraße rechts auf den Rad- / Fußweg. Nach 500 m nach der Bachbrücke geradeaus die Bodenbachstraße in die Schechenstraße kreuzen. An der folgenden Straßenverzweigung links.)* **7,5 / 599** Nach links in die Rosenstraße einmünden. Nach 100 m an dem Wegedreieck mit der umfaßten Bauminsel links in die Dall´-Armi-Straße. Nach 300 m am Parkplatz links in die Vorfahrtsstraße und dann gleich rechts Richtung Wegweiser »Eberfing« abbiegen. Nach 1,0 km vor dem Bahnübergang rechts ab in die Vorfahrtsstraße. (◀ *1,0 Nach links Richtung »München« einmünden, dann nachrechts in die Dall´-Armi-Straße. Nach 400 m am Wegedreieck mit der eingezäunten Bauminsel geradeaus in die ausgeschilderte Sackstraße.)* **9,0 / 600** Bahnhof Seeshaupt. (◀ *0,0 Nach rechts in die Vorfahrtsstraße. Nach 150 m an der Kreuzung links in die Bahnhofstraße.)*

Spange 12 – 14 / 15: A) Von Kloster Reutberg über Allgäu und Piesenkam nach Warngau / Bhf. und zurück

Charakter: Reizvolle Fahrt; bei der Einöde Allgäu durch tiefen Wald.
Streckenschwierigkeit: 8,7 km I.
Streckenlänge: 8,7 km.
Höhenmeter: 100 Hm.
Fahrzeit: 1/2 Std.

Die Route

0,0 (◆ 8,7/ 705) Vom Parkplatz beim Kloster Reutberg nach rechts in Richtung Alpen fahren. Nach 500 m am Ortsrand von Sachsenkam links in die Birkenstraße. Nach 300 m die Erlenstraße geradeaus kreuzen. Dann nach rechts in die Vorfahrtsstraße und nach ca. 20 m links in die Lindenstraße abbiegen. **1,3 / 713** Nach links in die Piesenkamer Straße und anschließend unter der B 13 hindurch. *(◆ 6,6 Nach dem Landkreisschild »Bad Tölz – Wolfratshausen« links Richtung »Gewerbegebiet Sachsenkam«. In der Piesenkamer Straße geradeaus unter der B 13 hindurch. In Sachsenkam nach rechts in die Lindenstraße abbiegen. Nach ca. 120 m rechts in die Vorfahrtsstraße und nach ca. 20 m links in die Birkenstraße. Die Erlenstraße geradeaus kreuzen. Anschließend nach rechts in die Vorfahrtsstraße abbiegen und auf das Kloster Reutberg zufahren.)* **2,2 / 722** Nach rechts in die Vorfahrtsstraße abbiegen.
3,2 / 732 In Piesenkam nach dem »Feuerlöschrequisitenlokal« (linker Hand) bei der Schulbushaltestelle nach links in den Hartpenninger Weg abbiegen. Nach 100 m rechts ab in die Warngauer Straße. Nach 200 m leichter Auffahrt an der Straßenverzweigung links in den Professor-Schlosser-Weg abbiegen (die offiziell als Sackstraße deklarierte Privatstraße ist für Reiter gesperrt). Nach 500 m Teerende. *(◆ 5,4 In Piesenkam nach rechts in die Vorfahrtsstraße (Warngauer Straße) einmünden. Nach 300 m rechts ab Richtung »Sachsenkam, Bad Tölz«.)* **4,1 / 760** An der Verzweigung links weiter. **5,2 / 751** Am Wegedreieck rechts hinauf in den Hohlweg. Das einsame Landgut »Allgäu« eingedenk des möglichen Erscheinens des Hofhundes umfahren. Dann auf geteertem Weg nach links bergab. Nach 800 m am Wegedreieck links zur Teerstraße hinauf. *(◆ 3,5 Zum einsam in Wäldern gelegenen Landsitz »Allgäu« hinauf. Vorsicht grimmiger Hofhund! Rechts auf der Teerstraße auf das Marterl zufahren und dann der Straße in den Hohlweg folgen. Nach 200 m am Wegedreieck im Wald links.)* **6,5 / 735** In Thannried links. *(◆ 2,0 In Thannried der Teerstraße in die S-Kurve folgen. Nach 200 m nach der Kapelle rechts bergauf. Nach 500 m an der Straßenverzweigung rechts in die Privatstraße – Reit-, aber kein Bikeverbot!)*
7,9 / 731 An der Kreuzung nach dem Bahnübergang links auf die Häuser von Warngau zuhalten. Nach 500 m in Warngau links in die Bahnhofstraße abbiegen. Nach 100 m vor dem Bahnübergang rechts weiterhin in der Bahnhofstraße zum Bahnhof fahren. **8,7 / 722** Warngau / Bahnhof. *(◆ 0,0 Rechts Richtung Süden. Nach 100 m neben der Bahnschranke links in die Lagerhausstraße. Nach 180 m rechts Richtung »Piesenkam« in die Guffertstraße. Nach 500 m nach dem Quellenhäuschen rechter Hand links Richtung Flughafen und anschließend die Bahnlinie kreuzen.)*

B) Von Warngau / Bhf. nach Otterfing / S-Bhf.
und zurück

Charakter: Querung des Urstromtals »Teufelsgraben« auf meist guten Forst-
und Karrenwegen. In umgekehrter Fahrtrichtung (1,5 km kürzer) lehmiger
Karrenwegstich nach Baumgarten.
Streckenschwierigkeit: Insgesamt I, Teufelsgraben I – II.
Kilometer: 13,5 km.
Höhenmeter: ca. 95 Hm.
Fahrzeit: ¹/₂ Std.

Die Route

0,0 (◀ *12,0 / 718*) Vom Bahnhof Warngau in der Bahnhofstraße zur Lagerhausstraße.
Rechts ab und die Gleise an der Schranke queren, dann rechts und wieder nach
rechts in die Vorfahrtsstraße. Nach Sufferloh und der kurzen Abfahrt rechts. **3,0 / 712**
Nach der Bushaltestelle (nach ca. 100 m) links. (◀ *9,0 An der Bushaltestelle die Teerstraße kreuzen und auf der ungeteerten Straße schräg hinauf. Nach 100 m links auf
der neueren Straße nach Sufferloh hinauf. Auf der Vorfahrtsstraße durch Sufferloh,
ab Ortsende Richtung »Oberwarngau« fahren.)* **4,2 / 710** Die B 13 zum Parkplatz hin
kreuzen und auf der Kiesstraße weiterfahren. Nach 300 m kurz rechts, dann links in
die Staatsstraße 2073 Richtung »Dietramszell«. **5,0 / 710** Wer es satt hat, sich im
Schlamm zu suhlen, biegt ca. 300 m vor dem Einödhof Baumgarten rechts in den
breiten, gekiesten Forstweg ab, der in Richtung Nordost an den Rand Holzkirchens
führt. Hier entweder: geradeaus auf die B 13, dort links und nach wenigen 100 m
rechts zum S-Bahnhof Holzkirchen oder: **7,0 / 690** In Holzkirchen von der Baumgar-
tenstraße links ab in den gekiesten Rad- / Fußweg. Nach dem Schwimmbad geradeaus in die Wilhelm-Leibl-Straße. Nach 250 m unten links in die Flintsbachstraße.
Nach 850 m Ende der Teerstrecke. An der Verzweigung rechts auf dem gekiesten
Weg weiter und an dem rechter Hand stehenden Stadl vorbei. Nach 100 m links am
Waldrand entlang und nach 300 m rechts. Nach 400 m rechts ab zum Gestüt Winkel.
(◀ *6,5 Am Einödhof Baumgarten nach links in die Teerstraße einbiegen. Nach 1,1 km
an der versetzten Kreuzung rechts Richtung »Kleinhartpenning, Buch«. Nach 10 m
links in die für Kfz. gesperrte Straße. Nach 300 m rauß rechts auf den Parkplatz der
B 13, dann die Bundesstraße geradeaus Richtung »Sufferloh« queren).* (◀ *5,1 Nach
dem Gestüt »Winkel« links in die Kiesstraße, die in den Wald führt. Nach 100 m an
der Einmündung links. Nach 200 m, ca. 80 m vor dem Hochsitz, rechts ab in den Wald.
Nach 500 m an der Karrenwegverzweigung, nach Regenfällen »fette Fangopackun-
gen«, links auf den Bauernhof zufahren.)* **9,4 / 711** Neben den Häusern nach links und
auf Rogersdorf zufahren. Vor dem Dorf nach rechts und an der Kreuzung nach Rogersdorf geradeaus. Dann sehr steil (!) in den Teufelsgraben hinunter. (◀ *4,5 Vor den
Häusern nach rechts dem Wegweiser »Zur Flintsbachstraße 30« folgen.)* **10,2 / 669**
Im Teufelsgraben rechts. Nach 80 m links den schmalen, erodierten Karrenweg hinauf. (◀ *3,3 Im Teufelsgraben rechts. Nach 80 m links und neben der Leitplanke steil
bergauf. Nach 400 m an der Straßenverzweigung vor Rogersdorf links den Kiesweg*

weiterfahren. Nach 130 m an der Straßenverzweigung rechts und leicht bergauf.)
11,5 / 692 In Palnkam rechts und weiter in Richtung Otterfing in die Palnkamer Straße. Die B 13 nach links versetzt kreuzen und geradeaus zum Bahnhof Otterfing fahren. (◀ *2,0 In Palnkam nach 200 m rechts in die Thalhamer Straße. Nach 370 m vor dem Haus mit dem gemalten Reiter im Giebel links auf die gekieste Straße. Geradeaus an der Schreinerei vorbei und an der folgenden Abzweigung nochmals geradeaus. Am Schild mit der Aufschrift »Bitte benutzen Sie diesen Weg nicht als Reitweg!« vorbeifahren. Anschließend auf dem Karrenweg in den Teufelsgraben abfahren.)* **13,5 / 673** Otterfing / S-Bhf. (◀ *0,0 Nach Westen zur B 13 fahren. Aus der Bahnhofstraße heraus die Tegernseer Straße schräg nach links in die Dietramszeller Straße kreuzen. Anschließend links ab in den Kölblweg. Dann nach links in die Palnkamer Straße abbiegen.)*

C. Von Otterfing / S-Bhf. nach Kreuzstraße / S-Bhf.
und zurück

Charakter: Durchgehend schattige, geteerte Waldstraße mit sporadischem Kfz.-Verkehr.
Streckenschwierigkeit: Insgesamt I.
Kilometer: 6,5 km.
Höhenmeter: 62 Hm.
Fahrzeit: ¹/₂ Std.

Die Route

0,0(◀ *6,5 / 622)* Vom S-Bahnhof Kreuzstraße rechts. Nach ca. 120 m links bergauf. Nach 300 m im Ort Kreuzstraße links Richtung »Holzkirchen«. Nach ca. 200 m rechts ab Richtung »Otterfing«. Nach Autobahnunterführung und Eisenbahnbrücke in Otterfing nach rechts abbiegen. (◀ *5,6 / 630 Nach links Richtung »Rosenheim« und nach 200 m rechts Richtung »Bahnhof« abbiegen. Nach 500 m Abfahrt rechts dem Wegweiser zum Bahnhof folgen.)* **6,5 / 673** Otterfing / S-Bahnhof. (◀ *0,0 Links. Nach 200 m links in die Vorfahrtstraße abbiegen, und auf der Brücke die Bahnlinie kreuzen. Nach 2,7 km unter der Autobahn A8 hindurch.)*

Spange 15 – 24: A) Miesbach / Bhf. – Wörnsmühl und zurück

Charakter: Leichte, meist geteerte Hügelstrecke, schöne Fernblicke.
Streckenschwierigkeit: 7,4 km I, 1,1 km I+.
Streckenlänge: 8,5 km.
Höhenmeter: 248 Hm.
Fahrzeit: ¹/₂ Std.

Die Route

0,0 (◀ 8,5/691) Vom Vorplatz am Bahnhof Miesbach Richtung Kirche in die Frühling-
straße einfahren. Anschließend in der Ledererstraße in engem Bogen um die Kirche
zum Stadtplatz mit dem Drachenbrunnen linker Hand. *(◀ 7,7/719 Die Vorfahrtsstraße queren. Weiter Richtung »Polizei« in die Carl-Fohr-Straße. Nach 200 m rechts
bergab in die Altstadt. Nach 300 m am Stadtplatz mit dem Drachenbrunnen links in
Richtung der Wegweisung zum Bahnhof, »P 5«.)* **0,5 / 702** Nach dem Gasthaus Wait-
zinger rechts ab Richtung Wegweiser »Bayrischzell«. Nach 200 m an dem Platz mit
den Findlingen links Richtung »Polizei«. Nach 200 m die Vorfahrtsstraße kreuzen und
die Harztalstraße durch die Villensiedlung geradeaus hinauffahren, Wegweiser (alt
und verwaschen) »Parsberg«. Nach dem Wasserschloß aus wilhelminischer Zeit am
Bach entlang weiter aufwärts. **1,5 / 732** Teerende. Geradeaus in die Traktorspur.
Nach 300 m am Wegedreieck im Wald links in den Hohlweg Richtung (kleines, rot /
weißes Schild am Baum) »WÖ«. Nach 200 m zwischen der Baumreihe und der Wiese
geradeaus den Trail aufwärts in das weite Wiesental. Nach 100 m rechts ab in den
Traktorweg Richtung »13« bergauf. *(◀ 6,2 Gleich nach der Baumreihe im Tal links in
den Fußweg bergab Richtung Waldrand. Dort nach rechts in den Hohlweg. Nach
700 m Waldabfahrt, am Ortsrand Miesbachs Teerbeginn.)* **2,6 / 775** Bei Rain links in
die Teerstraße (¹/₄ Std.). Nach 300 m Auffahrt am Wegedreieck nach links in den Buchenweg. Nach 400 m am Wegedreieck rechts steil aufwärts zum Hof Buchermann,
Wegweisung »WÖ«. *(◀ 5,3/808 Nach dem Hof Buchermann am Straßendreieck
links auf die Häuser zu. Nach 200 m am Straßendreieck rechts in den Buchenweg.
Nach 300 m am Hof Rain, ca. 100 m bevor rechter Hand eine kleine Kapelle steht,
rechts ab, bergab in den Traktorweg, der in einer weiten Schleife in ein offenes Wiesental hinunterführt.)* **3,8 / 818** Nach der Abfahrt hinter dem einzelnen Bauernhof und
an der Einmündung in die Teerstraße neben der Bank rechts zum Wald. *(◀ 4,0 Die
Abzweigung nach Grimm links liegen lassen; ¹/₄ Std. Nach 700 m und nach den
Bachtälern im Wald an der Hangkante links, bei der Bank linker Hand vor der Abzweigung unter einem Baum, links in Richtung auf den gelben Hof bergauf. Hinter
dem Hof, nach 900 m, Ende des Teerbelags.)* **5,1 / 783** Den Rechtsabzweig nach Bem-
berg liegen lassen und geradeaus bergab Richtung »Wörnsmühl«. Nach 600 m den
Hof Krug passieren. *(◀ 2,9 Am Hof Krug vorbei. Nach 300 m das Bachtal durchfahren.
300 m weiter am Wegedreieck geradeaus Richtung »Parsberg«.)* **6,2 / 830** An der
Straßenkreuzung geradeaus Richtung »Aigen und Wörnsmühl«. Nach 1,0 km Aigen
passieren. Nach 1,0 km in Wörnsmühl beim Wirtshaus Metzgerei links in die Vorfahrtsstraße und bis zur Leitzachbrücke vorfahren, dort Anschluß an die Tour Nr. 24

durch das Drachental. (**↟ 1,4 / 796** *Aigen passieren. Nach 900 m an der Kreuzung geradeaus Richtung Wegweiser »Parsberg«.)* **8,5 / 691** Wörnsmühl / Leitzachbrücke. (**↟ 0,0**) *Die Leitzach überqueren. Nach 150 m nach dem Gasthaus Metzgerei rechts Richtung Wegweiser »Aigen, Parsberger Höhe, Stadelberg«.)*

B) Miesbach / Bahnhof – Schlierachtal bis Anschluß Wallenburg und zurück

0,0 / 691 Vom Bahnhof in Miesbach erst links, dann rechts analog dem Radlwegweiser. An der Vorfahrtsstraße nach links in die Wallenburger Straße abbiegen. Nach 330 m dem Radlwegweiser nach links in die Schützenstraße folgen. Nach der Bahnunterführung weiter in der Thalhamer Straße. Nach 470 m rechts ab Richtung »Klärwerk« und entsprechend dem Radlwegweiser weiter. Nach 40 m an der Straßenverzweigung rechts unten weiter. (**↟ 2,2** *Rechts zum Bahnhof abbiegen. Nach 40 m Bahnhof Miesbach.)* **1,5 / 677** Nach dem Bahnübergang das Klärwerk links liegen lassen. (**↟ 1,4** *Links ab in die Thalhamer Straße. Nach der Bahnunterführung rechts in die Wallenburger Straße abbiegen.)* **2,2 / 670** An der bei der Sitzbank nach rechts in den Wald steil bergauf abzweigenden Forststraße ist der Anschluß an Wallenburg und die Tour Nr. 15 erreicht. (**↟ 0,0** *Nach links in die Teerstraße einbiegen. Nach 700 m nach dem Klärwerk die Bahnlinie überqueren.)*

Spange 16 – 21: Von Zell bei Kleinweil über Murnau / Bhf. zum Ramsachkircherl; zurück über die Hammerschmiede bei Hagen

Charakter: Wunderschöne Fahrt auf dem Molasseriegel, mit ständigem Alpenblick; auch als Rundtour zu empfehlen.
Streckenschwierigkeit: 9,8 km I, 0,5 km I+, 0,3 km II; zurück 12,2 km I, 0,4 km I – II, 50 m Schieben.
Streckenlänge: 13,5 km, zurück 10,6 km.
Höhenmeter: 182 Hm; zurück 255 Hm.
Fahrzeit: $^3/_4$ Std.

Die Route

0,0 (↟ 10,6 / 617) Von der Autobahnbrücke in Zell nach links die Teerstraße hoch Richtung »Stern / Gröben / Guglhör«. Nach 840 m am Wegedreieck am Bauernhof Stern nach links Richtung »Gröben«. **1,4 / 745** Am Bauernhof Gröben vorbei. Nach 500 m mit der Linkskurve in den Wald. (**↟ 9,6** *Gröben links liegen lassen. Nach 600 m im Hof Stern rechts.)* **2,6 / 739** An einem schrägen Wegkreuz nach links in Richtung der Wegweisung »Guglhör« in den Traktorweg über die Wiese zum Wald hin. Durch die feuchte Senke, die sich rechts daneben relativ gut umfahren läßt. Nach 200 m den

Stacheldrahtzaun überheben und die Weidesperre zu Fuß passieren. (◀ *9,0 Nach Stacheldraht und Weideschleuse das nasse Wegstück links umfahren und dann bergauf. Nach 100 m am Waldrand rechts dem Wegweiser nach Gröben/Kleinweil nachfahren. Weiter am Waldrand entlang, dann in den Wald.)* **3,9 / 761** In Guglhör links am Bauernhof vorbei. Nach 500 m kurz nach links in die Teerstraße einfahren und nach 20 m rechts durch das Gatter (Gatter schließen!), schließlich den Traktorweg am Wiesengrat hinauf. Nach 500 m nach dem zweiten Gatter die Wiese überqueren. Anschließend Waldweg. Nach weiteren 500 m nach rechts in den Traktorweg abbiegen. **5,8 / 732** Am Waldrand entgegengesetzt der Wegweisung »H 2« (Wegweiser steht entgegengesetzt zur Fahrtrichtung am linken Straßeneck) links abbiegen. (◀ *7,2 / 715 Perlach geradeaus passieren. Nach 200 m am Wegkreuz mit dem Marterl geradeaus auf den Forstweg Richtung »H 3, Guglhör-Rundweg«. Nach 700 m in Guglhör schräg nach links über das bäuerliche Anwesen, dann weiter in Richtung Wegweisung »Gröben, Kleinweil«.)* **6,5 / 715** In Hagen rechts in die Teerstraße abbiegen und nach 400 m am Ortsschild »Murnau« rechts den gekiesten Fußweg hinauf. Nach 100 m geradeaus weiter; dieser Franz-Marc-Weg war Spazierweg der Maler Wassily Kandinsky, Gabriele Münter und Franz Marc. (◀ *5,4 Hagen: geradeaus von der Murnauer in die Perlacher Straße oder nach links über den Grat Richtung Wegweisung nach Guglhör, »Rundweg 7«.)* **7,8 / 707** Die Teerstraße geradeaus in die Hagener Leite kreuzen. Nach 600 m links in den Lindenburgweg. Nach 60 m nach rechts bergab in die Schloßbergstraße. Anschließend die nächste Vorfahrtsstraße kreuzen. Den Sportplatz links liegen lassen. Den Fußweg hinauf, dann nach links in die Vorfahrtsstraße (Weindorfer Straße) abbiegen. (◀ *4,1 / 630 Vor der Firmeneinfahrt links in den abfallenden Traktorweg. Nach 200 m an der alten Hammerschmiede rechts die 50 m lange und 20 Höhenmeter überwindende Stufengirlande hinaufschieben. Oben an den Wiesen entlang schöner, gut befahrbarer Trail. Nach 600 m die Teerstraße vorerst meiden und auf dem Trail nach rechts im Wald weiter. Nach 200 m rechts ab in die Teerstraße Richtung »H 1«. Nach 100 m am Ortsschild von Hagen geradeaus.)* **9,5 / 701** An der Ampel geradeaus Richtung »Bahnhof«. Nach 500 m an der zweiten Ampel links Richtung »Uffing«. (◀ *3,0 / 641 Rechts ab in den Rad-/Fußweg, Vorsicht Kfz-Verkehr, Richtung Wegweisung »Hagen-Fußweg«. Nach 1,0 km die Vorfahrtsstraße queren, und geradeaus in den ausgewiesenen Fußweg nach Hagen.)* **10,2 / 705** Am Bahnhof Murnau nach rechts auf die Schranke und die Litfaßsäule zufahren. In den Fußweg Richtung »Staffelsee« abbiegen und unter der Bahnlinie hindurch. Nach 500 m nach links in die Vorfahrtsstraße abbiegen. Den Bahnübergang passieren. Am Murnauer Kuramt rechts hinunter. (◀ *2,2 / 646 In Hechendorf rechts Richtung Radwegweiser »Ohlstadt«. Nach 200 m links in die Mühlhagenstraße und nach weiteren 200 m nach der Eisenbahnbrücke links die Kehre hinunter.)* **11,6 / 669** Nach rechts in die Mühlstraße abbiegen. Nach 700 m an der Teerstraßenkreuzung rechts abbiegen und nach 100 m an der Straßenverzweigung rechts Richtung »Ramsach«. Nach 300 m den Parkplatz Ramsach passieren. (◀ *1,2 / 643 Die B 2 kreuzen und an der linken Straßenseite nach rechts den Rad-/Fußweg hinunterfahren. Nach 400 m hinter der Tankstelle links Richtung Wegweiser »Hechendorf« bergauf.)* **13,5 / 622** Einkehr am Ähndl beim Ramsachkirchl. (◀ *0,0 Auf der Teerstraße Richtung B 2 fahren. Nach 900 m den Rechts- und 100 m weiter den Linksabzweig liegen lassen und geradeaus auf die B 2 zufahren.)*

Anhang

Spange 13(19) – 20: Faistenberg via Seeshaupt, Osterseen und Sindelsdorf nach Bichl

Charakter: Größtenteils unschwierige Forst- und Karrenwege, viel Wald und Moore.
Streckenschwierigkeit: 32,5 km I, 3,0 km I+.
Streckenlänge: 35,5 km.
Höhenmeter: 120 Hm.
Fahrzeit: 1 ¼ Std.

Die Route

0,0 / 649 Von der Kreuzung in Faistenberg Richtung St. Heinrich bergab (bei 0.5 km Teerende). Nach 700 m am Waldrand links in den Karrenweg hinunter. Nach 200 m am Wegedreieck geradeaus abwärts. **1,6 / 614** Den Linksabzweiger ignorieren und bergab fahren. Nach 300 m geradeaus unter der A 95 hindurch. Anschließend den Linksabzweiger liegen lassen. **3,3 / 598** Am Wegedreieck am Waldrand geradeaus in Richtung Schechen die Wiese queren. Nach 500 m den Weiler Schechen durchfahren. **4,6 / 595** Am Teerstraßenendreieck links Richtung Seeshaupt. **6,1 / 590** An der Bachbrücke mit der Mönchsskulptur auf den Rad- / Fußweg fahren. Nach 400 m links in den gekiesten Sonnenweg. **7,5 / 599** Nach links in die Rosenstraße einmünden. Nach 100 m an dem Wegedreieck mit der umfaßten Bauminsel links in die Dall´-Armi-Straße. Nach 300 m am Parkplatz links in die Vorfahrtsstraße und dann gleich wieder nach rechts Richtung Wegweiser »Eberfing« abbiegen. Nach 1,0 km geradeaus über den Bahnübergang in die Hohenberger Straße Richtung »Eberfing« (½ Std.). **10,0 / 600** Nach 100 m links in den »Unteren Flurweg« abbiegen. Nach 170 m an der Straßenverzweigung an dem rot-weiß-rot markierten Findling links und an der Bahnlinie entlang leicht bergauf bis zu einer Rechtskurve der Teerstraße. Nach 230 m nach einem Stahlzauntor links auf die gekieste Forststraße. Nach 200 m am Wegedreieck am Waldrand rechts abwärts. Nach 130 m folgt das nächste Wegedreieck, hier links bergauf. **11,5 / 590** Am Wegedreieck geradeaus Richtung Wegweiser »Lauterbach«. Nach 600 m nach rechts einmünden. Nach 200 m am Kahlschlag vor dem Zaun nach links einmünden. 100 m weiter am Wegedreieck Richtung Wegweiser »Lauterbacher Mühle«. Nach 300 m rechts ab Richtung »Lauterbacher Mühle« und nach 200 m an der Kreuzung geradeaus, am Wegedreieck den großen Baumstumpf rechts liegen lassen, und links weiterfahren. **12,2 / 585** Nach rechts in die Teerstraße, nach 20 m links Richtung Wegweiser »Osterseen-Rundweg« in den für Reiter gesperrten Weg abbiegen. **14,0 / 590** Am Wegedreieck mit der Schautafel geradeaus Richtung Wegweiser »Rundweg Osterseen«. Nach 300 m am Waldrand bei Schild Richtung Wegweiser »Lauterbach«. Rechts auf schmalem Fußweg zum Großen Ostersee hinunter. Nach 100 m links Richtung Wegweiser »Rundweg Osterseen« (30 m langer Wurzelpfad, I+). Danach links. Nach 210 m am Wegedreieck geradeaus am Seeufer weiter. **15,6 / 580** Den Linksabzweig zum Fohnsee liegen lassen. Nach 600 m die beiden aufeinanderfolgenden Linksabzweigungen ignorieren. Nach 700 m am Wegedreieck mit der Grasinsel links in die Teerstraße einbiegen. Nach 60 m den

Linksabzweig nach Iffeldorf ignorieren und der Teerstraße weiterhin folgen. Nach 560 m nach links einmünden. Dann nach 100 m die Teerstraße überqueren und in den gesperrten Traktorweg einfahren. Nach 380 m an der Wegverzweigung auf der Wiese links leicht bergauf in die Linkskurve. **19,9 / 611** In Antdorf nach rechts in die Hauptstraße abbiegen. Nach 300 m links in den Frauenrainer Weg und nach 400 m die beiden aufeinanderfolgenden Linksabzweiger ignorieren und rechts auf den Hügel mit der Kapelle zuhalten. Nach 200 m an der dreifachen Wegverzweigung den rechten Weg nehmen. Dort geradeaus weiterfahren. **1,6 / 644** In Frauenrain rechts in Richtung Kirche. Dann diese rechts liegen lassen und links in die Teerstraße abbiegen. Nach 150 m nach rechts zu dem Anwesen hinauf. Nach 60 m (Höhe 662 m) am Schild »Zimmer frei« linker Hand den Traktorweg hinauf. Nach 400 m am Zaun in die Rechtskurve zu den Bäumen. Anschließend, noch vor den Bäumen, links auf den Stadl zufahren (diese Strecke kann im Sommer zugewachsen sein). Wenn man sich an diese Wegbeschreibung hält, trifft man nach 200 m auf einen mit Betonformsteinen gepflasterten Feldweg. Auf die Leitplanke geradeaus zuhalten und dann nach links hinunter. Nach 500 m nach rechts einmünden. **23,1 / 610** In Dürnhausen rechts einmünden und nach 200 m am Brunnen unterhalb der Kirche links. Nach weiteren 200 m links durch die Straßenunterführung. Anschließend rechts und dann nach links in die Schloßbergstraße. Nach 400 m an der Kreuzung nach dem Bach links und der Hochspannungsleitung folgen. **24,4 / 601** Am Wegedreieck links. Nach 200 m den Rechtsabzweiger liegen lassen. Nach 1 km an der Sindelsdorfer Schießanlage links und unter der Autobahnbrücke hindurch. Nach der Bachbrücke nach rechts in die Teerstraße. **26,2 / 609** In Sindelsdorf nach links abbiegen. Nach 140 m nach rechts in die Kirchsteinstraße. Nach 160 m die Königsbergstraße kreuzen, geradeaus den Hügel überfahren und in Richtung Moor und Alpenkette fahren. Nach 200 m den Linksabzweiger liegen lassen und 400 m weiter nach der Abfahrt links. Nach 200 m die Rechtsabzweigung liegen lassen und erst nach weiteren 200 m nach rechts abbiegen. **28,3 / 606** Hier und an allen weiteren Abzweigungen sowie an der Kreuzung geradeaus weiter. Nach 900 m vor dem verwachsenen Loisachufer nach links in den Dammweg einmünden. **30,0 / 602** Nach rechts in die B 472 abbiegen und die Loisach queren. Kurz vor Ende der Brückenauffahrt links hinunter und an der Schranke vorbei, am Loisachdamm rechts. **31,2 / 602** An der Verzweigung nach rechts in den breiten Traktorweg abbiegen, der die Wiese quert. Nach 400 m links in den breiten, betonierten Fahrweg einfahren. Nach 100 m an der Kreuzung mit dem Wiesenweg nach dem Schilfstreifen nach rechts auf den Kiesweg. **33,4 / 612** An der Kreuzung geradeaus auf die mit Betonformsteinen gepflasterte Piste. Nach 600 m die Querstraße kreuzen und weiter auf geteertem Weg. Nach 70 m die B 472 überqueren und auf den Stadl zuhalten. Nach 200 m an der Sitzbank nach links einmünden. **34,6 / 617** Nach rechts in die Teerstraße abbiegen und parallel mit dem Gleiskörper Richtung »Benediktbeuern« fahren. Nach 300 m nach links die Bahngleise überqueren. Nach der Kirche rechts, dann links und auf der Bahnhofstraße zum Bahnhof Bichl zurück. **35,5 / 623** Bahnhof Bichl.

Deutsche Bahn

Bahn & Bike im Nahverkehr.

Radfahrer-Hotline
01 80/3 194 194

Die Deutsche Bahn bringt Radler ganz groß raus. Mit den Zügen des Nahverkehrs gelangen Sie schnell und bequem zu den Ausgangspunkten der schönsten Radtouren. Damit vergrößern Sie Ihren Aktionsradius und halten sich mobil. Auf diese Art lernen Sie Land und Leute kennen und schonen dabei die Umwelt am Reiseziel. Die Kombination Bahn & Bike macht mehr aus Ihren Ausflügen.

Deutsche Bahn AG, Geschäftsbereich Nahverkehr, Regional-
bereich Süd-Bayern, Richelstraße 3, 80634 München.